Lingua[gem] 98

LUIZ PAULO DA MOITA LOPES | CLARISSA RODRIGUES GONZALEZ
GLENDA CRISTINA VALIM DE MELO | THAYSE FIGUEIRA GUIMARÃES

Estudos queer em linguística aplicada indisciplinar

gênero, sexualidade, raça e classe

parábola

Direção: Andréia Custódio
Edição de texto: Kaya Adu Pereira
Revisão: Luiz Paulo da Moita Lopes
Marcos Marcionilo
Capa e diagramação: Telma Custódio
Foto da capa: Roberto Abreu

CIP-BRASIL. CATALOGAÇÃO NA FONTE
SINDICATO NACIONAL DOS EDITORES DE LIVROS, RJ

G652e

Moita Lopes, Luiz Paulo
Estudos queer em linguística aplicada indisciplinar : gênero, sexualidade, raça e classe social / Luiz Paulo da Moita Lopes, Clarissa Rodrigues Gonzalez, Glenda Cristina Valim de Melo, Thayse Figueira Guimarães. - 1. ed. - São Paulo : Parábola, 2022.
272 p. ; 23 cm. (Lingua[gem] ; 98)

Inclui bibliografia e índice
ISBN 978-85-7934-224-0

1. Linguística. 2. Linguística aplicada. 3. Sociolinguística. 4. Identidade de gênero. I. Moita Lopes, Luiz Paulo II. Gonzalez, Clarissa Rodrigues. III. Melo, Glenda Cristina Valim de. IV. Guimarães, Thayse Figueira. IV. Título.

21-72914 CDD: 306.44
CDU: 81'27

Camila Donis Hartmann - Bibliotecária - CRB-7/6472

Direitos reservados à
PARÁBOLA EDITORIAL
Rua Dr. Mário Vicente, 394 - Ipiranga
04270-000 São Paulo, SP
pabx: [11] 5061-9262 | 5061-8075 | fax: [11] 2589-9263
home page: www.parabolaeditorial.com.br
e-mail: parabola@parabolaeditorial.com.br

ISBN: 978-85-7934-224-0 (papel)
978-85-7934-223-3 (e-book)

Para todos, todas e todes os que fazem pesquisa
para ensaiar a esperança de justiça social,
especialmente em relação a uma futuridade queer.

"Na nação, como no gênero, não há verdades ontológicas nem necessidades empíricas das quais possam derivar pertencimentos ou demarcações. Não há nada a verificar ou a demonstrar, tudo está para ser experimentado. Como o gênero, a nação não existe fora das práticas coletivas que a imaginam e a constroem. A batalha, portanto, começa com a desidentificação, com a desobediência, e não com a identidade. Riscando o mapa, apagando o nome, para propor outros mapas, outros nomes que evidenciem sua condição de ficção pactuada. Ficções que nos permitam fabricar a liberdade."

"Catalunya trans" (2015), Paul B. Preciado

Sumário

Agradecimentos

Sou gratíssimo à Universidade Federal do Rio de janeiro (UFRJ), ao CNPq (560303/2010-0 - PNPD; 302935/2017-7 - Produtividade; 470547/2012-0 — Edital Universal), à CAPES (bolsa 163647/2014-3, no âmbito do Edital MEC/CAPES e MCT/CNPq/FINEP nº 28/2010 - PNPD 2010) e à FAPERJ (E -26/110.065/2012 e Bolsas Cientistas do Nosso Estado durante oito anos) pelo imenso apoio que recebi, sem os quais teria sido impossível levar a efeito nossos esforços de investigação.

Ao contrário do que muita gente, de modo equivocado, pensa, pesquisar necessariamente envolve ter um espaço com instrumentos para a pesquisa e reuniões (um laboratório), acesso a fontes bibliográficas atualizadas, assim como a possibilidade de compartilhar nacional e internacionalmente enfoques teórico-analíticos e resultados para receber crítica. Isso requer apoio de instituições de financiamento de pesquisa em todas as áreas do conhecimento. Sem a ajuda dessas agências e da minha Universidade, nosso trabalho teria sido inexequível.

Sou ainda especialmente grato a Clarissa Rodrigues Gonzalez, a Glenda Cristina Valim de Melo e a Thayse Figueira Guimarães pela dedicação ao nosso trabalho em conjunto durante seus estágios de pós-doutoramento, com bolsas do CNPq e da CAPES, assim como pela confiança depositada nos projetos do nosso Núcleo de Estudos do Discurso e Sociedade (NUDES), que resultaram neste volume. Da mesma forma, sou grato a um grande número de alunos(as) e pesquisadores(as) de iniciação científica, mestrado, doutorado e pós-doutorado, assim como a colegas, que compartilharam e compartilham seus interesses e conhecimentos comigo no NUDES.

Singularmente, quero agradecer à minha copesquisadora em muitos projetos, Branca Falabella Fabrício, admirável pelo seu conhecimento e curiosidade intelectual contagiante, assim como por sua bondade acadêmica. Tendo inicialmente operado no projeto como pós-doutoranda, Branca é um par com quem aprendo cotidianamente. Penso que a poucos são dadas tamanha sorte e tanta realização. Ela pertence a uma linhagem de grandes professores/as-pesquisadores/as da UFRJ, cuja dedicação à pesquisa foi sempre mais importante do que o/a pesquisador/a. Sou grato também por ela ter escrito o prefácio deste livro.

Agradeço ainda a Marlene Soares dos Santos, nossa professora emérita, por compartilhar seu conhecimento, por seu estímulo contínuo em todos esses meus 45 anos como professor da UFRJ e por sempre nos orientar e inspirar com seu exemplo de modéstia e integridade. Marlene é um membro efetivo da linhagem mencionada anteriormente.

Não posso também deixar de registrar o apoio incessante de tantos colegas no Brasil e fora dele. Fui principalmente muito respaldado por queridos(as) colegas e amigos(as) da PUC-SP e da UNICAMP, que, desde o início de minha carreira, sempre me estimularam, especialmente quando ainda tentávamos criar um programa de Linguística Aplicada na UFRJ.

Serei sempre especialmente grato a: Beth Brait (PUC-SP), Inês Signorini (UNICAMP), Guacira Louro (UFRGS), Kanavillil Rajagopalan (UNICAMP), Liliana Cabral Bastos (PUC-Rio), Maria Antonieta Celani (PUC-SP, *in memoriam*), Maria Cecília Magalhães (PUC-SP), Mara Zanotto (PUC-SP), Marilda Cavalcanti (UNICAMP), Roxane Rojo (UNICAMP), assim como a Fred Erickson (University of California at Los Angeles), Judith Green (University of California at Santa Barbara), Leonardo Herrera González (Universidad Nacional Autónoma de México), Noemí Alfaro (Universidad Nacional Autónoma de México), Marilyn Martin-Jones (University of Birmingham), Marisela Colin Rodea (Universidad Nacional Autónoma de México) e Mike Baynham (University of Leeds), companheiras e companheiros de tantas jornadas acadêmicas. Seu apoio foi sempre fundamental, não só pelos convites e incentivos contínuos que recebi para expor trabalhos, como também pela bondade em compartilhar conhecimento e *expertise*.

Por fim, agradeço também a Roberto Abreu, pela foto da capa, e aos periódicos *AILA Review*, *Alfa*, *Cadernos de Linguagem e Sociedade*, *D.E.L.T.A.*, *Língua(gem) em Discurso*, *Revista Brasileira de Linguística Aplicada* e *Trabalhos de Linguística Aplicada*, nos quais versões dos trabalhos que constituem este livro apareceram inicialmente.

Luiz Paulo da Moita Lopes, verão de 2021,
numa noite com uma bela chuvarada

Prefácio
Nosso ser-assim é uma atividade

Branca Falabella Fabrício

Nós, os outros, somos a exceção e o perigo — necessitamos perenemente de defesa! — Bem, algo pode ser dito em favor da exceção, desde que ela nunca deseje se tornar regra.

Nietzsche, *A gaia ciência*.

Cada vez mais, a maioria de nós vive práticas nas quais as telas dos computadores e celulares são constitutivas de quem estamos continuamente nos tornando. A exposição a uma multidão de outros(as) nas redes sociais nos envolve com textos e discursos vindos de todas as partes do mundo e de lugares inesperados. Eles circulam com uma rapidez maior do que nunca, sendo incessantemente reentextualizados em nossas experiências cotidianas, para o bem e para o mal. No híbrido telas-vida, investimos intensamente na produção e consumo de textos, envolvidos que estamos nas mudanças sociodiscursivas possibilitadas pelas tecnologias contemporâneas de informação. Nesse contexto, signos e discursos nos provocam incessantemente, impulsionando redescrições de perspectivas tradicionais. Estas últimas, segundo Nietzsche (1882/2004), há muito estão por aí como uma obrigatoriedade, submetidas a uma "lei da concordância". Com a chancela da chamada racionalidade, promoveram a "disciplina da mente que formou a humanidade" (§76). Do mesmo modo, estipularam normatividades e postularam doutrinas cuja força tranquilizadora instaurou a ilusão de realidade. Entretanto, alerta o filósofo, impulsos contrários são poderosos e sempre colocam sob suspeita credos e certezas sobre o mundo e as possibilidades de nele ser humano.

Este livro está entre aqueles que escapam do monômetro regulador do ritmo e padrões da vida social. Seu diapasão é a indisciplina. Nessa direção, posiciona-se de acordo com uma tradição de pesquisa INdisciplinar em linguística aplicada, inaugurada com a publicação de *Por uma linguística aplicada INdisciplinar* (Moita Lopes, 2006). Os estudos aqui reunidos, rejeitando um compasso universal, contestam a invenção da identidade e da permanência. Por conseguinte, tratam de vidas e corpos em devir cujos marcadores de raça, gênero e sexualidade perturbam conhecimentos sedimentados sobre o ser-no-mundo. A existência, em lugar de *status* de verdade, é apresentada como prática performativa, produtora de miragens emergentes de identidade-diferença.

Esta é uma obra singular, que afirma a inexistência de verdades intrínsecas ao sujeito social. Acompanha, assim, o gesto radical nietzschiano. Seus nove capítulos resultam de investigações conjuntas, de ordem epistemológica e ontológica, realizadas no âmbito do Núcleo de Estudos do Discurso e Sociedade (NUDES), acerca da produção de conhecimento posicionado — porque ancorado em ações materiais, sem exterioridade ou transcendência. O mundo social é visto em sua potência criativa, imanente nas práticas de dizer-fazer-ser que lhe atribuem substância e sustentação. Segundo tal abordagem, não haveria características inerentes ao real das quais a ciência seria uma representação. Associando teoria e empiria, os trabalhos indicam o caráter fictício de verdades científicas, tomadas como fabulações textuais que agregam em blocos "uniformes" diversidades, fluxos caóticos e forças multidirecionais sem qualquer unidade. Por esse ângulo, os sujeitos não têm essência ou fundamento. Só existem em estado de trânsito-transformação.

Essas preocupações vêm norteando os estudos de Moita Lopes desde a década de 1990, tendo resultado na publicação de *Identidades fragmentadas* (2002), agora fora de catálogo. Nela, o pesquisador focalizava, pioneiramente, branquitudes, heterossexualidades e masculinidades. A presente reflexão dá sequência a um programa perscrutador de muitos anos. Entretanto, avança epistemologicamente nos modos de teorizar e analisar. Além de explorar o mundo de mudanças céleres no qual estamos situados, focaliza os letramentos digitais, que se tornaram cruciais para a compreensão de nossas práticas sociais, onlineoffline[1] a um só tempo.

Vivemos em um momento crucial para esse tipo de interrogação. Como argumenta Jan Blommaert em sua extensa produção acadêmica, a compreensão dos processos sociais atuais demanda nova imaginação sociolinguística, com novos construtos e vocabulário (cf. Blommaert, 2017). Os capítulos deste volume enfrentam esse desafio recorrendo a conceitos que têm atraído muito interesse investigativo, tais como *trajetória textual*, *entextualização*, *indexicalidade* e *escala*. O exercício analítico que realizam envolve perseguir cadeias de textos, atentando para pistas e rastros, em busca da conexão entre encontros interacionais locais e a conjuntura sócio-histórica na qual se inserem. Como o diálogo entre o aqui-e-agora e outros tempos-espaços é multidirecional, o movimento teórico-analítico proposto não apresenta fatos conclusivos ou explicações teleológicas sobre modos de vida. Suas considerações se assumem como provisórias e cultivadoras de incertezas.

É justamente nessas trilhas moventes que os sentidos sobre quem somos ou podemos ser são construídos. Embora, muitas vezes, o ser-assim se mostre sedimentado pela repetição, o trânsito constante o torna avesso ao confinamento. Tal característica é sublinhada nos ensaios deste tomo, que apostam na inauguração de outros sentidos sobre quem podemos ser. Desenvolvendo sua argumentação a partir de teorias queer, abraçam a linguagem como o lugar de reescrevermos nossas vidas e de construir uma miríade indisciplinada de potências de vida. A indocilidade, no entanto, não significa hostilidade. Indica o acolhimento da diversidade e dos acasos que impedem o hábito da estabilização e da autoridade sobre os sentidos. Ao questionar a clausura violenta de verdades, o debate encaminhado por Moita Lopes e coautoras amplia a ideia de humanidade, configurando-a como um projeto aberto e mutante. Os saberes propostos abandonam verdades científicas, tomando por baliza os desdobramentos éticos do conhecimento. São eles que atribuem credibilidade a escolhas feitas.

Este livro é, assim, garantia de leitura estimulante. Além disso, tem uma organização didática que permite sua utilização como livro-texto

---

[1] Por entender que nossas vidas são, cada vez mais, vividas online e offline simultaneamente, neste livro grafa-se onlineoffline como uma única palavra.

em cursos sobre performances identitárias para além da área de Letras, como Jornalismo, Comunicação, Direito, Ciências Sociais, entre outros. Ao centrar-se em um único fio teórico-analítico atravessado pela INdisciplinaridade, sua escrita pode facilitar as discussões em sala de aula. Fornece, também, referências bibliográficas fundamentais para a ampliação do alcance teórico-analítico de tais cursos.

Estudos queer em linguística INdisciplinar: gênero, sexualidade, raça e classe nos deixa dúvidas e perplexidades sobre arranjos identitários/alteritários percebidos como sólidos. Essa desconfiança é, sem dúvida, um de seus maiores méritos.

Introdução

Linguística aplicada INdisciplinar com base em uma ideologia linguística responsiva às teorizações queer

Luiz Paulo da Moita Lopes

A palavra, a imagem e o sentimento têm uma energia palpável, um tipo de poder. [...] Com palavras me transformo em uma pedra, em um pássaro, em uma ponte de cobras, arrastando pelo chão tudo o que eu sou, tudo o que algum dia serei.

Gloria Anzaldúa (1999: 93)

Inquietações no campo dos estudos da linguagem: recusa à prefiguração identitária

Tendo em vista a relevância que os chamados estudos 'identitários' alcançaram nos vários campos das ciências sociais e humanas nas últimas décadas, os estudos da linguagem se mostraram cruciais, devido ao papel que teorizações socioconstrucionistas (Moita Lopes, 1998; 2002) e performativas (Pennycook 2007; Moita Lopes, 2008; 2009; Fabrício, 2013) passaram a ter no entendimento de quem somos ou podemos ser no mundo social. Essa preocupação com questões 'identitárias' advém, principalmente, dos movimentos sociais (feministas, LGBTI+[1],

[1] Na maior parte das vezes, vamos usar no livro a sigla LGBTI+ para abranger lésbicas, gays, bissexuais, transexuais, travestis, transgêneros e intersexuais (mais queer, assexuados etc.), fa-

antirracistas, entre outros), a partir dos anos 1960. A crítica por eles produzida à episteme moderno-colonial abalou compreensões essencialistas da vida social. Como diz Preciado (2020: 91),

> a partir do final dos anos 1960, com os processos de descolonização do sul, com os movimentos a favor dos direitos dos negros americanos, com a comercialização da pílula anticoncepcional e com a despatologização da homossexualidade como resultado das demandas dos movimentos de minorias sexuais [...] a epistemologia da diferença sexual e a taxonomia colonial do racismo entram em um processo de questionamento e mutação incontrolável.

A natureza política desses movimentos sociais estremeceu a academia em muitos lugares, por chamar a atenção para dois aspectos sociais entrelaçados. Por um lado, a desigualdade entre seres sociais de várias naturezas é estruturante da vida social, sendo constitutiva de quem somos. Por outro, essas assimetrias se articulam para além das questões de classe social, envolvendo práticas sociais racializadas, generificadas, sexualizadas, entre outras. Assim, explicações que naturalizavam ou apagavam ações de poder, de sofrimento e de inequidade produzidas no interior de comunidades ditas livres e democráticas passaram a ser problematizadas e a integrar as preocupações teórico-analíticas nas universidades. Tal dinâmica tem sido discutida segundo múltiplos ângulos e conceitualizações e tem sido referida como:

- "corpos que importam" (Butler, 1997);
- "uma política da vida" (Foucault, 1978-1979/2008);
- "tanatopolítica" (Agamben, 1995/2002);
- "necropolítica" (Mbembe, 2003);
- "necropolítica queer" (Puar, 2007);
- "farmacopornopoder"[2] (Preciado, 2008).

Em meio a essas inquietações, os estudos da linguagem passaram a interessar a uma série de estudiosos fora dos limites tradicionais desse campo, de modo a poderem levar adiante suas pesquisas sobre como somos 'seres' construídos social ou performativamente pela linguagem.

---

cilitando assim a referência, ainda que seja comum adotar a sigla LGBTTQIA+, ou outras, em muitos círculos sociais.

[2] Segundo Preciado (2008), estamos cada vez mais voltados para um regime fármaco e pornográfico de controle dos corpos, por meio de pílulas, hormônios, silicone, implantes, microchips etc. e por meio de um pornopoder em um imenso bordel masturbatório global nas redes sociais, ainda que os corpos possam resistir a tais controles.

O trabalho de Fairclough (1992/2001) está entre as primeiras teorizações da linguagem como discurso capaz de fornecer um modo de estudar a vida social e cultural tanto na linguística quanto em outras áreas do conhecimento.

Ao propor que os estudos da linguagem deveriam operar em conjunto com outras disciplinas das ciências sociais, Fairclough visava elaborar uma teoria social da linguagem cujo foco central fossem as mudanças sociais. Apesar de já terem se passado trinta anos da publicação de seu livro, a proposta faircloughiana prossegue sendo uma novidade no campo dos estudos da linguagem em muitos círculos. Essa percepção se justifica em vista do confinamento da linguística a visões formalistas, positivistas e cognitivistas de linguagem, ainda vigentes em muitos contextos acadêmicos. Entretanto, a vida social fora dos gabinetes e laboratórios de pesquisa clama por uma ideologia linguística pertinente à complexidade sociolinguística contemporânea.

Não sem razão, Bauman e Briggs (2003), ao reconstruírem as *Vozes da modernidade*, percorrendo trezentos anos da literatura em filosofia, história, estudos da linguagem etc., revelam que a ideia de uma ideologia linguística[3] da pureza, da essência, do sistema e da norma é prevalente nesses vários campos, orientando visões sobre a vida política, social, natural e científica. Tais crenças sobre a linguagem vão ao encontro de um sujeito social já dado ou prefigurado que existe separado dela. O conceito de prefiguração identitária (Pinto, 2013, 2018) chama a atenção para o fato de muitas teorias — no campo da linguagem e em outros — não considerarem as intersecções de gênero, sexualidade, raça, classe social, entre outros marcadores sociais oriundos das práticas nas quais atuamos. Atendendo a ideais de pureza e autonomia, tais teorias se afastam da natureza heterogênea da vida social e da linguagem. Esses ideais colocam sob suspeita (Torres-Maldonado, 2008) visões e práticas transgressoras e tradicionalmente dão atenção ao homem branco heterossexual, ainda como fruto de uma Modernidade Colonial insistente.

Outras abordagens, no entanto, afirmam a necessidade imperiosa de ressignificar sujeitos sociais em práticas situadas. Segundo uma visada socioconstrucionista, por exemplo, os sujeitos sociais constituem a lin-

[3] Ideologias linguísticas são "crenças ou sentimentos sobre as línguas como são usadas em seus mundos sociais" (Kroskrity, 2004: 498) que alimentam também as teorizações de linguistas, elaboradores de políticas públicas etc. (cf. Moita Lopes, 2013, 2018, 2021).

guagem e são constituídos por ela (cf. Moita Lopes, 2002, 2006). Uma perspectiva performativa, diferentemente, enfatiza os efeitos semânticos dessa construção.

Essa última perspectiva subjaz a este livro, que tem um propósito duplo. Por um lado, visa apontar as dificuldades de uma ideologia da linguagem que privilegia o sistema e a variação, na medida em que esse ângulo impossibilita a conceitualização da vida social e das subjetividades como fenômenos complexos, inacabados e emergentes na interação e em práticas discursivas situadas. Por outro, se propõe a explorar modos de teorização desses fenômenos que conversem com o permanente movimento de vir-a-ser.

Assim, em um primeiro momento, discuto teorias queer[4] a respeito de quem somos como seres sociais na expressão do gênero, da sexualidade, da raça, entre outros. Em seguida, focalizo a relação entre dizer como ação social e seus efeitos na construção de quem podemos ser. Antes, porém, cabe um breve debate de natureza epistemológica sobre a produção do conhecimento no campo de estudos da linguagem.

Uma questão epistemológica sobre os estudos da linguagem: linguística aplicada INdisciplinar

A busca pela verdade no amplo espectro das áreas de investigação nas ciências sociais e humanas advém, sem sombra de dúvida, da grande influência que as tradições mentalista, positivista e quantitativista exerceram e exercem em diferentes contextos 'científicos'. Esse modo de produção de conhecimento prestigia generalizações e formulações padronizadoras, evitando tudo aquilo que fuja às regularidades. Tais práticas possibilitam explicar (e só assim!) de modo abstrato, controlado e 'objetivo' como determinado fenômeno de fato ocorre.

Dessa maneira, as regras que constituem uma 'língua' e subjazem a seu uso, por exemplo, são compreendidas com base na premissa de que o fenômeno da linguagem pode ser explicado por um conjunto de normas universais, constituindo o que Chomsky chamou de *competence* e Saussure, de *langue*. É a regulação que possibilita o uso da linguagem, chamado por esses autores, respectivamente, de *performance* e *parole*. Para eles,

---

[4] Seguindo Hall (2003: 5), entendo não haver "uma 'teoria queer' no singular, apenas muitas vozes diferentes e perspectivas às vezes sobrepostas, às vezes divergentes que podem genericamente ser chamadas de 'teorias queer'", como de fato transparece neste livro todo.

são essas regras que interessam aos linguistas, porque possibilitariam explicar como as pessoas falam ou escrevem[5]. Essa ideologia linguística é pervasiva nas tradições de estudos da linguagem, não sendo normalmente compreendida como uma ideologia, mas como um processo científico dedutivo que revela a verdade natural da língua. Objetivismo, isolamento e abstração são três processos caros à produção mentalista e positivista de conhecimento que apagam os modos complexos de fabricação dos 'fatos' linguísticos que descrevem. Assim concebida, uma ciência linguística seria uma prática neutra, separada das questões sociopolíticas.

Os estudos em variação linguística — usualmente compreendidos como uma abordagem empírica do fenômeno do uso da linguagem despreocupada com a busca por padrões cognitivos abstratos — também não escapam da visão positivista. Ao contrário, por meio de testes estatísticos, estabelecem variedades linguísticas com base em entrevistas com determinados tipos de falantes, prefigurados como homens, universitários, brancos ou de classe média, por exemplo, cujas falas ficam armazenadas em um banco de dados. Esse conjunto de procedimentos ignora os contextos de produção linguística que geram determinados usos, em benefício do impulso positivista de encontrar padrões generalizáveis. Também operam com prefigurações identitárias que, de antemão, apontam quem é o sujeito social da investigação. São esses dois processos — preconfiguração e descontextualização — que permitem determinar as variedades linguísticas em uso, assim como possibilitar generalizações do tipo: "Mulheres de classe média do Rio de Janeiro, entrevistadas em 2005, falavam assim". Afirmações dessa natureza classificam as 'línguas' e as pessoas de modo totalitário, delineando fronteiras entre os usos linguísticos de pobres, ricos(as), homens, mulheres, brancos(as), negros(as), homossexuais, heterossexuais, cariocas, recifenses etc. As categorizações e subcategorizações são intermináveis. Elas encontram no desejo de precisão definitória e de separação uma alavanca ideal para esse tipo de demarcação territorial, tão ao gosto das ciências modernas em seus ideais de imaginar comunidades e traçar separações entre nações, 'línguas'[6], pessoas etc. (Moita Lopes, 2013, 2018).

---

[5] Contrariamente, os pesquisadores funcionalistas (Hopper, 1998), operando sob uma ideologia linguística diferente, entendem que é o uso que possibilita a constituição da gramática. A repetição de regras no discurso em contextos diferentes é que terminaria por construir a gramática, e não o oposto.

[6] A palavra "língua", assim como a nomeação de qualquer 'língua' (p. ex., "português"), aparecerá sempre entre aspas neste volume, conforme Moita Lopes (2013), para ressaltar sua natureza inventada.

Em posição contrária a essas duas tradições, em *Por uma linguística aplicada INdisciplinar* (2006/2016)[7], tratei de uma possibilidade de fazer pesquisa no campo da linguagem que não vai ao encontro somente da inter/transdisciplinaridade — um sentido mais comum de desobedecer a barreiras disciplinares —, mas principalmente de um olhar INdisciplinado nos modos de produzir conhecimento, no sentido de mobilizar pensamentos transgressivos, insurgentes e inovadores de natureza epistemológica (teórico-analítica e metodológica), assim como de topicalizar, como questão de investigação, aquilo que tem sido ignorado ou esquecido[8] no campo dos estudos da linguagem. Ignorado e esquecido por ideais modernistas de padronizar e regularizar a vida social e os fenômenos sociais ou mesmo de regulamentar corpos etc., numa política sobre os corpos capaz de decidir quem pode viver e quem deve morrer: uma tanatopolítica, ou necropolítica, operando epistemologicamente.

Como dizem Bourcier e Preciado (2001: s.p.), ao discutirem a formulação de saberes queer: "A defesa da total promiscuidade das disciplinas é a procura das dimensões políticas, dos silêncios construídos em determinados contextos". Da mesma forma, argumenta Halberstam (2011: 7):

> Esse não é um mau momento para experimentar a transformação disciplinar em prol do projeto de gerar novas formas de saber, já que os campos [de pesquisa] criados há mais de cem anos para atender às novas economias de mercado e à demanda por especializações estritas, como Foucault as descreveu, agora estão perdendo importância e deixando de responder aos projetos de conhecimento do mundo real ou aos interesses dos (das) estudantes.

Assim, este volume dá prosseguimento ao que foi inaugurado em *Por uma linguística aplicada INdisciplinar* e que tem sido responsivo aos interesses de tantos alunos, professores e pesquisadores. Na contramão dos conhecimentos modernistas, o que está à margem é iluminado, não só porque, sendo fenômeno social, deve ser estudado, mas tam-

[7] Nesse volume, aparece pela primeira vez, no Brasil, um capítulo sobre teorias queer no campo dos estudos da linguagem (Nelson, 2006/2016).

[8] Como exemplo de trabalhos insurgentes e inovadores recentes no campo da linguística aplicada INdisciplinar, chamo a atenção para Camargo (2019), uma etnografia das performances narrativas de uma travesti quilombola; Martins (2020), um estudo sobre os dispositivos de saber-poder na produção corpóreo-discursiva do prazer íntimo via webcam; e Sena (2020), uma etnografia sobre as metapragmáticas que orientam a biopolítica responsável por precarizar as práticas de cuidado em saúde das chamadas vidas sexuais dissidentes na Amazônia Atlântica.

bém porque pode apresentar alternativas para a compreensão de nosso mundo. Como apontam Moita Lopes e Baynham (2017: ix):

> A vida nas margens e as vidas marginalizadas — com suas dimensões sociais, culturais, sexuais, raciais, generificadas e suas interseccionalidades — proveem intravisões singulares, as quais, na verdade, podem iluminar possibilidades de vida para além dos limites da periferia porque as compreensões daqueles nas margens foram menos afetadas, aprisionadas ou colonizadas pela hegemonia da modernidade.

Quero frisar ainda que os modos de fazer pesquisa INdisciplinar no campo da linguística aplicada construídos neste livro são também internacionalmente considerados como sociolinguística. Isso chama a atenção para o fato de países diferentes terem concepções diversas sobre as áreas de conhecimento. Isso desconstrói limites disciplinares inequívocos pelos quais há tantas 'guerras acadêmicas', salientado a natureza inventada de tais limites e o exercício de poder subjacente. Isso em si já é um fator de INdisciplina que também me interessa: problematizar as compreensões disciplinares tradicionais e suas divisões estéreis ou queerizar — desnormalizar — as barreiras disciplinares tradicionais (Turnlow, 2016).

Quem pesquisa deve se motivar por seu tópico de estudo e conduzir investigações teórico-analítico-metodológicas pertinentes capazes de iluminar o conhecimento produzido. Além disso, a pesquisa INdisciplinada deve ser capaz de manejar seu percurso na produção do conhecimento em duas ou três disciplinas, operando no que Benedict Anderson denominou de "comunidades imaginadas" e Goethe de "afinidades eletivas" (Burke, 2021)[9].

Assim, diferentemente das práticas de estudos da competência e da *langue*, bem como da variação linguística, neste volume quero responder ao seguinte: o que ocorre quando atribuímos centralidade aos contextos de uso da linguagem e a seu papel na constituição de quem somos aqui e agora? Como outra ideologia linguística imagina não o que a linguagem é, mas o que faz na vida social? Essas questões nos levam ao cerne deste livro: a junção entre as teorizações queer e a ideologia linguística.

[9] Na programação do 4th International New York Conference on Evolving Trends in Interdisciplinary Research & Practices, 2-4 mai. 2021 (https://www.nyconference.org), há uma indicação explícita de que o/a pesquisador/a interdisciplinar seja fluente nos discursos e metodologias de duas ou mais disciplinas ou que opere em equipes multidisciplinares, com base na elaboração de um discurso comum para produção de conhecimento e inovação.

Teorias queer[10]

As teorizações queer, ao lado das concepções performativas da linguagem, têm despertado grande interesse das ciências humanas e sociais tanto no Brasil, quanto no exterior, e têm influenciado uma miríade de campos do conhecimento:

- geografia (Browning, 1998);
- sociologia (Seidman, 1996; Miskolci, 2017, 2020);
- estudos da religião (Musskopf, 2012);
- estudos da linguagem (Moita Lopes, 2017a; Moita Lopes; Fabrício, 2019; Milani, 2019; Borba, 2020; Santos Filho, 2020);
- estudos culturais (Colling, 2015);
- educação (Louro, 2004; Rodriguez; Pinar, 2007; Talburt; Steinberg, 2000; Perez; Trujilo-Barbadillo, 2020);
- filosofia (Ahmed, 2006) etc.

Autores como Walter Mignolo (2000) e Boaventura de Sousa Santos (2001, 2003) têm chamado a atenção para a relevância desse tipo de teorização na compreensão da pragmática de nossas vidas contemporâneas. Afinal, Bourcier e Preciado (2001: s.p.) apontam o saber queer como

> uma metodologia de análise que é também uma intervenção política e cultural em resposta às práticas institucionais que privilegiam os saberes heterocentrados, saberes esses que não afetam meramente o campo da sexualidade ou o dos "homossexuais".

Foram as publicações de Judith Butler (1990) e Eve Sedgwick (1990) que ensejaram o desenvolvimento de teorias queer — ainda que esse termo apareça pela primeira vez em De Lauretis (1991) e que Butler (1994), em entrevista, tenha declarado inicialmente que ela mesma se surpreendera ao ver seu trabalho como parte das teorizações queer. As filósofas feministas Butler e Sedgwick questionaram os conceitos de gênero

---

[10] A palavra 'inglesa' *queer*, como se sabe, é usada para se referir de modo derrogatório a homossexuais masculinos. No entanto, ela teve seu significado 'original' deslocado ao nomear um corpo teórico variado e passou a designar a natureza instável da sexualidade e do gênero. Há autores brasileiros que se referem a essas teorizações como "teorias cu" (Pelúcio, 2014) ou "teorizações cuir" (Camargo, 2019), embora muitos outros tenham adotado a palavra *queer*, tal como este livro (p. ex., Louro, 2004; Miskolci, 2020). Mais contemporaneamente, em alguns círculos, *queer* é usado como termo guarda-chuva que abarca modos de exercer sexualidade diferentes da heterossexualidade. Esse não é o caso deste livro.

e sexualidade com os quais se operava até então; os próprios títulos de suas obras — respectivamente, *Problemas de gênero: feminismo e a subversão da identidade* e *A epistemologia do armário* — indexam discursos de mudança ou de crítica a uma situação existente. Como ver no gênero um problema e provocar uma subversão em tal conceito? Como pensar o armário onde se esconde quem se desvia da sexualidade 'normal' enquanto um lugar de produção de conhecimento? A obra de Sedgwick (1990) levanta ainda outra questão central: como, depois de Foucault, Derrida e Kuhn, é possível pensar a produção do conhecimento sem considerar as questões éticas e políticas subjacentes?

Ética e política estão também relacionadas à necessidade de compreender a teorização linguística como ideologia, ou seja, à premência de destruir qualquer sentido de transparência nos processos de teorização ou na produção de conhecimento. Como disseram Foucault e Nagel, "a verdade é deste mundo" (Foucault, 1979: 12) e "não há visão que não venha de algum lugar" (Nagel, 1986: 68). Não existe separação entre o sujeito que produz conhecimento e seus interesses políticos, os quais precisam ser eticamente claros (Moita Lopes, 2012). É assim que as duas filósofas problematizam o gênero e a sexualidade, conceitos tão arraigados e essencializados e que tanto sofrimento provocaram e provocam em razão da visão binária biologizada que define limites entre quem é homem/mulher ou heterossexual/homossexual.

Influenciada principalmente por Beauvoir, Derrida, Foucault e Austin, Butler provoca uma revolução entre as próprias feministas ao levantar a grave questão de que a essencialização do que significa ser mulher é perniciosa para elas mesmas, pois impõe limites ao que seus próprios corpos podem fazer-ser. A crença em propriedades essencialistas exerce controle sobre os corpos, ao invés de liberá-los, impossibilitando que fronteiras 'identitárias' possam ser ultrapassadas pelas próprias mulheres. É nessa direção que Safatle (2015: 185), discutindo Butler, nos lembra: "As formas de despossessão ligadas à insegurança social e civil são formas de sujeição. Já aquelas vinculadas à insegurança ontológica são modos de liberação".

Apoiada em Austin (1962), Butler (1990) argumenta que o gênero é o efeito de um fazer performativo que provoca determinados sentidos sobre quem somos no mundo social. Dessa forma, o gênero não existe antes do discurso, mas emerge performativamente na interação discursiva. Tal ato performativo age na vida social, provocando determinados sentidos que atendem a um contrato social sobre como os corpos devem encenar quem são. No entanto, a própria performance motiva o desrespeito a tais regras, uma vez que o fazer performativo é sempre cópia de performances prévias nunca iguais. Nesse sentido, não há cópia fiel ou original, e sim reciclagem criativa ou "mímesis fértil" (Pennycook, 2010: 34).

Como a repetição da cópia nunca é idêntica, os efeitos de um fazer escapam aos sentidos reconhecíveis, por serem dependentes tanto dos significados mobilizados pelos envolvidos no ato quanto dos significados aventados por quem está assistindo a esse fazer. É esse entendimento que põe em xeque a visão essencialista e biologizante do gênero e da sexualidade, entendendo-os como um trabalho performativo contínuo e não como uma condição corporal biologicamente determinada. Dessa perspectiva, o jogo de linguagem que associa os signos "vagina", "mulher", "feminilidade" e "desejo heterossexual" se apoiaria em uma construção performativa dos sentidos. Sua ancoragem, entretanto, é a repetição que nunca se sedimenta. A criação de estabilidade envolve trabalho semiótico intricado e permanente, na manutenção de atributos 'identitários' reconhecíveis. Assim, ao descrever o gênero e a sexualidade como um labor semiótico contínuo, Butler produz uma teorização que abre a possibilidade de os sentidos que nossos corpos provocam no mundo estarem embrenhados em um jogo discursivo movente, em constante modificação.

A ótica da fluidez coloca sob suspeita a "matriz da heterossexualidade" (Butler, 1990: 17) a que todos estamos submetidos e segundo a qual os desobedientes são considerados desviantes, sendo continuamente apagados ou limados. Fosse essa matriz natural e sempre igual, não haveria a necessidade de tanto empenho na sua afirmação, como verificado no trabalho — de dedicação exclusiva, por assim dizer — realizado por famílias, escolas, igrejas e outras instituições de adequação à regulação matricial. Todavia, o próprio esforço de se adequar ao protótipo normativo traz à tona outros significados que nossos corpos podem fazer e encenar. A adequação nunca é perfeita ou exata. Há sempre sobras nos apagamentos dos significados que nossos corpos podem performar. Se, por um lado, nos envolvemos na cópia performativa e na obediência à matriz da heterossexualidade, por outro, a cópia em si articula potencialmente outros significados na performatividade[11] (Pennycook, 2007).

[11] A distinção traçada por Pennycook (2007) entre performativo como repetição de sentidos (ou mais do mesmo!) e performatividade como inovação de significados (aquilo que escapa da cópia!) tem um potencial operacional do qual lançamos mão neste volume. Enquanto o performa-

A chamada heteronormatividade está, portanto, sob monitoração contínua na arena de sua encenação: qualquer imprecisão pode ser fatal, estando sujeita à interpelação dos 'guardiões da matriz', como já frisei. É desse modo que a imprecisão está no cerne de toda normatividade.

A propósito desse fazer performativo, Sedgwick (1990: 3) levanta um ponto que pode ser esclarecedor. A autora chama a atenção para como a permanência no armário é um ato de fala performativo de silêncio em relação aos significados e discursos que o constituem. O emudecimento sobre o 'desrespeito' à matriz não deixa de ser uma forma de referendá-la, fazendo-a penetrar no próprio armário. Todo esse pensar performativo e desessencializante sobre o gênero e a sexualidade passa a ressaltar a dinâmica instável entre a normatividade e os múltiplos acasos que os constituem. O queer, como um construto teórico, problematiza então qualquer visão transcultural, trans-histórica e universalista dos gêneros e sexualidades (Jagose, 1996).

A formalização de uma dimensão interseccional nas teorias queer é fundamental. O gênero e a sexualidade precisam ser considerados em conjunto com os atravessamentos dos corpos por sentidos de classe social, raça, etnia, religião, idade, nacionalidade etc. Ao interseccionalizar o gênero e a sexualidade com outras dimensões sociais, os significados performatizados são ainda mais desestabilizados. Ao queerizar o sentido de raça, desestruturando-o ou colocando-o sob a lente do devir da performatividade — o que Mbembe (2013/2014), por exemplo, chamou de devir negro —, Barnard (2003: 108) argumenta: "O item 'queer' da teoria queer não pode ser entendido isoladamente, ou pelo menos não pode ser compreendido como somente sexualidade". Da mesma forma que os sentidos classificatórios emergem com a *scientia sexualis* no século XIX, por meio dos quais o "homossexual se torna uma espécie" (Foucault, 1976/1988: 44), as escalas similares de categorização surgem com a invenção da raça. O/a negro/a se transforma em uma 'espécie' (Mbembe, 2013/2014: 255), com o que se convencionou chamar de ciência da raça. Igualmente, como anteriormente apontado em relação à sexualidade, ao gênero, neste volume, a "raça [...] se refere ao processo histórico e ideológico [performativo] em vez de a características fixas trans-históricas e biológicas", contingente, desse modo, "a localizações culturais e históricas" (Somerville, 2000: 7).

---

tivo confirma significados já conhecidos sobre quem somos, a performatividade, como efeito da própria repetição, inaugura outros significados para as nossas vidas.

Que imaginários e significados 'científicos' são esses? Ao reificá-los como 'espécie', a quais interesses coloniais e capitalistas de disciplinar e controlar os corpos eles serviam e servem? Ao argumentar que os discursos sobre sexualidade, gênero e raça não podem ser entendidos separadamente, elimino qualquer sentido de essencialismo, pureza, especificidade e naturalidade pré-discursivos para os corpos. Em *A vontade de saber*, Foucault (1976/1988: 140) argumenta que toda compreensão "'científica' da raça [não à toa Foucault deu o título *A vontade de saber* ao volume I de sua *História da sexualidade*] não se separa do gênero e da sexualidade", gerando entendimentos sobre família, patriarcado, propriedade e saúde associados "à pureza do sangue e fa-z[endo] triunfar a raça". Não sem razão Sullivan (2003: 59) enfatiza as relações entre racismo, sexismo e LGBTI+fobia na afirmação da chamada heteronormatividade.

Dessa forma, na perspectiva queer, qualquer sentido de normalização, biologização e essencialização atribuído aos corpos é impossibilitado. O que seriam masculinidade, feminilidade, heteronormatividade, homonormatividade, branquitude/branquidade ou negritude se uma conceitualização interseccional for sobreposta à visão performativa aqui discutida? Essas performatividades não são prefiguráveis. Ou, conforme Preciado (2003/2015: 25) diz, ao qualificar o que chama de "multidões queer": "Não existe diferença sexual, mas uma multidão de diferenças, uma transversalidade de relações de poder, uma diversidade de potências de vida". A perspectiva queer concebe corpos e subjetividades como configurações emergentes nas práticas discursivas, borrando a noção de 'identidade' como destino e igualmente demanda uma ideologia linguística não essencialista ou outro paradigma, no sentido kuhniano[12]. Nessa direção, Preciado (2020) enfatiza a necessidade de outra epistemologia para a compreensão das multidões queer. Ao se dirigir aos psicanalistas franceses, Preciado (2020) especialmente ressalta os corpos trans e intersexuais, enfatizando a premência de uma nova epistemologia para compreender tais multidões em suas performatividades ou em devir. Trujillo e Perez (2020), também desde uma mirada queer, levantam a séria questão de certo feminismo

[12] Kuhn (1970), o reconhecido filósofo da ciência, chamava a atenção para como as revoluções científicas operam por meio de mudanças de paradigmas. Ao serem examinados por lentes diferentes, os paradigmas possibilitam que os mesmos 'objetos' de estudo sejam compreendidos de modos diferentes.

transexcludente, que de fato se difunde cada vez mais pelo mundo, almejando determinar o que deve ser o feminismo com base na diferença corpóreo-sexual.

Por ora, no entanto, cabem aqui dois pequenos desvios de percurso para considerar um ponto pragmático — e programático — em relação à pertinência da teorização antiessencialista. O primeiro se refere à necessidade de operar com uma lógica suplementar e o outro se reporta à negatividade queer, provocada pela ordem sociopolítica neoliberal contemporânea.

Ótica suplementar à teorização queer

Embora entenda os ganhos epistêmicos, políticos e éticos da teorização queer, como discutirei posteriormente, é necessário operar, em determinadas situações, com uma lógica suplementar. Ela se faz especialmente imprescindível como estratégia de combate ao chamado fascismo social contemporâneo (Santos, 2016), típico de democracias muito enfraquecidas, levado a efeito, no Brasil e em muitas partes do mundo, por partidos ou grupos de extrema direita (Sedgwick, 2019; Moita Lopes; Pinto, 2020). Nossos tempos anti-intelectuais e obscurantistas acirram a fabricação de ódio à alteridade numa guerra do 'nós contra eles' (Stanley, 2018; Snyder, 2017, 2018; Moita Lopes; Pinto, 2020). Muitas vezes apoiados em fundamentalismos religiosos, racistas e sexistas, fazem prosperar discursos de ódio misóginos, LGBTI+fóbicos, racistas, anti-imigrantes etc., dando margem a uma alterofobia violenta (Fabrício; Moita Lopes, 2019; Moita Lopes; Pinto, 2020). Tais discursos de ódio são gerados por pânico quando as pessoas se defrontam com seus ideais fundamentalistas em total dissolução, em um mundo feito por intensa circulação textual e discursiva nas redes sociais. Essa circulação vigorosa faz os discursos de ódio chegarem a muitos lugares rapidamente em uma viralização contagiosa, colaborando em sua sedimentação; mas opera, também, na interpelação de tais discursos, como argumentarei a seguir.

Dessa forma, como aponta o crítico cultural Scott (1999) em seu livro sobre como repensar os futuros na 'pós-colonialidade', precisamos estar prontos para agirmos simultaneamente com duas lógicas, articulando Frantz Fanon e Michel Foucault. De modo semelhante, Puar (2007) defende a relevância de termos em mente um tempo essencialista e um tempo do devir.

Por um lado, na perspectiva de Fanon, o herói da causa argelina e teórico reconhecido das opressões e sofrimentos das populações negras, é fundamental lutar política e estrategicamente contra os discursos que declaram serem umas vidas vivíveis e outras, não (Butler, 2009/2015). Nesse caso, é necessário um essencialismo estratégico, como formulado por Spivak (1989). Não admitir opressões de qualquer natureza se torna crucial em nossos tempos. Temos de responder politicamente a cada ataque, independente de sua natureza racista, sexista, misógina, LGBTI+fóbica, depreciativa regionalmente[13] etc. Nessa perspectiva fanoniana, a afirmação de uma visão essencialista pode ter um valor performativo estratégico na luta por determinados modos de 'existir' que precisam de defesa, reconhecimento e reparação. Essa visão demanda planejamento e implementação política na pragmática de nosso cotidiano.

Por outro lado, desde uma mirada foucaultiana, somos 'seres' do discurso: inconstantes, contingentes, mutáveis ou do devir da performatividade. "Os corpos na verdade carregam discursos como parte de seu próprio sangue" (Butler, 1998/2002: s.p.). Tal perspectiva realça a necessidade de estarmos sempre em luta contra os discursos essencialistas que nos aprisionam, prefiguram 'ontologias' e policiam quem somos, nos deixando sem saída para inaugurar outras vidas ou outras performatividades para nossos corpos. Foi essa perspectiva que fez muitas feministas se enraivecerem com Butler (1990), quando ela deu fim à lógica essencializante da feminilidade com sua teorização performativa de gênero/sexualidade. O ponto subjacente ao pensamento de Foucault e Butler é a crucialidade de ir além de "um discurso de reação" ou "discurso reverso" (Foucault, 1978/1988: 96; Katz, 1995: 174) de que as mulheres, os homossexuais, as lésbicas, as pessoas negras etc. têm todo o direito de viver suas vidas.

Como Foucault (1978/1988: 96) afirma, a estratégia essencialista fornece um lugar melhor na ideologia dominante para os corpos compreendidos como desviantes[14], por assim dizer, dos lugares de poder que os homens cis[15], heterossexuais e brancos, têm historicamente ocupado. Mas

[13] No campo de estudos da linguagem, o livro de Silva (2012) é crucial para a compreensão dos regionalismos que fazem sofrer.

[14] Note-se que Foucault (1978/1988) está se referindo à questão da sexualidade. Meu olhar estende a crítica do discurso reverso a outros corpos, mesmo porque, na lógica de performatividade, os corpos emergem interseccionalmente no discurso, como já visto.

[15] O item lexical 'cis' remete às pessoas que agem conforme a identidade de gênero que lhes é atribuída por conta de seus caracteres sexuais exteriores, ou seja, se elas têm pênis performam o gênero de forma masculina e se têm vagina, de forma feminina.

a reversão afirmativa não desloca de forma desafiadora "as estruturas sociais profundas da opressão" (Foucault, 1978/1988: 96), às quais estamos atrelados por uma lógica essencialista do outro abjeto e, portanto, dos ideais colonizadores e capitalistas de pureza 'dos corpos certos'.

Por essa razão, conforme a segunda lógica referida por Scott (1999), é preciso desafiar os essencialismos e sinalizar a natureza performativa, construída e inventada de quem somos generificada, racializada, erótica, regional, nacionalmente etc. Saber operar com essa lógica suplementar é crucial em nossos tempos de intensificação da precarização de muitas vidas, "expostas à injúria, violência e morte" (Butler, 2009/2015: 33).

Negatividade queer: resposta à ordem política e econômica neoliberal

Uso 'negatividade queer' como uma etiqueta que abarca uma série de teóricos queer: Edelman (2004), Halberstam (2005, 2011), Puar (2007), Muñoz (2009), Ahmed (2010), Bernini (2013), Marti (2017) e Moita Lopes (2017a), por exemplo. Embora esses autores sejam diferentes em muitos aspectos, para o propósito desta introdução, vou especificar alguns traços de suas ideias que permitem localizá-los sob o título de negatividade queer. Esses teóricos têm sido muito críticos de um tipo de 'normalização LGBTI+' que surgiu da necessidade de atender à ordem política e econômica neoliberal contemporânea, na qual muitos gays, particularmente, são vistos como um importante nicho de mercado que faz circular muito dinheiro: o chamado 'dinheiro rosa'. Essa normalização gay tem sido também associada à chamada "promessa de felicidade" (Ahmed, 2010), típica de culturas capitalistas, nas quais o consumo é a felicidade a ser procurada como meta de vida e a ideologia fundamental é a de que as pessoas devem pensar sempre positivamente para serem bem-sucedidas. Esse 'ideal' ignora a precariedade intransponível que muitas pessoas vivem.

Ser aceito por grande parte da sociedade por constituir um setor consumidor forte (*i.e.*, gay, classe média e branco), ou por ter cartão de crédito não mais qualifica esse grupo como abjeto. Muñoz (2009), por exemplo, questiona a dimensão ética envolvida nessa normalização numa economia corrompida e num sistema de consumismo desenfreado, com base no qual o cidadão, sem se dar conta, se transformou em pagador de impostos e consumidor (Mouffe, 2018) na ânsia de performar vidas que vão ao encontro das demandas do mundo neoliberal.

De modo contrastante, grande parte da população do mundo (incluindo grandes contingentes das populações LGBTI+) tem de se virar para viver segundo princípios econômicos orientados pela austeridade de regulações econômicas neoliberais, que se tornaram um mantra contemporâneo, apesar dos problemas dramáticos que estão surgindo em muitas partes do globo:

- ausência de garantias sociais;
- uberização do trabalho;
- limitações impostas aos sistemas de aposentadoria;
- eliminação da rede de saúde pública etc.

Constitutivas dessa normalização são também as possibilidades recentes de casamento para casais LGBTI+ em muitas partes do mundo, assim como aquelas relacionadas à adoção de crianças ou a crianças geradas por meio de inseminação artificial etc. O casamento e a reprodução têm sido tradicionalmente compreendidos como parte essencial da vida humana, sem a qual tal vida não é considerada 'normal', 'adequada', 'uma vida com futuro' ou mesmo 'suficientemente humana'. Talvez uma tentativa de controlar eros por meio do casamento: um mecanismo biopolítico (Mari, 2017: 22-23). Nessa lógica, as pessoas solteiras e casais sem filhos são anormais ou 'estranhos'. Constituir um tipo 'tradicional' de família por meio de casamento e prole altera a construção da vida social de LGBTI+, uma vez que, dessa forma, eles passam a se mover na direção das 'sociedades normalizadas'. Esse é um movimento que vai também ao encontro dos interesses do mercado, por meio da criação de empresas especializadas na organização de cerimônias de casamento LGBTI+, de festas para a revelação do sexo do bebê, de roteiros turísticos customizados etc. A felicidade está na aproximação a modos de viver que seguem roteiros heterossexuais (Ahmed, 2010).

Tudo isso implica a compreensão de que as pessoas LGBTI+ são 'iguais' a todo mundo, à exceção de um pormenor: elas vão ou podem ir para cama com o mesmo 'sexo'. No entanto, a pessoa passa a ter todas as credenciais para ser responsiva a um mundo neoliberal ou, talvez, tenha conseguido alcançar o que é crucial em uma sociedade normalizada. Essa posição, por um lado, pode ser compreendida como alinhada a algum tipo de inclusão social. Por outro, ela está em total oposição às teorizações queer, já que categoriza as pessoas em limites muito claros e essencializados, descartando as performatividades daqueles que são pobres, têm múltiplos parceiros sexuais, se entendem como pessoas trans[16], não necessitam de um lugar chamado casa para fazer sexo, não estão interessados em ter uma família nuclear tradicional com uma conta conjunta no banco etc. Queremos esse tipo de justiça social?

Como consequência, teóricos/as queer têm recusado tal processo de inclusão porque ele significa dizer 'sim' a uma ordem neoliberal normativa: basicamente, fluxo intenso de capital, consumismo desvairado, comoditização da vida humana em todos os seus aspectos etc. (Moita Lopes; Pinto, 2020). Tal inclusão acarreta também a necessidade de levar em consideração a sexualidade reprodutiva, contribuindo para gerar o que pode ser chamado de sujeito homonormativo. Em franca oposição, teóricos/as queer vêm argumentando a favor da negatividade queer, do fracasso, de uma posição de abjeção etc. Se não há heteronormatividade, igualmente não há homonormatividade ou, se quiserem, LGBTI+normatividade.

Nesse sentido, as pessoas LGBTI+ devem optar por evitar contribuir com essa lógica normalizadora, compreendida como a única saída. A opção deve ser fugir de tal lógica, e não se integrar a ela (Ahmed, 2010). Em um mundo no qual a meritocracia reina, não há preocupação com o fato de a maquinaria capitalista ser apoiada pela produção do sucesso por meio do fracasso dos outros. Ao argumentarem a favor da negatividade queer, teóricos/as queer se opõem à "despolitização da vida, incluindo a das vidas queer" (Martin, 2017: 3), à "regularização do desvio" (Puar, 2007: xxviii) e "ao idealismo da esperança" (Halberstam, 2011: 3). Edelman (2004), um dos mais audaciosos proponentes da teorização da negatividade queer, de fato não vê nenhum outro caminho fora dessa regularização, a não ser o que chama de uma ética dirigida pela morte ou uma lógica de autoaniquilação. Não há "nenhum futuro" (Edelman, 2004) — e esse é o título de seu livro — fora do sentido de abjeção em que as pessoas LGBTI+ têm sido enquadradas por causa das normas de sexualidade não reprodutiva segundo as quais vivem. Não há possibilidade de um futuro melhor almejável pelas pessoas. Contudo, a metáfora da abjeção e do fracasso as situa em um lugar a partir do qual podem

[16] No campo de estudos aplicados da linguagem, Borba (2015) é fundamental na literatura sobre vidas trans.

ser críticas aos ideais neoliberais, característicos da vida contemporânea em grande parte do mundo (Halberstam, 2011: 34).

Voltarei à negatividade queer ao final desta introdução[17]. Passo agora à construção de um diálogo entre a perspectiva queer e a teorização linguística, foco deste livro.

Uma ideologia linguística compatível com as teorizações queer

Vivemos em um mundo marcado pela rapidez e pela compressão dos parâmetros habituais de espaço e tempo (agora frequentemente grafados espaçotempo), não só nos deslocamentos físicos velozes, mas principalmente nas redes sociais. Tais características têm levado uma série de estudiosos a teorizar a linguagem de modo a fazer com que a visão estática e internalista, que dava conta de determinar as regras do sistema da 'língua', abra espaço para outras ideologias linguísticas. A compreensão da linguagem através das lentes do imobilismo é insuficiente para explicar o que acontece quando, por exemplo, 'línguas' diferentes entram cada vez mais em contato em consequência da mobilidade nas quais as pessoas vivem (Moita Lopes, 2013; 2018). A ideia de trânsito linguístico acelerado se estende para além dos intensos movimentos migratórios contemporâneos (Moita Lopes, 2017b). Ela é vísível nas redes sociais, no acesso contínuo a produtos culturais falados e legendados em várias 'línguas', nos inesperados encontros linguísticos, quando pedaços de 'línguas' aparecem aqui e ali; e nas intensas viagens textuais pelo mundo. É palpável também nos usos linguísticos entre falantes que não dominam a 'língua' um do outro e, mesmo assim, conseguem se comunicar usando um pedaço de outra 'língua' mais vulgarizada na web, como o 'inglês', ou até mesmo usando aplicativos de tradução oral e/ou escrita.

Diferentes autores especificam a necessidade de entender a linguagem não como sistemas de comunicação usados em diferentes espaços, mas como sendo principalmente definida pelo modo como ela é localizada e relocalizada pelas pessoas em suas performances cotidianas

[17] No campo dos estudos raciais, tem-se discutido o chamado afropessimismo. De modo semelhante à negatividade queer, alguns teóricos/as (p. ex., Wilderson, 2020) têm argumentado que não veem saída para os corpos negros que desafiam a matriz de inteligibilidade humana, que é branca. Tal matriz decreta a morte dos corpos negros. Da mesma forma que Edelman (2004) não vê futuro para os corpos LGBTI+, Wilderson (2020) desarticula qualquer possibilidade para as vidas negras. Entendo que essa seja uma estratégia política última e extrema para chamar a atenção para o absurdo do racismo.

(Pennycook, 2010). Por exemplo, se não consigo achar um hotel em São Petersburgo e peço ajuda a uma pessoa que só fala 'russo', do qual não conheço nem uma palavra, é possível que, ao apontar para um mapa no qual está escrito 'hotel' (uma palavra internacionalizada em 'inglês'), eu consiga relocalizar 'essa língua' e me comunicar com o interlocutor em uma 'língua' de uma palavra só — mais alguns sinais com as mãos para me facilitar achar o hotel em meio a uma mistura de 'hotel' em 'inglês' com explicações em 'russo'.

É assim que muitas pessoas têm imaginado novos modos de comunicação e os têm nomeado de formas inovadoras em suas obras. Alguns termos e expressões indicativos de modos de conceber a linguagem como pedaços de 'línguas' ou signos multimodais que surgem aqui e ali nas práticas sociais são:

- "transidiomas" (Jacquemet, 2005);
- "mobilidade linguística" (Blommaert; Rampton, 2012; Pennycook, 2012);
- "linguística dos contatos" (Pratt, 1987);
- "viagens textuais para espaços inesperados" (Moita Lopes; Fabrício, 2018b);
- "compreensão da linguagem como recursos semióticos" (Heller, 2010);
- "natureza multimodal da linguagem" (Kress; Van Leeuwen 2001).

Essas pesquisas respaldam um ponto de vista externalista, explicado por um fazer performativo dos sentidos. Um modo de teorizar a linguagem bem diferente da visão internalista.

Esse tipo de imaginação — desessencializada das 'línguas' e linguagem — é relevante por dar conta do fluxo de significados nas práticas discursivas contemporâneas, ao mesmo tempo que aponta para como as pessoas não preexistem às trocas discursivas, igualmente móveis e instáveis.

Estamos, então, diante de uma teorização sobre a linguagem que vai ao encontro das teorizações queer e de sua preocupação crucial com a desessencialização ou a descristalização de quem somos como homens, mulheres, homossexuais, heterossexuais, negros, brancos, brasileiros, nordestinos, sudestinos, pobres, remediados etc. Essa preocupação traduz uma visão política sobre a linguagem em mobilidade, por chamar a atenção para sua relocalização e emergência aqui e ali, e pode ser ilustrada por uma série de construtos teórico-analíticos que têm sido úteis nas pesquisas que focalizam justamente quem podemos 'ser' ou nossas performatividades. Alguns deles — *entextualização*, *indexicalidade* e *escalas* — serão explorados teórico-analiticamente nos capítulos seguintes. Advindos da antropologia linguística, tais construtos são proeminentes em campos que vêm sendo denominados sociolinguística da mobilidade (Blommaert, 2010), sociolinguística dos recursos semióticos (Heller, 2010) ou sociolinguística performativa (Baynham, 2015). Esses construtos podem ser compreendidos por abarcarem o fenômeno da circulação textual, sígnica e discursiva, que implica (re)contextualização e reflexividade.

Entextualização

O construto "entextualização" (Bauman; Briggs, 1990; Rampton, 2006/2016; Rampton; Blommaert, 2012) dialoga com a noção de intertextualidade (Volóchinov, 1929/2017; Kristeva, 1969). De certa forma, entextualização-descontextualização-reentextualização/recontextualização são processos semióticos que operacionalizam de modo analítico a noção de intertextualidade. Dão conta de como o que dizemos continuamente reentextualiza textos anteriores. Assim, podemos pensar o uso da linguagem como resultante de um contínuo processo de entextualizar, descontextualizar e recontextualizar ou reentextualizar vozes, discursos e performances — textos — que precederam nosso enunciado (Fabrício; Moita Lopes, 2020a). É assim que Bauman (2004: 4) explica como um texto se torna um objeto ou um artefato textual (com características coesivas) ao qual se pode fazer referência, podendo então ser "citado" e "nomeado" ao ser descontextualizado — extraído de um cenário de construção de sentidos — e aparecer em outra recontextualização ou reentextualização semiótica. Nessa reentextualização, novos efeitos de sentido são gerados, ainda que o texto leve a memória de seus usos anteriores para as novas recontextualizações (Bauman; Briggs, 1990).

O trabalho inspirador de Bauman e Briggs (1990) chama a atenção justamente para a intensa mobilidade característica das tramas discursivo-textuais nesse processo de descontextualização e reentextualização. As "práticas de entextualização funcionam como impulsionadoras da circulação de textos, envolvendo simultaneamente mesmidade e diferença, uma fricção entre estabilidade e movimento" (Moita Lopes; Fabrício, 2018a: 463), típica dos processos de construção de significados. Algo dos textos em contextualizações anteriores (fragmentos, resíduos, palavras que tradicionalmente evocam certos discursos ou mesmo textos inteiros etc.) é repetido, mas a recontextualização igualmente suscita a inovação de sentidos em outro ou em outros processos interacionais com os participantes. Bauman e Briggs (1990) argumentam que o recentramento textual faz emergir novos significados, assim como invoca controle e poder da parte de quem pode descentrar e recentrar textos na vida social.

Essa visão pode também ser associada ao que tem sido chamado de trajetórias textuais (Blommaert, 2005, 2010). Fabrício (2013), em um capítulo muito influente, empregou tal construto como procedimento metodológico-analítico para traçar a trajetória de um texto sobre a construção discursiva da animosidade entre portugueses e brasileiros na web, cartografando os significados ali performatizados. Da mesma forma, Moita Lopes e Fabrício (2018a) analisam um *blog* intitulado "A vida no armário", a partir dos *posts* dos participantes, que performatizam sentidos em devir sobre a sexualidade. Em outra publicação, Moita Lopes e Fabrício (2018b) destacam a viagem textual pelo Sul Global do "Show das poderosas", de Anitta, com base em um vídeo de uma comunidade de meninos queer nas Filipinas. A recontextualização desses textos mobiliza localmente outros significados para o *pop* de Anitta — como se pode ver na própria paisagem semiótica mobilizada no vídeo —, assim como determinada ideologia linguística sobre como a 'língua portuguesa' é relocalizada nas Filipinas e 'falada'/'cantada' com uma sincronização dos lábios desarticulada da oralidade da letra em 'português brasileiro'.

Esses são processos que ressaltam sobremodo a reflexividade metapragmática (Rampton; Blommaert, 2012), na qual os participantes estão envolvidos com a construção dos significados. A descontextualização e a recontextualização são efeitos de uma reflexão sobre a linguagem em ação que explicitam o que as pessoas estão fazendo no engajamento discursivo — por exemplo, por que e como descontextualizar-recontextualizar determinado texto —, ao passo que animam o fluir da linguagem. Portanto, toda ação linguística — a pragmática — implica uma metapragmática: reflexões sobre o uso da linguagem na ação social (Signorini, 2006/2016; Blommaert; Rampton, 2011; Silva; Pereira; Alencar, 2014; Moita Lopes, 2021).

Esses processos têm sido intensificados na nossa contemporaneidade, marcada por grande mobilidade linguística, textual e humana, a ponto de Rosa (2005/2019) se referir aos nossos tempos como marcados por uma estabilidade-dinâmica. Tal mobilidade nos conduz a estudar a frenética reflexividade a que estamos cotidianamente expostos nas redes sociais e fora delas, em nossas vidas onlineoffline. Tem também nos levado à análise de processos altamente estilizados/planejados no uso da linguagem (Coupland, 2007), que enfatizam justamente essa reflexividade. As viagens textuais, os usos transidiomáticos, o apelo a determinados recursos semióticos multimodais são apenas alguns exemplos de processos semióticos que envolvem alto nível de planejamento ou reflexividade metapragmática intensa.

Para Bauman (1992: vii) nossos tempos têm provocado a compulsão de refletir sobre nós mesmos e — acrescento — têm provocado o mesmo ímpeto sobre a linguagem, tendo em vista os processos rápidos de circulação de textos e discursos com os quais vivemos cotidianamente. Além dos processos tradicionais de reentextualização de outros textos acadêmicos cujos discursos faço circular por meio de citações explícitas, escrever esta introdução também acarreta reentextualizar outros textos na procura de um sinônimo em um dicionário; na verificação da página de uma citação, abrindo o livro de origem em um arquivo; na localização de outro arquivo para ver um texto meu no qual já me referi ao mesmo tópico; na observação da data de um texto meu ou de outros autores no Currículo Lattes etc. Esses são processos de reentextualização tradicionais e constitutivos da escrita acadêmica, mas que são agora acelerados no mundo digital. Ao mesmo tempo, posso abrir outras plataformas (Facebook, WhatsApp, Signal etc.) para verificar mensagens ou até dar uma olhada no *e-mail* para averiguar se a tão esperada resposta sobre a publicação deste livro chegou etc. Não há dúvidas de que estamos intensamente imersos na circulação de textos, já que os processos de entextualização-descontextualização-recontextualização foram intensificados em nossos tempos, fazendo nossas vidas serem semiotizadas e ressemiotizadas mais rapidamente.

Indexicalidade

Um arcabouço reflexivo também está envolvido na compreensão do construto 'indexicalidade' (Hanks, 2000; Silverstein, 2003, 2006; Blommaert, 2010; Collins, 2011/2020; Sanque, 2020), que enfatiza o significado conotacional ao ressaltar as escolhas sígnicas que as pessoas fazem quando refletem sobre os significados em performance. Essa perspectiva vai além do significado denotacional, típico de uma linguística dos usos tácitos ou de uma linguística do sistema e apenas referencialista — por exemplo, um dicionário tradicional, onde os significados dos usos dos itens lexicais em enunciados não são dados[18]. O estudo da indexicalidade chama a atenção para como nos apoiamos em vastos repertórios semânticos em nossas performances e possibilita compreender como o discurso (enunciado em textos compreendidos como combinações de signos) emergente no aqui e agora da interação indexa macrodiscursos — que Gee (1999) denominou "Discurso com letra maiúscula". Esse processo se caracteriza pela inseparabilidade de discurso — signos empregados em textos em encontros semióticos — e Discursos — redes de crenças, valores, ideologias e modos de pensamento.

Dessa forma, o elo entre o momento interacional (discurso) e repertórios sócio-historicamente constituídos (Discursos) é indexical, constituindo a indexicalidade: "O princípio de contextualização dos signos linguísticos e outros em uso" (Silverstein, 2006/2009: 756). Se o processo de significação depende da conexão d/Discursiva emergente na comunicação, os efeitos de sentidos que ela performativiza têm sempre um aspecto inovador na contextualização do que está sendo enunciado. Por exemplo, quando dois homens cis e gays estão conversando sobre desejo sexual e um deles diz: "Fico LOUco quando namoro um cara carinhoso", o signo 'louco' (com o volume mais alto) aponta para discursos sobre paixão/desejo sexual e 'cara carinhoso' indica significados sobre a expressão afetivo-somática. Os elos, os laços indexicais mobilizam sentidos sobre as performatividades homoeróticas em jogo, que ganham efeitos de sentido na contextualização (Silverstein, 2006/2009). É assim que os signos no discurso se friccionam com os Discursos na construção de significados ou no trabalho semiótico de contextualizar o que está sendo dito ou escrito para outros. Desse modo, Hanks (2000: 124) enfatiza: "O termo indexicalidade se refere à dependência contextual pervasiva dos enunciados em [']línguas naturais[']". Recuperando o trabalho do semiólogo Charles Sanders Peirce (1955), que inspira a noção de indexicalidade, Hanks (2000: 124) enfatiza: ela não é estabelecida "por semelhança com seu objeto [o que Peirce chamou de ícone] nem por pura convenção [o que Peirce chamou de símbolo], mas por contiguidade com ele". Tanto o signo com valor indexical quanto os Discursos por ele mobilizados estão presentes simultaneamente "no contexto da enunciação" (p. 124) na relação de contextualização intera-

[18] Tenho em mente, em oposição, os dicionários construídos com base em linguística de *corpus*, que ressaltam os significados mobilizados nos usos extensivamente abonados em textos nos quais determinado item circula.

cional, ao estabelecer o elo indexical entre discurso e Discurso. Estamos diante de uma linguística externalista, que prestigia significados conotacionais, emergentes no aqui e agora.

Essa percepção é também crucial para compreender as formas contemporâneas de mobilidade textual durante a intensa atividade comunicativa nas redes sociais, onde os processos de indexicalização se modificam rapidamente pelas incessantes reentextualizações de discursos/Discursos. É no agenciamento dos significados performativizados, em sua repetição-inovação/diferença, que se pode compreender o fluxo da vida social. Dessa forma, os contextos interacionais não podem nunca ser compreendidos como fixos, caracterizados que são por uma grande dinamicidade indexical e textual. Os índices são constitutivos dos processos de construir sentidos na contextualização do que está sendo dito e/ou escrito. São pistas sígnicas — linguísticas, visuais, gestuais etc. — que apontam para os Discursos que mobilizamos na interação com outras pessoas, ainda que não haja nenhuma garantia de que elas vão recuperar os mesmos Discursos. Nas redes sociais, os elos indexicais entre um signo e os Discursos que ele indexa — ou para os quais os signos apontam na relação de contiguidade — são muito mais rapidamente impulsionados. Devido à celeridade com que os textos surgem e desaparecem nas telas, os signos colam em certos Discursos — por assim dizer — e imediatamente se desatrelam deles no fluir textual (Baynham, 2015), em contínuas recontextualizações.

Escalas

O último construto teórico-analítico que focalizo é a noção de escala (Blommaert, 2015; Blommaert; De Fina, 2015; Carr; Lempert, 2016; Moita Lopes; Fabrício, 2019; Gal; Irvine, 2019; Fabrício, 2020a; Moita Lopes, 2020; Fabrício; Moita Lopes, 2020a, 2020b, 2021). Nos processos de entextualização e indexicalização, os participantes interacionais perspectivam a si mesmos e ao mundo social a sua volta por meio de comparações, analogias, classificações, valorações, quantificações, qualificações etc., o que chama a atenção para como os significados são forjados interacionalmente. As escalas dão conta de um processo de projetar sentidos bem distante dos binarismos tradicionais, "levados em consideração em muitas análises da vida social [...], como se tempo, espaço e atividade social tivessem todos lugar em uma dimensão singular de grandeza (ou pequenez)" (Gal; Irvine, 2019: 218). Isso significa que não se trata de usar um sistema de medir ou avaliar, que é dado, mas sim de analisar a elaboração semiótica nas interações discursivas. Como salientam Gal e Irvive (2019: 217): "As escalas são feitas, não encontradas". É um processo que tem a ver com as ações semióticas e as dimensões de sentidos projetadas. Essa compreensão é crucial, porque vai ao encontro da ideologia linguística de que os significados são performatizados. Essa é uma posição antiessencialista subjacente tanto à ideologia linguística com que opero quanto à teorização queer sobre quem podemos ser. O princípio é: a linguagem não reflete o mundo social, ou seja, ele não existe antes do discurso ou antes de nosso envolvimento nas práticas discursivo-escalares que o fabricam.

Tais ações forjam perspectivas sobre quem somos, o que estamos fazendo, com quem, onde, quando e para quê. Assim, as 'ontologias' são efeitos de sentido trabalhados semioticamente. Elas não existem antes da prática discursiva. Portanto, neste volume, "faço perguntas ontológicas sem tomar a 'ontologia' como resposta" (Holbraad; Pedersen, 2017: 11). Em Moita Lopes (2020), por exemplo, discuto gênero, sexualidade e raça como performatividades escalares em jogo no uso de um aplicativo para encontros homoafetivos. A noção de performatividade dá conta da citação e inovação — cf. nota 11 — nos processos de criar sentidos sobre os nossos corpos e os dos outros, ao mesmo tempo que projetamos escalas na performatização sobre gênero, sexualidade, raça etc. de modo a sermos escolhidos como um possível parceiro para um encontro fora do aplicativo. As escalas de gênero, por exemplo, podem ser indicadas por escolhas indexicais oferecidas pelo aplicativo (homem cis, homem afeminado, homem trans etc.), assim como por fotos, abreviações (ATV, *i.e.*, ativo), *emojis* etc. fornecidas pelos participantes, evocando discursos que mobilizam escalas sobre os corpos. O aplicativo ainda fornece escolhas indexicais de discursos sobre raças que convocam performatividades escalares racializadas específicas.

Nessa pequena exemplificação, já se podem compreender performatividades escalares de gênero interseccionadas com sexualidade e raça. A indexicalidade também atua na projeção escalar ou na atividade de colocar em perspectiva o que está sendo enunciado aqui e agora pelas pessoas engajadas na construção do sentido (ver Schultz, 2020).

O exercício de projeções escalares envolve uma atividade pragmática que pode ser entendida com base em como mobilizamos elementos semióticos variados (signos, textos, imagens, vídeos etc.) ao reentextualizar e indexicalizar d/Discursos. Pensemos, por exemplo, em práticas envolvendo a valoração de pessoas e coisas segundo parâmetros de normalidade e desvio. Tais lentes escalares imaginam posições de privilégio com base em certas expectativas socioculturais ideológicas, relegando outras posições ao lugar de desprestígio ou dissidência, como no caso da oposição entre heterossexuais e homossexuais. Contudo, essas expectativas não são fixas e são redimensionadas de acordo com ideologias específicas ou Discursos mobilizados aqui e agora (Carr; Lempert, 2016; Gal; Irvine, 2019). Tomemos como exemplo a ideologia neoliberal, uma construção escalar que 'explica' metaforicamente o mundo contemporâneo como um grande bazar, no qual o mercado reina sobre a vida das pessoas. Nele podemos imaginar novas hierarquizações em que mulheres lésbicas brancas, chiques e de classe média, construídas segundo parâmetros homonormativos, podem ocupar posição de prestígio. Tal reordenação exclui mulheres lésbicas brancas pobres e periféricas, que ocupam posição subalterna como consumidoras. A fractalidade dessas hierarquias e a mudança de projeções escalares que elas propiciam dimensionam a natureza incerta da sexualidade, indo ao encontro da visão queer e, de fato, do que chamei anteriormente de negatividade queer.

Portanto, a noção de escala igualmente operacionaliza a ideia de significado como performatizado, móvel e efêmero. Apesar de a repetição de determinados efeitos semânticos, em determinada prática, poder levar à sedimentação de significados, se considerarmos a circulação e a mobilidade textual, outras fabricações escalares e indexicalidades podem ser projetadas, causando fissuras nesses significados cristalizados. Em Moita Lopes, Fabrício e Guimarães (2019), por exemplo, chamamos a atenção para como jovens em uma *lan house* na periferia se envolvem em atividades escalares que enfraquecem visões calcificadas de sexualidade, desarticulando-as. Já em Fabrício e Moita Lopes (2019), uma pesquisa etnográfica-colaborativa-intervencionista, empregamos a noção de escala para compreender os sentidos alternativos sobre gênero e sexualidade que estudantes de ensino médio performatizam na escola, enfocando como passam a perceber a natureza maleável dos sentidos com que operam. A noção de sentidos-em-movimento, performatizados por meio de entextualizações-descontextualizações-reentextualizações, indexicalidades e lentes, possibilita estudar significados inovadores ou emergentes sobre nosso devir em performatividade. Essa é uma ideologia linguística que fala de perto às teorias queer, portanto.

Ganhos epistêmicos, políticos e éticos

Em meio à escrita desta introdução, me chega pelo WhatsApp um vídeo do *Duplo Expresso de Domingo*[19]. Os participantes do vídeo chamam a atenção para a fraqueza das esquerdas no Brasil diante das dificuldades contemporâneas. Simultaneamente, acusam as pautas do que chamam de identitarismo como tendo desempenhado um papel central em tal fracasso. O argumento é o seguinte: a questão das classes populares foi colocada de lado pelas esquerdas em benefício das lutas identitárias. Acrescentam que tais lutas não são do interesse das classes populares e têm "entregado o ouro ao bandido", por assim dizer, enfraquecendo as esquerdas. Tomamos esse vídeo como mote da discussão sobre alguns dos benefícios epistêmico-político-éticos do caminho teórico proposto neste livro.

Em primeiro lugar, cabe dizer que, ao defender uma visão performativa de linguagem e de quem somos na vida social, estou bem distante das pautas identitaristas, ainda que por motivos diversos daqueles apontados no vídeo. Ao contrário, estou apoiado em perspectivas não essencialistas que reconhecem a natureza performativa de sujeitos sociais em devir. Por outro lado, a posição veiculada no vídeo é reminiscente de um marxismo tradicional que não atenta para a complexidade da vida social contemporânea que extravasa as questões da classe social, associando-se a outros sentidos e práticas. Isso não quer dizer que eu não entenda a relevância da classe social na performatização dos sentidos em devir. Classe social, desejo sexual, gênero, raça, regionalidade, nacionalidade, etnia etc. se atravessam uns aos outros, enfatizando a maleabilidade dos efeitos de sentido sendo performatizados. Ressalto que a performatividade de classe social, por exemplo, não é simplesmente colocada ao lado da sexualidade. Elas se imbricam em nosso vir-a-ser cotidiano. Os efeitos de sentido performatizados produzem desigualdades, sofrimentos e vulnerabilidades diferentes. Desse modo, defendo uma lógica suplementar porque, às vezes, a pauta "identitária" pode ser necessária para formas públicas de ação. Além disso, voltar

[19] "Bovespa: o *crash* [...]", 6 out. 2019 (disponível em: https://bit.ly/2VIqoVw); acesso em: 29 ago. 2022).

a pensar somente em classe social, como desejam no vídeo — a defesa de um "essencialismo de classe" (Mouffe, 2018: 9) —, é impossível, tendo em vista os avanços dos movimentos sociais e os deslocamentos de natureza teórica, alguns deles levantados nesta introdução. Não há retorno à lógica simplista que enxergava as pessoas somente pela lente da classe social[20]. O vídeo não problematiza os efeitos políticos alcançados pelos movimentos sociais em relação às visões fundamentalistas de gênero e sexualidade, como no caso de algumas vertentes cristãs. Ao proclamarem guerra ao que, equivocadamente, chamam de "ideologia de gênero" e "marxismo cultural" (Márquez; Laje, 2014), combatem pontualmente os ganhos dos movimentos sociais feministas e LGBTI+, assim como os desenvolvimentos teórico-analíticos na produção de conhecimento[21] (ver Schultz, 2020). Essa guerra tem provocado, no Brasil e em outras partes do mundo, ataques contínuos às populações LGBTI+, o aumento de feminicídios e do racismo, notadamente com o apoio de governos ou grupos chamados de extrema direita, direita alternativa ou direita radical. A presença de supremacistas brancos nesse contexto tem levado a uma caracterização de nossos tempos como fascistas, do ponto de vista social (Moita Lopes; Pinto, 2020; Fabrício; Moita Lopes, 2021), ou "um tempo que promove a saída da democracia (ou a sua inversão)" (Mbembe, 2017 [2016]: 21).

Ao se contraporem a generalizações e padronizações sobre quem somos, as teorizações queer e as visões performativas da linguagem produzem grandes ganhos epistêmicos. Privilegiando a diversidade de formas de vida, elas não só focalizam a interação e a emergência de sentidos singulares, como também propõem outro modo — que já qualificamos como insurgente e inovador — de produzir conhecimento, que considera as indeterminações, incertezas e acasos, típicos da

---

[20] Mouffe (2018), da mesma forma, argumenta a favor da necessidade de um pensamento político de esquerda que não prestigie a defesa de um grupo injustiçado socialmente em detrimento de outro. Um não é menos crucial do que outro porque a desigualdade e o sofrimento sociais não podem ser mensurados em uma balança. Diante do crescente populismo de direita (Moita Lopes; Pinto, 2020), Mouffe argumenta a favor de um populismo de esquerda, o que envolve "o aprofundamento ou a radicalização da democracia" ao estabelecer uma corrente de equivalências que associe os precarizados de vários modos: os trabalhadores, os imigrantes, a comunidade LGBTI+, as populações inferiorizadas racial e etnicamente etc., sempre compreendidos em suas intersecções.

[21] Os ataques sofridos por Judith Butler em São Paulo, em 2017, são só um exemplo de tal combate. Butler tinha vindo ao Brasil para falar sobre a democracia em um seminário. Cf. "Judith Butler escreve sobre o fantasma do gênero e o ataque sofrido no Brasil", *Folha de S.Paulo*, 19 nov. 2017 (disponível em: https://bit.ly/37yXTfI; acesso em: 29 ago. 2022).

intensa circulação de significados constitutivos de nossa experiência social contemporânea.

Do ponto de vista político, os ganhos vêm da compreensão de que seguir pautas prefiguradas sobre quem somos delineia fronteiras intransponíveis, impondo uma verdade sobre nossos corpos. Essa delimitação enfraquece a possibilidade de as pessoas se reinventarem continuamente. Os significados que mobilizamos produzem efeitos sobre quem somos aqui e agora e podem movimentar performativamente regras sedimentadas. A dinâmica cristalização-alteração de normas sinaliza a natureza performativa e instável da linguagem e de quem podemos ser.

Por fim, chego aos benefícios éticos da teorização apresentada neste livro. A história humana, nos últimos quinhentos anos, foi forjada com base em ideais moderno-coloniais de separar para dominar, 'ordenar' ou governar. Tais regimes transformaram uns em heróis, descobridores, conquistadores e benfeitores, com suas 'línguas' 'corretas', com suas raças e seus modos 'legítimos' de viver a experiência humana. Em oposição, colocaram muitos outros à margem e sob suspeita. Os navegadores do reino de Castilha, por exemplo, ao chegarem ao que agora chamamos de América e se depararem com um universo linguístico gigantesco e extraordinário, declararam que os habitantes do 'Novo Mundo' não falavam nenhuma 'língua', uma vez que não falavam o que chamavam de 'castelhano' (Brithe-Heath, 1972). Da mesma forma, o trabalho de linguistas europeus, ao se defrontarem com um sem-número de 'línguas' em contato no continente africano, envolveu decidir quem falava qual 'língua' — para o estranhamento dos próprios falantes — com o objetivo crucial de construir nações suscetíveis a serem exploradas/colonizadas por países específicos (Makoni; Meinhof, 2006/2016; Makoni; Pennycook, 2007). A visão subjacente é de que uma 'língua' corresponderia a um povo e a uma nação: três grandes projetos que resultam da imaginação ou invenção colonialista (Anderson, 1983; Moita Lopes, 2013, 2018).

Esse trabalho de controle colonizador envolvia também o governo dos corpos na conquista de outras terras, sob regras religiosas estritas em relação ao exercício do desejo sexual e a como os gêneros deveriam se comportar. Regras que nem os próprios conquistadores seguiam. A literatura recente aponta para o trabalho investido no governo dos corpos indígenas que se envolviam em práticas sexuais agora denominadas homossexuais (Fernandes, 2019; Fernandes; Arisi, 2017). Igualmente,

Freestone (2020) indica que, antes da ocidentalização da China, até a metade do século XIX, práticas homoeróticas entre homens eram normalmente aceitas, para o horror dos missionários jesuítas que chegaram lá nos séculos XVI e XVII. Da mesma forma, Saunders (2020) e James (2021) indicam que as práticas sexuais das populações negras na África, antes de serem trazidas para as Américas, não seguiam as práticas generificadas e heterocentradas impostas pelos colonizadores e seus preceitos cristãos impostos paralelamente à escravização. De fato, como o escritor Marlon James (2021: 2) aponta,

> muita gente ouve falar em países como Uganda e pensa em homofobia. Sempre existiu homossexualidade na África. O que é novo é a homofobia, introduzida por pastores americanos [colonizadores mais recentes] que falam besteira na TV. Em várias culturas tradicionais da África Central e Ocidental, a diversidade sexual é muito aceita. Pesquisando, descobri que há povos que aceitam 14 gêneros diferentes. As culturas africanas já estavam prontas para pronomes neutros e gêneros fluidos há muito tempo. Os europeus é que não estavam.

Nessa direção, é insólito ver como muitas antigas colônias inglesas mantêm, até hoje, os projetos dos colonizadores de punir a homossexualidade, com base na lei, embora os antigos colonizadores não vivam mais sob tais penalizações — se de fato viveram! São essas normas que, em última análise, forjaram — e continuam a forjar — a chamada "ocidentalização do mundo" (Venn, 2000)[22]. As ideologias da 'língua' correta, da dita norma culta, dos desejos sexuais adequados, da raça legítima ou dos binarismos de gênero etc. podem ser entendidas como fetiches que influenciam como vivemos e compreendemos nossas práticas sociais à custa da injustiça social e do sofrimento humano. Há, portanto, uma dimensão decolonial intrínseca às teorizações queer.

É a mesma ideologia que hoje faz certos brasileiros darem gargalhadas quando fazem circular, na internet, o vídeo do treinador de futebol brasileiro Joel usando o 'inglês' por meio de recursos semióticos transidiomáticos quando trabalhava na África do Sul[23]. Junte-se a isso o fato de Joel não ser um 'exemplar' da raça 'correta' no Brasil, ou seja, branco. É assim também que os fundamentalismos religiosos, dos quais con-

---

[22] Mignolo (2020) chama a atenção para o fato de a disputa contemporânea no mundo ser travada entre os novos colonizadores: EUA, China e Europa.

[23] "Joel Santana falando inglês [...]", 7 fev. 2012 (disponível em: https://bit.ly/3ANa7xZ; acesso em: 29 ago. 2022).

temporaneamente se apossaram políticos em muitas partes do mundo (Brasil, Polônia[24], Hungria etc.), continuam seu combate ao que os corpos podem fazer-ser, um processo em atualização permanente da separação fascista entre "nós" e "eles" (Stanley, 2018; Moita Lopes; Pinto, 2020; Fabrício; Moita Lopes, 2021).

As repercussões epistêmicas, políticas e éticas de uma compreensão performativa da vida social e dos processos de significação apontam para a flexibilização e a fluidez das certezas. Essas repercussões, em seus entrelaçamentos, assolam "a vontade de verdade" que, apesar de Foucault (1976/1988), em sua *História da sexualidade*, a academia ainda insiste em manter em muitos círculos. Essas são demandas que, talvez como nunca, se façam eticamente necessárias para imaginar alternativas ao fenômeno que Umberto Eco (1995/2015) denominou de nosso fascismo eterno.

Aproximação aos capítulos

Com base em *corpora* diferenciados de investigação, aqui são estudadas práticas discursivas situadas e multissituadas, tanto no mundo online quanto offline e fílmico. Os capítulos perseguem, com um olhar teórico queer, como o discurso performatiza nossas intersecções de gênero, sexualidade, raça e classe social, destacando como elas emergem na interação. Todos os nomes dos participantes das interações analisadas nos capítulos são fictícios, mas a renomeação manteve inteligíveis os gêneros com os quais eles se identificam. Outro ponto relevante é que alguns capítulos lançam mão também de construtos teórico-analíticos como *footing*, alinhamento, enquadre e posicionamento, normalmente compreendidos como parte do arcabouço teórico da sociolinguística interacional (ver Ribeiro; Garcez, 1998; Fabrício, 2020b). Esses construtos serão explicados, quando necessário, nos respectivos capítulos. Em geral, os recursos teórico-analíticos principais perpassam igualmente todos os capítulos e foram apresentados nesta introdução. Note-se que as convenções de transcrição usadas aparecem no anexo ao fim do livro.

Agrupei os capítulos em três partes, orientadas pela situacionalidade da prática discursiva estudada. Cada parte do livro é precedida por um preâmbulo que aprofunda as questões levantadas nesta introdução.

---

[24] Na Polônia, são infames as identificações de cidades como sendo livres de populações LGBTI+ (Pakula; Chojnicka, 2020).

Parte I – Práticas discursivas onlineoffline

Os dois capítulos que compõem essa seção do livro foram escritos por Thayse Figueira Guimarães e Luiz Paulo da Moita Lopes. No capítulo 1, com base em um estudo etnográfico multissituado, analisamos a trajetória de um texto viral em diferentes eventos comunicativos. Buscamos refletir sobre os processos de recontextualização do vídeo da travesti Luísa Marilac na construção das performances identitárias de Luan, um jovem negro e de identificações homoeróticas, em interação na web 2.0[25] e na sala de aula. O foco está na linguagem em movimento, enquanto ação sociointeracional, perpassada por valores indexicais indicativos de fenômenos sociais mais amplos. Nas análises, buscamos observar como fragmentos do vídeo de Luísa Marilac eram recontextualizados nas interações de Luan com colegas de sua sala de aula e do Facebook. As análises apontam que o estudo da circulação de um texto oferece possibilidade diferenciada de acesso aos processos de identificação, às hierarquizações e às relações de poder constitutivas das práticas interacionais contemporâneas.

No capítulo 2, temos novamente como foco investigativo as performances de raça do Luan em interações na web e na sala de aula. Esse estudo é parte de uma pesquisa etnográfica multissituada com um grupo de jovens estudantes do ensino médio de uma escola pública na periferia das baixadas litorâneas do Estado do Rio de Janeiro. Na análise empreendida, investigamos a circulação dos signos identitários de raça, em intersecção com significados de gênero/sexualidade, dando atenção ao que chamam de entextualizações criativas, ou seja, às brechas que Luan encontra para reorganizar os sentidos referentes às práticas em que se engaja. As análises apontam o surgimento de posicionamentos e performances identitárias inovadoras em conjunto com visões essencialistas e perceptíveis sempre em embates e lutas.

Parte II – Práticas discursivas online

Glenda Cristina Valim de Melo e Luiz Paulo da Moita Lopes escreveram os três capítulos que compõem essa seção. No capítulo 3, analisamos a trajetória textual do elogio "Você é uma morena muito bonita" nos co-

---

[25] Termo cunhado por O'Reilly (2004) para dar conta de uma etapa na história da web caracterizada por maior interação entre participantes e compartilhamento de informação.

mentários de participantes de dois fóruns distintos. Além disso, visamos identificar quais ordens de indexicalidade são mobilizadas na trajetória desse elogio específico. O instrumento etnográfico de geração de dados são os comentários postados no blogue *Blogueiras Negras* e no site *Pragmatismo Político*. Os resultados indicam que o elogio percorre duas viagens distintas nos espaços citados e mobilizam três ordens de indexicalidade relacionadas à questão racial: o elogio é ofensa; o elogio/ofensa é aceitável; o elogio não é ofensa. Assim, tais ordens convocam Discursos igualmente tensionados na sociedade brasileira sobre o racismo.

No capítulo 4, enfocamos os posicionamentos interacionais que constroem a performance narrativa de coconstrução de raça de uma mulher negra no blogue *Eu, mulher preta*. O estudo se ampara, ainda, nos aportes teóricos dos novos letramentos digitais. Para analisar a narrativa da blogueira como performance, o quadro analítico se ancora no construto de posicionamento interacional e nas pistas que marcam tal posicionamento na encenação da performance. Os resultados indicam que a narradora se assume interacionalmente como mulher preta. Identificam, porém, um posicionamento interacional anterior ao renascimento como negra: o de mulher "branc[a] meio suj[a]". Tais posicionamentos refletem duas performances discursivas conflitantes.

No capítulo 5, analisamos performances identitárias de raça encenadas em textos produzidos por negras em uma comunidade de rede social. O estudo também se embasa em concepções dos novos letramentos digitais. Os dados foram gerados em uma comunidade que discute temas caros à população negra. Foram analisadas mensagens de um fórum para mulheres negras brasileiras. O arcabouço analítico é constituído pelos construtos alinhamento e enquadre. Os resultados indicam que as performances identitárias das participantes são permeadas por sexualidade, gênero, raça, classe social e oscilam entre uma postura queer e performances essencializadas.

Parte III – Práticas discursivas fílmicas e online

Essa última seção abriga quatro capítulos escritos por Clarissa Rodrigues Gonzalez e Luiz Paulo da Moita Lopes. No capítulo 6, analisamos multimodalmente os recursos semióticos que a personagem Agrado do filme *Tudo sobre minha mãe* (1999), de Almodóvar, mobiliza para desarticular a autenticidade de gênero ao enunciar um monólogo. Como instrumental teórico-analítico, usamos três pistas indexicais — a referência, a predicação e o descritor metapragmático —, a noção de posicionamento e os conceitos de reciclagem, reenquadramento e retransposição. Buscamos identificar as entextualizações que Agrado opera e as ordens de indexicalidade a que submete discursos em circulação.

Já no capítulo 7, analisamos os posicionamentos interacionais de participantes da rede social Filmow ao comentarem aspectos relativos a gênero e sexualidade abordados em *Tudo sobre minha mãe*, destacando aqueles que remetem às personagens trans. Privilegiamos um instrumental analítico centrado na contextualização de pistas indexicais. Os resultados indicam que o filme impulsionou a reflexão sobre performances discursivo-identitárias não hegemônicas, mesmo que nem sempre se assumam posicionamentos transgressores. Por isso, aventamos razões para as dificuldades de mobilizar discursos transgressivos.

No capítulo 8, analisamos uma postagem publicada no site espanhol *Dos manzanas*, que qualifica Pedro Almodóvar como "pedagogo da realidade LGBT", e alguns dos comentários que ela suscita. Interessa-nos estudar a reflexividade metapragmática, produzida por essa pedagogia, numa discussão online que avalia se a cinematografia almodovariana projeta uma fachada favorável para o coletivo em questão. Ao serem entextualizados no referido site de notícias LGBTI+, os textos fílmicos mobilizam escalas que inspiram os posicionamentos dos participantes. Se, por um lado, tais posicionamentos questionam privilégios heteronormativos, por outro, resvalam em essencialismos nada estratégicos.

Por fim, no capítulo 9, estudamos uma videocrítica publicada no YouTube de outro filme do Almodóvar: *A pele que habito* (2011). Nosso objetivo é identificar a que discursos orientadores o autor da videocrítica se alinha, especialmente no que tange a gênero. Efetuamos um exercício analítico (meta)escalar-reflexivo, abarcando, além das noções de escalas e de indexicalidade, outros construtos teórico-analíticos: iconização, apagamento e recursividade fractal. Buscamos sinalizar como a obra de Almodóvar é semiotizada com base em determinadas perspectivas e as estratégias utilizadas em tal empreendimento. O que se observa é que significados em disputa se entrelaçam no discurso do *youtuber*, que, apesar de falar de "construção de gênero", fundamenta seu ponto de vista usando uma metalinguagem que evoca noções essencialistas e deterministas, indo de encontro àquelas mobilizadas pelo filme.

Convite a imaginar uma futuridade queer

Convido estudantes, docentes e pesquisadores/as a continuarem perseguindo o que tenho traçado como linguística aplicada INdisciplinar, especialmente na vertente de estudos que apontam para processos de desidentificação e borramento de fronteiras limitantes, viabilizando ressaltar quem estamos nos tornando cotidiana e performativamente em nossas práticas sociais. Neste livro, temos um instrumental teórico-analítico capaz de inspirar estudos em outros campos das ciências sociais e humanas, para além do campo dos estudos da linguagem. Essa é uma tarefa que se impõe como fundamental em face das formas de controle e de eliminação de vidas e da necessidade de criar formas de enfrentá-las na contemporaneidade. Esse direcionamento é primordialmente necessário quando tais formas se materializam, em muitas partes do globo, em governos, partidos e grupos de extrema direita apoiados em tipos de fascismo social (Moita Lopes, 2020; Moita Lopes; Pinto, 2020; Fabrício; Moita Lopes, 2020).

Se, por um lado, o livro apresenta a linguagem como lugar de criar efeitos sobre quem somos na interação, por outro, desarticula certezas muito arraigadas sobre nossas sociabilidades essencializadas ou ontologizadas, que ainda continuam a existir no que Mbembe (2013/2014) chamou de o delírio persistente da modernidade. Tal delírio faz sofrer e insiste em precarizar muitas vidas. Criar formas de produzir conhecimento fundamentadas teórico-analiticamente, tendo o sofrimento humano como elemento balizador, além de repercussões epistêmicas, tem efeitos políticos e éticos. Tais efeitos são constitutivos de práticas de produzir conhecimento, que não devem estar separadas da elaboração de um discurso sobre a vida social (Santos, 2001).

É imprescindível fazer pesquisa em diálogo com "a biopolítica do agora" (Puar, 2007: xix; Moita Lopes, 2020). Tal empreitada se faz extremamente necessária em nossos tempos, que Snyder (2017; 2018) e Stanley (2018) chamam de tirânicos e fascistas, cada vez mais caracterizados pela ausência de liberdade. O que anteriormente chamei de "negatividade queer" como um parâmetro — restringirmo-nos à posição de abjeção, fracasso e nenhum futuro — deve ser substituído por aquilo que Mbembe (2013/2014: 163) refere como a relevância de contemplarmos o futuro como nossa obrigação e responsabilidade, uma vez que "o tempo do futuro é o da esperança". E o futuro está muito mais perto do tempo em que vivemos do que do passado (Puar, 2007).

Da mesma forma, Muñoz (2009: 83) se refere "à possibilidade de uma prática crítica e utópica da liberdade à luz de nossas perdas". Tal possibilidade é o que ele nomeia "futuridade queer", envolvendo uma atitude política coletiva — ver nota 20 sobre como pensar um populismo de esquerda em Mouffe (2018). Isso não quer dizer que abrimos mão da crítica que os teóricos da negatividade queer têm feito às nossas sociedades neoliberais, às tentativas de normalização de nossas sociabilidades, ao imperativo de pensar positivo em meio a tantas perdas e dificuldades, à uberização do mundo social etc. Queremos continuar a pensar o futuro como espaço de mudança política em uma democracia expansiva. De outro modo, este livro não faria sentido. Justapondo a epígrafe de Gloria Anzaldúa nesta introdução à de Paul B. Preciado, que abre o volume, podemos dizer: a este livro subjaz o clamor por palavras como ação na construção da liberdade sobre quem podemos ser, por meio da destruição dos mapas de identificação de uma 'verdade ontológica' de limitação de nossas vidas, desejos e práticas sociais. Entendo, seguindo Mbembe (2016/2017), que

> a função da língua[gem] [...] passa por reabrir o acesso aos depósitos [de outros efeitos de sentido] do futuro, a começar pelo futuro daqueles de quem, há bem pouco tempo, não se conseguia distinguir a parte humana e a do animal, do objeto, da coisa e da mercadoria.

Que a pesquisa sobre a linguagem sirva para imaginar outros mundos!

Parte I

Práticas discursivas onlineoffline

Preâmbulo
A entextualidade, a indexicalidade e a performatividade

Thayse Figueira Guimarães e Luiz Paulo da Moita Lopes

No cerne da reflexão sobre a circulação de textos, está o processo de entextualização. Bauman e Briggs (1990: 73), ao abordarem a performance narrativa, chamam a nossa atenção para a característica fundamental dos discursos: se descontextualizarem e recontextualizarem. Ao se materializarem em textos, os discursos experimentam sucessivos processos de entextualização. Conforme Blommaert (2005: 62) aponta, os textos viajam, seguem trajetórias por diferentes contextos. Essa compreensão envolve o fato de que um 'pedaço de texto' ou 'excerto', entendido como objeto semiótico, pode ser extraído de seu contexto 'original' de uso e materializado em um novo contexto (Blommaert; Varis, 2014). Um 'mesmo' texto, quando transportado para além do seu contexto 'original', mobiliza processos amplos de mudança na construção dos significados. Blommaert (2005: 47) está se referindo aos processos de construção dos significados pelos quais

> os discursos são sucessiva ou simultaneamente descontextualizados e metadiscursivamente recontextualizados, de modo a se tornarem um novo discurso, associado a um novo contexto e acompanhado por uma metadiscursividade particular, que fornece um tipo de "leitura preferida" do discurso.

Discursos materializados em textos são passíveis de serem retirados de seu ambiente interacional/contextual original e replicados em outro, tornando-se um novo texto e assim sucessivamente (Bauman; Briggs, 1990; Blommaert, 2010). O texto é remodelado, renarrado, reenquadrado, e a entextualização torna-se a própria viagem textual. Esse processo, segundo Silverstein e Urban (1996), faz parte da "história natural dos discursos". Quando transportados, os textos são negociados em processos interpretativos, com base em sistemas sociais historicamente estabilizados. Interpretações específicas surgem e textos são renarrados e reenquadrados no encontro interacional, obedecendo a certos predicados construídos em rede e repetidos ao longo do tempo. Amplia-se aqui o foco para além do funcionamento da linguagem em uso, em eventos comunicativos circunscritos a momentos específicos, para a observação do texto percorrendo trajetos múltiplos, de modo que a mobilidade dos textos produzidos construa novas interpretações no contexto interacional a cada fase da entextualização-descontextualização-recontextualização, nas quais os signos identitários (Wortham, 2006), entre outros, estão em ação.

A viagem do texto de Luísa Marilac, a ser analisada no capítulo 1, começa bem antes do vídeo postado. Sua performance se norteia pela entextualização de um estilo identificável em sociedade (Rampton, 2006), uma vez que ela lança mão de recursos semiótico-identitários naturalizados que projetam uma identificação estereotipada das performances de travesti, ou seja, aquela que se utiliza de estilos hiperbólicos ao encenar feminilidade, mediante atributos simbólicos convencionalmente ligados à chamada feminilidade enfatizada (cf. Connell; Messerschmidt, 2005). Assim, é preciso considerar que a performance de Luísa é produto da entextualização de **modelos estilizados de gênero e de sexualidade**, apresentando-se como uma performance intensa[1] (Bauman, 1986).

A dimensão entextualizável e móvel desses recursos semióticos culturalmente disponíveis ajuda-nos a compreender, em diálogo com Butler (1990), que as performances identitárias são a "estilização repetida do corpo [...] no interior de uma estrutura reguladora altamente rígida, cristalizada no tempo para produzir aparência de substância" (Butler, 1990/2003: 59)[2].

---

[1] Em seu estudo sobre performances narrativas, Bauman (1986) distingue eventos de performances intensas e eventos de performances mundanas. As performances intensas destacam-se temporal e espacialmente do fluxo rotineiro da comunicação: são programadas, planejadas e tipicamente prenunciadas, com características metacomunicativas aumentadas, em outras palavras, tendentes à hipérbole.

[2] Butler (1990) se refere à performance de gênero, mas estamos aqui ampliando a compreensão de gênero para outras performances identitárias.

Já as identificações de Luan — analisadas no capítulo 1 e 2 — são constituídas por sucessivas repetições de signos de 'identidade' (Wortham, 2006). Através da entextualização, eles são transportados de um contexto para outro (Silverstein; Urban, 1996). Nessa trajetória, é possível visualizar a performatividade da linguagem sendo encenada, pois, na jornada textual, os traços de contextos anteriores são mantidos, ao mesmo tempo em que a novidade, a criatividade e a mudança de significado podem florescer (Pennycook, 2007)[3].

Essa perspectiva rejeita uma descrição ou análise simplificada que leve em conta apenas as fronteiras textuais, semânticas e linguísticas. Nesse sentido, a questão a ser problematizada no capítulo 1 não são apenas os recursos semióticos empregados na estilização de Luísa Marilac como travesti (por exemplo, modos de mover o corpo, estilização da fala com feminilidade enfatizada, postura, as vozes sociais mobilizadas, pistas indexicais etc.), mas também como essas unidades semióticas agrupadas em forma de vídeo produzem localmente relações históricas, culturais, políticas e identitárias. Por sua vez, ao enfocar a circulação de discursos sobre raça nos movimentos interacionais de Luan, nos capítulos 1 e 2, serão considerados não apenas os recursos semióticos usados em suas próprias interações, mas também como essas unidades semióticas constroem contextos que produzem relações históricas, culturais, políticas e identitárias translocais.

É preciso ver como esses pedaços de textos circulam e são recontextualizados em diferentes contextos interacionais, orientados por aspectos locais e translocais (Blommaert; Rampton, 2011). Desse modo, importa compreender como os sujeitos sociais enquadram, recebem e refutam tais textos em circulação, ou seja, como os participantes das práticas interacionais aderem aos textos produzidos por Luan e evocam signos de identidade (Silva, 2014), ou seja, como aderem à estilização apresentada com determinados propósitos, evocando signos identitários ao se envolver em práticas comunicativas específicas.

Ao tomarmos a entextualização como foco de investigação, é importante considerar a vulnerabilidade do entendimento que emerge no aqui e agora, onde os textos entram em jogo nas lutas pela construção ou performatização de significados. Considerando que texto é movimento e que, ao se mover, é adaptado e modificado, deter-nos-emos na discus-

---

[3] Veja nota 11 da Introdução do volume.

são sobre indexicalidade, pensando em apresentar o nexo entre o local e o translocal, ou seja, entre o uso de recursos semióticos em performances situadas e sua vinculação à história de repetição de usos, que sedimenta sua semântica e os efeitos performativos esperados.

Indexicalidade

Para Silverstein (2003), as formas linguísticas são indexicais, indicam aspectos social e culturalmente compartilhados pelos interlocutores. Em 'português brasileiro', as formas de tratamento 'senhor/senhora', diferentemente do pronome 'você', expressariam indexicalmente respeito e distanciamento entre os(as) interlocutores(as), podendo um(a) deles(as) ser mais velho/a ou ocupar posição socioeconômica superior. Tal uso poderá ainda ser avaliado como índice de 'gentileza' e 'boa educação'. A indexicalidade — conforme Silverstein e Urban (1996), Agha (2007) e Collins (2011) indicam — é a propriedade de o signo linguístico apontar para projeções semiótico-textuais indicativas da interpretação de um ato comunicativo local e culturalmente contextualizado. Mais concretamente, a "indexicalidade é a dimensão do significado em que as características textuais sinalizam (indexam) significados contextualmente recuperáveis" (Blommaert; Maly, 2014: 4). O ponto aqui é que todos os signos indexicais pressupõem e criam seus contextos, numa dialética entre "pressuposição indexical" e "implicação indexical"[4] (Silverstein, 2003: 195). O fato indexical envolve as regularidades sociais e as normas de uso para as quais os signos apontam, assim como o fazem os usos e os contextos emergentes de uso, derivados do primeiro e para os quais também apontam[5].

Cada vez que o vídeo de Luísa viaja, como veremos no capítulo 1, são suscitadas ligações indexicais dependentes tanto do que ocorre nos eventos interacionais locais quanto de um conjunto de normas e convenções culturais associadas à história de uso dos recursos semióticos mobilizados. Dessa forma, é possível visualizar, por exemplo, que o vídeo de Luísa mobiliza campos semântico-pragmáticos que indexical-

[4] "Em relação ao contexto microssocial no sentido mais geral, qualquer signo [tipo] indexical socialmente convencional está dialeticamente equilibrado entre pressuposição indexical e implicação indexical" (Silverstein, 2003: 195).

[5] Segundo Silverstein (2003: 196), o fator de mediação entre a pragmática pressuposta e a pragmática implicada é a função metapragmática. Blommaert (2005: 47) afirma: a ordem indexical é o princípio de organização metapragmática por trás do que é amplamente compreendido como a pragmática da linguagem.

mente expressam algo sobre sua comunicação, tal como seu pertencimento às identificações travestis. Entretanto, tal indexicalidade não é uma equação direta — principalmente no caso desse vídeo, que circulou por variados contextos comunicativos. Qualquer recurso semiótico, por depender do contexto em que é negociado, pode produzir diferentes identificações para um indivíduo (Wortham, 2001; Blommaert, 2005; Agha, 2007; Collins, 2011/2020). Além disso, essas identificações engendram valorizações específicas. Como afirma Blommaert (2010), ao descentrar e recontextualizar textos, os sujeitos das práticas se orientam por ordens discursivas[6] (Foucault, 2009/1971) operantes em determinada época. Normatividades, sistemas de estratificação e hierarquizações entram em jogo no modo de definir sentidos e de criar pertencimento e identificações em sociedade.

As escolhas linguísticas, paralinguísticas e discursivas dos interlocutores ajudam a definir os posicionamentos assumidos e a formar tipos de pessoas identificáveis com certas características generificadas, sexualizadas, racializadas, de nacionalidade, de classe social etc. em situações interacionais específicas, sinalizando hierarquizações e relações de poder (Moita Lopes, 2013, 2015).

> Podemos ver os signos como pistas indexicais das relações sociais, interesses e práticas, implantados em um campo repleto de normas que se sobrepõem e se cruzam — não somente normas de uso da linguagem, mas também normas de conduta, adesão, legitimidade, pertencimento e uso; não somente normas do aqui e agora, mas normas de ordens diferentes, que operam em diferentes historicidades (Blommaert; Maly, 2014: 4).

Ao propor a investigação da recontextualização do vídeo de Luísa Marilac nas interações de Luan, no capítulo 1, interessa-nos compreender as "pistas indexicais" mobilizadas no processo de recontextualização. Ao tratar do fenômeno da indexicalidade, Wortham (2001) cunhou o termo "pistas indexicais", inspirado nas pistas de contextualização de Gumperz (1982/2002), elaborando-as como dicas para entender como determinado recurso discursivo pode ser interpretado pelos interlocutores no encontro interacional. Nas análises realizadas, destacam-se, entre outras pistas, a referência, a predicação e a citação (Wortham,

---

[6] Foucault (2009/1971: 8) sublinha: "Em toda sociedade, a produção do discurso é ao mesmo tempo controlada, selecionada, organizada e redistribuída por certo número de procedimentos que têm por função conjurar seus poderes e perigos, dominar seu acontecimento aleatório, esquivar sua pesada e temível materialidade".

2001)[7]. Apesar de não nos aprofundarmos nas considerações feitas por Wortham (2001) e de não utilizarmos toda a sua lista de pistas como instrumental analítico, recorreremos à sua metalinguagem para tratar da indexicalidade como fenômeno orientado tanto pelas condições que envolvem sua produção em contextos específicos quanto por uma ordem macrossocial.

Segundo Fabrício (2013: 155), a comunicação é "uma realização interacional durante a qual os processos locais de negociação de sentidos indexicalizam os processos socioculturais mais amplos". Nessa perspectiva, ao focalizarmos as recontextualizações do texto de Luísa, dá-se atenção às performances identitárias amalgamadas a uma série de discursos não declarados — ancorados nas estruturas sociais, pressuposições dos valores, das hierarquizações, das histórias, das culturas etc. — associadas à atividade comunicativa.

Veremos no capítulo 1 como a estilização levada a efeito por Luísa é realizada por algumas escolhas semióticas que funcionam como pistas indexicais de modelos estereotípicos das identificações travestis. Tais modelos são altamente reflexivos e compartilhados (ver a questão da reflexividade na introdução do volume), possibilitando a Luan e a seus colegas da sala e das redes sociais engajarem-se em ações discursivas sobre as performances de Luísa. São ações que favorecem a compreensão das "lutas metadiscursivas" e "performativas" (Silverstein; Urban, 1996), ou seja, lutas das relações de saber-poder nas recontextualizações dos textos, que vão compor as identificações sociais em jogo. Esse olhar para além do funcionamento da fala em interação tem poderosas implicações na compreensão da linguagem na globalização, no que diz respeito ao trajeto pluridirecional dos textos no mundo de fluxos em que vivemos.

Já no capítulo 2, ao enfocar como Luan entextualiza os discursos de raça nas práticas de letramento digital e escolar, construindo suas performances identitárias, refletiremos sobre como ele projeta significados sobre seu corpo negro e como se reconhece como pertencente a uma raça. Será relevante compreender como Luan age segundo as exigências dessas identificações em práticas comunicativas específicas.

[7] A referência diz respeito à nomeação das coisas e das pessoas, já a predicação são os atributos conferidos na nomeação dessas pessoas e do mundo. A citação é a apropriação direta ou por ação de paráfrases do discurso de outro (Wortham, 2001: 72). Wortham (2001) refere assim algumas possíveis categorias para tratar da indexicalidade.

Capítulo 1
Trajetórias de um texto viral em diferentes eventos comunicativos

Thayse Figueira Guimaraes e Luiz Paulo da Moita Lopes

No dia 27 de junho de 2010, Luísa Marilac, 37 anos, que se identifica como travesti[1], publicou um vídeo caseiro no YouTube com 59s de duração. O vídeo viralizou[2], ao gerar mais de três milhões de acessos, muitas curtidas e comentários sobre suas performances. Luísa aparece em uma piscina somente de biquíni, segurando uma taça e encenando performances estereotipadas das identificações travestis, pela estilização[3] de recursos linguísticos e corporais, que são, no senso comum, compreendidos como signos das chamadas feminilidades enfatizadas (Connell; Messerschmidt, 2005). Enquanto fala, Luísa mexe sensualmente os quadris, leva as mãos aos seios, joga os cabelos, utiliza uma voz aguda, veste um biquíni que expõe excessivamente seu corpo e toca levemente a taça. Segue a transcrição do vídeo[4]:

---

[1] Nas redes sociais e em sua biografia, Luisa Marilac se autoidentifica como travesti (L. Marilac; N. Queiroz. *Eu, travesti: memórias de Luisa Marilac*. Rio de Janeiro: Record, 2019).

[2] Os vídeos virais são aqueles que adquirem um alto poder de circulação na internet, alcançando grande popularidade, configurando-se como fenômeno típico da web 2.0 (Blommaert; Varis, 2014).

[3] Segundo Rampton (2006: 117), "o estilo é visto como um modo de usar a linguagem que é 'natural' e característico (de um tópico particular, de um tipo de interação ou de uma pessoa)". Na introdução, a estilização foi referida como um traço da linguagem em uso que indica ensaio, planejamento e reflexividade da parte do participante no encontro semiótico.

[4] Veja, no anexo, as convenções de transcrição utilizadas no livro.

1 Luísa: nesse verão, eu decidi fazer algo de diferente.
2 ((dentro de uma piscina, Luísa fala olhando para câmera))
3 decidi ficar na minha casa, na minha piscina, tomando os meus bons drinks!
4 ((aponta para a piscina e levanta a taça que está em suas mãos))
5 curtindo esse verão MARAVILHOSO da europa, da espanha.
6 e dividindo com vocês, esses momentos meus ((levanta a taça, girando o corpo))
7 a água está geladíssima! ((retira os óculos))
8 vamos tentar mergulhar?
9 ((mexe os cabelos, gira novamente o tronco e se prepara para o mergulho.
10 após o mergulho, levanta-se, passa as mãos no cabelo, pega os óculos, a taça e se dirige à câmera))
11 e teve boatos, que eu ainda estava na pior! se isso é tá na pior, porra!
12 o que quer dizer tá bem, né? ((fala gesticulando e olhando para a câmera))

Fonte: https://bit.ly/3giCmwF. Acesso em: 2 abr. 2015.

Na sua página do Facebook e em entrevistas para programas de tevê de que participou no Brasil, foi possível saber que esse pequeno texto foi enunciado e gravado na Espanha, onde ela trabalhava como profissional do sexo. Seu texto viajou (Blommaert, 2005, 2010) ao Brasil via YouTube, onde ganhou popularidade e intensa circulação. Para Blommaert (2010), esses movimentos de textos em diferentes contextos são práticas de entextualizações contínuas. Nas palavras de Bauman e Briggs (1990: 73), a entextualização é "o processo de tornar um discurso extraível, de fazer de um trecho de produção linguística uma unidade — um texto — que pode ser levada para fora de seu cenário interacional".

O vídeo de Luísa traz aspectos relevantes sobre os processos de deslocamento de textos na contemporaneidade. Ele circulou primeiro no YouTube e deu posteriormente origem a outros textos. Foi citado, comentado, curtido, parodiado, tornou-se objeto de discussão em programas de televisão e nas redes sociais. No ano seguinte, por conta da popularidade dessa viagem textual, Luísa retornou ao Brasil, onde novamente seu vídeo circulou com outros formatos em outras trajetórias textuais: em entrevistas para programas de tevê, em notícias de jornais online etc.

O vídeo viral de Luísa Marilac é, em si, um convite a visualizar o trajeto pluridirecional dos textos, dando conta principalmente dos atravessamentos sociais, culturais, identitários, semióticos e de circulação, típicos dos processos comunicativos contemporâneos, entrelaçando orientações locais e translocais[5]. Seu texto traz claramente traços de seu fluxo migratório (Brasil-Espanha), de um grupo identitário específico (texto produzido por uma travesti, na época, profissional do sexo), de um estilo (estilização de feminilidades enfatizadas) e de uma mobilidade sociocultural (produzido na Espanha, mas popularizado no Brasil pelo YouTube). A intensificação desse fenômeno de migração de texto, de pessoas e de processos sócio-históricos e culturais é típica da globalização atual. Conforme apontam Blommaert e Rampton (2011), essas mudanças ocorreram, principalmente, pelo surgimento das novas mídias e tecnologias de comunicação e de circulação da informação. Essa nova tecnologia de comunicação impactou diretamente a vida de Luísa, que teve seu vídeo citado, compartilhado, comentado, narrado, tornando-se um novo texto para além do seu contexto 'original'[6] (Bauman; Briggs, 1990). Seu pequeno 'pedaço de texto' recontextualizado, em diferentes eventos comunicativos, provoca a reflexão sobre a intensificada mobilidade dos recursos semióticos na contemporaneidade.

Nos termos de Blommaert (2010), uma agenda de pesquisa sobre linguagem em seu vínculo com a sociedade e a contemporaneidade deve contemplar a reivindicação da observação da linguagem em movimento, em vez da observação da linguagem em um lugar. A premissa é de que os contextos para os quais as pessoas orientam suas interações vão muito além do evento comunicativo em si, extrapolando a fronteira da fala em interação (Fabrício, 2012). Essa compreensão propõe olhar para a semiose entre encontros comunicativos (Agha, 2005). Em outras palavras, discute-se como signos repetidos que viajam de um evento intera-

[5] Uma concepção de contexto como prática reflexiva, não restrito ao que acontece em eventos específicos, envolve uma orientação local/translocal da construção dos significados nos encontros comunicativos ao "abarcar tanto a dimensão interacional imediata — na qual há contínua interpretação de pistas de contextualização [ou pistas indexicais] — e uma dimensão mais translocal — na qual pistas e pressuposições utilizadas apontam para um domínio histórico" (Fabrício, 2012: 5).

[6] O uso de 'original' entre aspas se refere à impossibilidade de encontrar, em última análise, *um* contexto de origem de um texto. Todo texto evoca sempre vários textos e discursos anteriores.

cional a outro estabelecem conectividade entre encontros comunicativos temporal e espacialmente diferentes assim como produzem novas condições para contextualização (Blommaert; Varis, 2014). Necessitamos de uma "sociolinguística da mobilidade" (Blommaert, 2010) não somente porque as atuais condições de mobilidade exigem observar os encontros comunicativos pelas lentes da diversidade social, cultural e linguística, mas também porque precisamos atentar para a complexidade da investigação desses processos. Afinal, como argumentam Bauman e Briggs (1990), os textos também carregam normatividades, ideologias e histórias de uso que envolvem questões cruciais de poder.

Com esse pano de fundo, nosso objetivo é compreender a relação entre as entextualizações e a atribuição de sentidos. Para tal, examinamos como a circulação do texto de Luísa Marilac entra na disputa pela construção de significados e na encenação das performances identitárias[7] de Luan, um jovem negro e de identificações homoeróticas, em interação na web 2.0 e na sala de aula. As trocas comunicativas focalizadas são parte de um estudo etnográfico realizado por um dos autores (cf. Guimarães, 2014) e tiveram lugar no contexto de uma escola pública, situada na região das Baixadas Litorâneas do Estado do Rio de Janeiro. O estudo envolveu uma etnografia multissituada (Marcus, 2005) porque focalizou as performances identitárias de um grupo de estudantes do 3º ano do ensino médio, no contexto interacional de sua sala de aula, do Facebook e do Twitter. A pesquisa focalizou o *ethos* interacional[8] e as performances de gênero, sexualidade e raça de Luan, na experiência de participação nas redes sociais online e nos eventos de letramento escolar. Os dados gerados referiam-se aos textos e discursos sobre gênero, sexualidade e raça produzidos por esse estudante em múltiplos contextos interacionais[9].

[7] Utilizamos o construto teórico "performances identitárias" no lugar de identidades em apelo à noção de identidade como performances (Butler, 1993). Enfatizamos o caráter processual, provisório e de sentidos sócio-historicamente sedimentados de nossas identificações de gênero, sexualidade e raça, porque são efeitos de sentido que produzimos pelas coisas que fazemos, dizemos e vestimos em nossas performances cotidianas (cf. Butler, 2003/1990). Pela inovação que a repetição abarca, como dito na introdução do volume, é possível nos referir aqui às performatividades identitárias (ver nota 11 da introdução)

[8] Neste livro, usamos o conceito de *ethos* em associação à noção de *ethos* como hábitos locucionais compartilhados por membros de uma comunidade, conforme Kerbrat-Orecchioni (1996). Tal '*ethos* coletivo' constitui, para os locutores que o compartilham, um 'perfil comunicativo', ou seja, sua maneira de se comportar e de se apresentar nas interações (Kerbrat-Orecchioni, 1996).

[9] Os dados foram gerados por 10 meses (de março a dezembro de 2011), através dos seguintes procedimentos: observações das interações na turma, observações das interações de Luan no

Particularmente, nosso interesse é investigar como os signos recontextualizados produzem localmente relações históricas, culturais e identitárias translocais. Essa perspectiva leva-nos a questionar como os indivíduos obtêm direito a certos modos de transformação da fala no movimento do discurso através dos contextos (Bauman; Briggs, 1990: 74). Segundo Blommaert e Rampton (2011: 10),

> os contextos de comunicação devem ser investigados em vez de presumidos. O significado toma forma em lugares específicos, atividades, relações sociais, histórias interacionais, trajetórias textuais, regimes institucionais e ideologias culturais, produzidos e construídos por agentes com expectativas e repertórios que devem ser compreendidos etnograficamente.

A observação etnográfica de como os textos são recebidos, incorporados, refutados, mantidos e alterados por sujeitos com expectativas interpretativas distintas e repertórios linguísticos/discursivos específicos é fundamental no estudo da relação entre entextualizações e atribuição de sentidos. Para colocar o objetivo deste capítulo em ação, na primeira parte, discutiremos a natureza entextualizável, performativa e indexical dos signos linguísticos (Bauman; Briggs, 1990; Silverstein; Urban, 1996; Blommaert, 2005, 2010; Pennycook, 2010). Em seguida, exemplificaremos nosso argumento com um caso específico, ao procedermos à análise da recontextualização do vídeo de Luísa Marilac nas interações de Luan com colegas de sua sala de aula e do Facebook.

Notas sobre o campo etnográfico

A abordagem se fundamentou numa perspectiva multissituada ou multilocal (Marcus, 1995), na qual quem pesquisa segue as cadeias, as trajetórias e os fios a partir de um fenômeno específico a ser investigado. Tal empreendimento é traçado na justaposição dos lugares sociais onde as práticas pesquisadas são vivenciadas e onde quem pesquisa se faz presente, visando traçar conexões entre tais espaços e práticas (Wittel, 2000). Seguir as práticas e os artefatos culturais de um grupo ou pessoa, seguir uma pessoa e suas histórias é, segundo Marcus (1995: 106), uma forma de concretizar tal empreendimento. Seguir Luan (o

Facebook e no Twitter, gravações em áudio das interações em sala de aula, arquivamento de interações nas redes sociais, notas de campo transformadas em diários, relatos de professores e alunos e entrevistas individuais.

participante focal), suas histórias e discursos nas interações escolares e nas redes sociais online foi o modo como a etnografia multissituada se concretizou.

No processo de delimitação dessa pesquisa, após a autorização de entrada na escola, a turma mais receptiva à presença da pesquisadora em sala de aula e no mundo virtual foi um 3º ano do ensino médio matutino. Já no contato com os docentes, o professor de redação e a professora de filosofia foram bastante receptivos à pesquisa. O foco inicial do estudo era o *ethos* interacional e as performances identitárias de gênero, sexualidade e raça encenadas na experiência de participação nas redes sociais online e nos eventos de letramento escolar. Antes de começar o registro das interações na escola, os participantes da pesquisa assinaram o Termo de Consentimento Livre e Esclarecido, autorizando a utilização das gravações feitas em sala de aula e das entrevistas individuais. Ao longo do trabalho de observação na turma focalizada, Luan, um dos alunos, chamou a atenção pela trajetória de seus textos sobre gênero, sexualidade e raça nos eventos interacionais observados. Ele então foi escolhido como o aluno focal para uma observação mais acurada de suas performances identitárias nas práticas interacionais.

Para gerar o *corpus* de dados dos referidos professores, em sala de aula foram feitos áudios com dois gravadores: um ficava na mesa do professor e o outro ficava atrás, perto de Luan e da pesquisadora. Outros procedimentos de geração de dados foram anotações de campo, transformadas em diário da pesquisadora; gravações das interações no Facebook e Twitter, por captura de tela; e relatos de docentes e alunos/as em entrevistas individuais.

Luan, garoto negro situado constantemente como gay nas interações da sala de aula e do espaço virtual, ganhou destaque na pesquisa pela aproximação com as questões levantadas pelo projeto etnográfico. Nesse estudo, foi possível notar que uma gama de recursos semióticos amalgamados por relações de poder, ao indexicalizar seu pertencimento a um gênero, sexualidade e raça, também entrava na luta pela negociação de significados e de bases valorativas. Seus textos eram forjados na negociação constante de sentidos sobre o corpo, os padrões de normatividade, os estereótipos sociais, a legitimidade das vozes sociais, entre outros. Em destaque, a voz de Luísa Marilac era frequentemente entextualizada pelo jovem em suas práticas interacionais, tanto na escola quanto nas redes sociais investigadas. A fala de Luísa trouxe à tona alguns aspectos da maneira de Luan interagir no Facebook, podendo ser analisada como uma estratégia de participação na rede social. A esse respeito, vale recuperar parte das notas de campo, ao vê-lo entextualizar o texto de Luísa Marilac:

> Não é a primeira vez que o vejo recuperando a fala da travesti Marilac em seus textos. Ao que parece, é comum Luan fazer citações de textos que circulam na cultura popular ao encenar sua participação ali. Por exemplo, letras de *funk* e letras de músicas das cantoras do *pop* e *hip-hop* internacionais, Beyoncé e Rihanna (nota de campo, 19/05/2011).

Por conta dessas entextualizações, Luan era comumente alvo de avaliações pejorativas. Durante a observação etnográfica, foi possível compreender que ele constrói suas performances identitárias em lutas performativas pela construção de significados válidos. Tendo em vista que as "práticas de entextualização acabam sendo práticas sobre 'identidade'" (Silverstein; Urban, 1996: 10), focalizaremos o modo como fragmentos da fala de Luísa são hierarquizados e valorados, ao entrarem em jogo na produção de identificações inteligíveis entre Luan e colegas da escola e do Facebook.

Além disso, o mapeamento da valoração dos signos indexicais nos processos de recontextualização do texto de Luísa pode ser operacionalizado por meio da observação de como os enquadres e *footings* vão sendo construídos pelas pistas indexicais. Os construtos enquadre e *footing*, desenvolvidos por Goffman (1974, 1981), apresentam-se como ponto importante para a observação do trabalho interpretativo de participantes nas entextualizações de textos sócio-historicamente determinados.

Segundo Tannen e Wallat (1987/2002: 188), "a noção [...] de enquadre se refere à definição do que está acontecendo na interação". Esse princípio básico está ligado às estruturas de expectativas que afetam as formas como interpretamos e categorizamos os significados nos eventos interacionais, a partir do momento em que os indivíduos se veem em uma situação e se perguntam: "O que está acontecendo aqui?" (Goffman, 1974: 8). O enquadre se refere ao controle metacomunicativo do texto entextualizado e o *footing*, ou alinhamento, refere-se à negociação dos enquadres, aos posicionamentos de participantes. Os enquadres de uma interação são constantemente negociados e os alinhamentos têm papel central nesse processo de negociação (Goffman, 1974). Dessa forma, tais construtos são produtivos por dar conta das negociações discursivas e das mudanças — de caráter sempre emergente — na construção dos sentidos, o que pressupõe textos em constante movimento em seus processos de entextualização-descontextualização-recontextualização.

Análise da trajetória do texto de Luísa em eventos comunicativos

Os excertos a seguir apresentam Luan em práticas discursivas com colegas, em contextos interacionais distintos: nas interações do Facebook e na sala de aula. Chamamos a atenção para como fragmentos da fala de Luísa são recontextualizados por Luan e como eles disputam a construção dos significados na interação com seu amigo Sávio. Sávio é estudante da mesma turma de Luan e igualmente participante de nossa pesquisa. Nas interações em sala de aula e entrevistas, o jovem posicionava-se como heterossexual. Além disso, Sávio era visto frequentemente usando signos estigmatizados de raça e sexualidade nas interações com Luan e colegas da escola.

O primeiro excerto é uma interação no Facebook. Além de Sávio, Luan interage também com Carla, Rocha, Marcela e Maria, colegas de sala. O foco está no olhar que a coletividade dirige às performances de Luan e na maneira de ele negociar determinados regimes de verdade, ao recontextualizar fragmentos da fala de Luísa, que circulam para além do evento situado. Para resguardar as identificações de participantes do Facebook, foram adotados alguns procedimentos éticos. O anonimato foi adotado em relação aos nomes, fotos e links dos perfis pessoais de participantes. Assim, optamos por transcrever as interações, em vez de colocarmos a captura de tela.

Excerto 1

1	Post de Luan:	Final de tarde hora de comer um misto quente e tomar bons drinks,
2		[10 curtir]
3	Carla:	que que isso amiga tamaravilhosa ;x kkkkkkk [1 curtir]
4	Sávio:	negrinha, fala a verdade você vai é beber seu pão com água,
5		que acabou seu expediente na senzala
6	Rocha:	Kkkkkkkkkk

7	Marcela:	só porque sou preto, bjs :(
8	Luan:	pode falar nem ligo. Com todo prazer sou NEGRO na senzala.
9		eu sei que vc vc vc quer...
10		depois disso se quiser te deleto do meu face, sem preconceitos Savio
11	Maria:	hauhuahuahua :-)
12	Sabrina:	porra se isso é tá na pior, o que é ta bem ;)

Nessa postagem, Luan descontextualiza o vídeo viral de Luísa Marilac e o recontextualiza em seu texto, adaptando-o aos propósitos de participação nesse evento interacional. O vídeo é recuperado por meio da citação direta "bons drinks" (linha 1), que aponta para o seguinte fragmento da fala de Luísa: "Decidi ficar na minha casa, na minha piscina, tomando os meus bons drinks!". Luan anima essa fala como se fossem palavras dele, de modo que um interlocutor desavisado não conseguiria distinguir a voz de Luan da voz de Luísa Marilac. Na postagem, a fala entextualizada engendra a encenação das performances da travesti Luísa Marilac e chama a atenção para como Luan articula uma estratégia de participação no Facebook.

A postagem de Luan recebeu 10 "curtidas" até o momento da geração dos dados (l. 2), chamando a atenção para a avaliação positiva de algumas pessoas (não identificadas na transcrição), em alinhamento com as performances encenadas por Luan. Tal recurso parece projetar sentidos de adequação do jovem a esse contexto interacional e sinaliza a compreensão da sua postagem por colegas.

Na linha 3, vemos Carla atuando na avaliação das performances identitárias de Luan. A avaliação da postagem é construída pela repetição com valor interjetivo da expressão "que que isso", pela união de itens lexicais, formando uma nova palavra "tamaravilhosa", e pela predicação "amiga" (l. 3). O recurso da repetição e a junção de termos para formar uma única palavra são frequentemente utilizados por participantes das redes sociais online. A intenção é enfatizar um fragmento de fala. Tais pistas contribuem com a construção das performances de Luan em semelhança às de Luísa Marilac, principalmente porque os signos "amiga" e "tamaravilhosa" expressam indexicalmente discursos identitários socialmente construídos como do universo feminino. Os índices mobilizados no comentário de Carla parecem promover uma avaliação positiva dos recursos semióticos utilizados por Luan em suas performances.

Em contrapartida, o comentário de Sávio (l. 4 e l. 5) parece causar um realinhamento comunicativo, ao relocalizar Luan, justapondo identificações sociais de gênero, sexualidade e raça. Sávio (l. 4) inicia seu comentário com o signo de identidade "negrinha", que indica o pertencimento do jovem a certo tipo de identificação culturalmente reconhecível. A referência "negrinha" posiciona Luan como um garoto negro e de identificações efeminadas. Esse *footing* é construído também pelos itens lexicais "pão com água" e "senzala", que replicam roteiros socioculturais estigmatizados, com base em uma suposta origem racial que posiciona Luan como ligado à escravidão e ao trabalho pesado. Além disso, o termo "negrinha" recontextualizado no diminutivo é sugestivo de um *footing* irônico e depreciativo de Sávio em relação às performances de Luan e contribuem com a construção de um enquadre de zombaria, que sinaliza negociação das relações de poder nessa interação social.

Ao posicionar Luan como negro e afeminado, Sávio faz uso de signos com alto grau de estabilidade em nossa sociedade, que contribuem relacionalmente para a construção de suas próprias performances identitárias como garoto branco e heterossexual. Vemos aí que Sávio, ao receber a entextualização de Luan, produz alinhamentos pejorativos com relação às performances do jovem. Com isso em perspectiva, as ligações indexicais dos referentes "negrinha", "pão com água" e "senzala" direcionam a citação do texto de Luísa de um modo específico. Enquanto os índices mobilizados na postagem de Luan e no comentário de Carla (l. 3) parecem promover a valoração das performances de Luan, no comentário de Sávio, as indexicalidades apontam para outra direção: a dos sentidos estigmatizados e desprestigiados.

Em resposta a essa postagem avaliativa, pela assertiva "com todo prazer sou NEGRO da senzala" (l. 8), Luan lança mão de recursos semiótico-identitários naturalizados na sociedade, que projetam para si uma identificação que aponta para o masculino. Os termos "NEGRO" em caixa-alta, indicando voz alta, juntamente com "senzala", assinala com cores fortes a dimensão estilizada das performances de gênero, sexualidade e raça de Luan. Nessa assertiva, Luan aceita o signo identitário que lhe fora imputado por Sávio, mas, em vez de atribuir às suas performances uma inferiorização, reivindica valorização por intermédio da enunciação "com todo prazer" (l. 8). Ainda, ao iniciar sua postagem com "pode falar nem ligo" (l. 8), Luan projeta um *footing* de pessoa não vitimizada diante das possíveis práticas depreciativas do amigo.

Nesse enquadre de embate, Luan reposiciona a participação de Sávio pela entextualização da letra de *funk*[10] "eu sei que vc vc vc quer" (l. 9). Com apoio da voz da Mulher Melão, Luan cria uma associação entre o alinhamento provocador projetado por Sávio e identificações de sexualidade homoerótica, sugerindo um suposto desejo sexual de Sávio por ele. Estrategicamente, o texto mobilizado por Luan parece deslegitimar a vigilância de Sávio ao pôr em xeque suas supostas performances heteronormativas de sexualidade.

No que tange a esse embate, as interações entre Luan e Sávio também vão ganhar avaliações de outros participantes, sugerindo alinhamento positivo à resposta de Luan ao *footing* provocador de Sávio. Maria (l. 11), ao se utilizar do recurso indexical "hauhuahuahua" e do *emoticon* "☺" — respectivamente, risos e uma forma de dizer "legal" ou expressar concordância, no contexto das interações online —, parece interpretar e reagir a favor do comentário de Luan. Assim também Sabrina (l. 12), ao enunciar "porra se isso é ta na pior, o que é ta bem", entextualiza um fragmento da fala de Luísa Marilac ("se isso é tá na pior, porra! o que quer dizer tá bem, né?"), o que nesse contexto interacional implica apoio à postagem de Luan.

Como parte da luta pela entextualização do texto de Luísa na construção de suas performances no Facebook, Luan renegocia significados de gênero, sexualidade e raça com base em discursos estereotípicos das identificações sociais. Luan parece conhecer o jogo interacional das relações saber-poder que constroem identificações rígidas para a vida corpórea. Ele se engaja em signos que produzem o efeito de uma identificação específica — negro da senzala — ao efetuar

- no nível translocal, a entextualização de aspectos das intersubjetividades racializadas e sexualizadas, da história de repetição de signos que regimenta significados estigmatizados;
- no nível local, a utilização desses significados a seu favor, em contestação dos *footings* projetados por Sávio.

Tal combinação evidencia as lutas metadiscursivas e performativas nos eventos comunicacionais, suscetíveis de serem estudadas somente a partir da interposição dos significados mais locais com os translocais.

---

[10] *Você quer?* (2011) (também conhecida como *Você, você, você, você, você, você, você quer?*) é uma canção de Mulher Melão, funkeira brasileira.

Abaixo, segue a análise de mais uma viagem do vídeo de Luísa em outro encontro interacional. O excerto novamente apresenta dados de uma interação entre Luan e Sávio, após a finalização de uma atividade realizada por Luan em uma aula de filosofia. Nela a professora havia proposto entrevistar pessoas de diferentes profissões e questioná-las sobre ética e moral. Para esse trabalho, Luan entrevista Lohana, uma pessoa que se identifica como travesti. Esse momento interacional em sala de aula foi composto por enquadres que sinalizavam alinhamentos de reprovação à entrevista com a travesti, ou seja, as sinalizações indexicais dos referentes avaliativos apontaram que a fala de Lohana não era legítima nessa prática interacional. Contudo, Luan não se deixa vencer e, novamente, lutas metadiscursivas são desencadeadas.

O excerto a seguir apresenta parte da conversa entre Luan e Sávio. No excerto, queremos outra vez chamar a atenção para como Luan renegocia seus textos, com foco na citação da fala de Luísa Marilac e nas consequências interacionais e identitárias dessa entextualização. Após a apresentação de sua entrevista com a travesti, Luan dirige-se a seu lugar e se engaja em uma conversa com Sávio, projetando um enquadre de conversa não institucionalizada, que ocorre em paralelo ao enquadre institucional da apresentação do trabalho.

Excerto 2[11]

59	Sávio:	°vocês ficam querendo justificar a boiolice @@@ ° ((fala olhando para Luan))
60	Luan:	>°você fica falando que sou viado por causa disso ?° <=
61	Sávio:	=tô brincando
62	Luan:	°eu só acho que farinha do mesmo saco não dá opinião contra
63		[eu sei que você conhece muito bem as gírias de travesti e gay°]
64	Professora:	[Talita e João. agora são vocês?]
65	Sávio:	nada a ver, todo mundo conhece
66	Bruno:	hum:: eu não conheço nenhuma gíria de gay @@@
67		((fala para Sávio levantando-se da cadeira))
68	Luan:	o povo sabe que você gosta de tomar bons drinks! ((risos da turma))

Nessa interação, vemos Sávio interpelando as performances de Luan. A expressão "justificar a boiolice" (l. 59) cria uma aparente relação entre

[11] Veja no anexo as convenções de transcrição utilizadas.

as performances identitárias de Lohana, as identificações de gênero e sexualidade homoerótica. O alinhamento de Sávio parece evocar expectativas de gênero vigentes, que relacionam a fala entextualizada de Lohana às supostas práticas homoeróticas de Luan, além de apontar para um sentido que desqualifica a fala de Lohana e, consequentemente, a apresentação de Luan.

Em resposta a Sávio, Luan projeta um *footing* questionador dessa suposta correlação entre a voz de Lohana e suas próprias performances de gênero e de sexualidade, ao dizer "°você fica falando que sou viado por causa disso?°" (l. 60). Imediatamente, em fala quase simultânea, Sávio reenquadra aquele momento interacional como uma brincadeira, ao enunciar "tô brincando" (l. 61). Esse enunciado promove uma ligação indexical que localiza o ato de estigmatização pela predicação "boiolice" na ambiguidade da brincadeira, favorecida pela proximidade entre os sujeitos, podendo estrategicamente atenuar um posicionamento de maior agressividade de Luan.

Entretanto, tal indexicalidade parece não ser ratificada por Luan, que vai contestar a fala de Sávio ao dizer: "Farinha do mesmo saco não dá opinião contra" (l. 62). Nessa declaração, de forma enfática, Luan instaura uma relação simétrica entre ele e Sávio, fazendo uso de uma expressão idiomática "farinha do mesmo saco" para produzir performativamente o efeito de uma mesma identificação específica para si e para Sávio: garotos de sexualidade homoerótica.

Em continuação, ao afirmar "eu sei que você conhece muito bem as gírias de travesti e gay" (l. 63), Luan associa Sávio também a vozes do universo trans e das identificações gays. Sávio responde: "Nada a ver, todo mundo conhece" (l. 65). Nesse fragmento, Sávio parece defender sua heterossexualidade, reenquadrando a situação e protegendo-se dos sentidos indexicais que a expressão idiomática "farinha do mesmo saco" pressupõe na construção daquele contexto interacional. Entretanto, Luan não aceita a discordância de Sávio e faz uma relação direta entre o *footing* de Sávio e as performances de Luísa Marilac, recontextualizada aqui pela citação "bons drinks" (l. 68), que serve como um recurso semiótico-identitário que indexicaliza as identificações da travesti.

No que tange à negociação das performances identitárias, tal citação é uma pista que posiciona Sávio nas mesmas fronteiras identitárias de Luísa Marilac, pondo em xeque a segurança ontológica das identificações de masculinidade heteronormativa, frequentemente encenadas por Sávio (ver a discussão sobre ontologia como resultante de trabalho semiótico na introdução do volume). Estrategicamente, Luan desloca o olhar das diferenças, desestabilizando a autoridade desse outro hegemônico, que fala de um lugar aparentemente heteronormativo. Na negociação dos significados válidos em sala de aula, a recontextualização da fala de Luísa também entra no jogo de contestação das sinalizações indexicais que a enunciação "justificar a boiolice" parece promover. Em resumo, esse excerto deixa entrever que a disputa pela construção de significados no contexto escolar ocorre na recontextualização de signos identitários cristalizados no tempo, signos em fricção com performances situadas.

Considerações finais

Este capítulo nos possibilita pensar aspectos relevantes da mobilidade dos recursos semióticos na contemporaneidade e da construção de significados. Em primeiro lugar, as interações analisadas são elucidativas de um tipo de fluxo característico das interações contemporâneas. Aqui, a mobilidade foi abordada a partir de uma metodologia etnográfica multissituada (Marcus, 1995), que nos permitiu seguir as trajetórias de textos sobre gênero, sexualidade e raça com Luan, o participante focal de nossa pesquisa. A observação etnográfica de como os sujeitos recontextualizam recursos semióticos em suas interações cotidianas, partindo da estilização do texto de Luisa Marilac, identificável como pertencente ao universo trans, para criar seu próprio vídeo, passando pela observação de sua recepção nas interações de Luan com colegas online e na escola, permitiu ver como as viagens textuais estão intensificadas na vida contemporânea.

Em segundo lugar, as interações de Luan com seus colegas entextualizaram vozes e palavras alheias, sem fazer mera cópia. Como observa Pennycook (2010), na repetição há espaço para o exercício da criatividade e para a ressignificação. Ao recontextualizarem a fala de Luísa Marilac, Luan e seus colegas moldam esse discurso para seus propósitos comunicacionais. Obviamente, a entextualização do vídeo de Marilac promoveu sinalizações indexicais que vão além das fronteiras textuais, semânticas ou linguísticas. Esses textos, ao viajarem de um evento para outro e ao serem recontextualizados, produziram localmente relações históricas, sociais e identitárias de significado. Nos excertos, as performances de Luan são constrangidas por uma matriz branca e heteronormativa, por meio de discursos racistas e homofóbicos que povoam os comentários de Sávio. Na interação com esses discursos, lutas metadiscursivas ocorreram no jogo das relações de força entre Luan e o colega, tanto nas interações online quanto na sala de aula. Estrategicamente, ao contestar os lugares desprivilegiados no qual Sávio o localizou, Luan entextualiza signos cristalizados de raça e de sexualidade e os utiliza a seu favor. Tais embates mostraram como suas entextualizações discursivas são utilizadas produtiva e agentivamente a serviço de uma micropolítica de destruição das posições hegemônicas nas relações com esse colega.

Daí a necessidade de compreender os textos — orais ou escritos — como elos na cadeia de comunicação discursiva de determinado campo (Bakhtin, 1953/2003: 296). Os ganhos dessa visão para os estudos da linguagem são evidentes, pois deslocam o foco da linguagem como pura, transparente e separada da vida cotidiana para a observação dos efeitos performativos e ideológicos dessas unidades linguísticas agrupadas como textos (Moita Lopes, 2013, 2015). Compreender a análise linguística sob esse ponto de vista promove um deslocamento teórico, analítico e metodológico da "linguística do sistema" para a "linguística da mobilidade" (cf. a introdução ao volume), percorrendo múltiplas cadeias de entextualizações e trajetórias.

Trata-se de uma reivindicação orientadora dos estudos contemporâneos no campo da antropologia linguística (Bauman; Briggs, 1990; Silverstein; Urban, 1996) e da sociolinguística (Agha, 2005, 2007; Blommaert, 2005, 2010; Blommaert; Rampton, 2011). No Brasil, os capítulos deste livro, além de Fabrício (2013, 2015) e Silva (2014), entre outros, são exemplos dos estudos que contemplam essa perspectiva: posicionamentos teórico-analíticos e políticos que apontam para a natureza entextualizável, performativa, indexical da interpretação dos signos e dos textos. Contudo, essa lógica, ainda pouco explorada no campo dos estudos linguísticos, clama por outras investigações que enfoquem diferentes aspectos analíticos das mobilidades textuais contemporâneas, principalmente no que tange à luta pelas recontextualizações na construção das identificações na vida social.

Capítulo 2
Entextualizações criativas de signos 'identitários' de raça em práticas discursivas multissituadas na 'periferia' brasileira

Thayse Figueira Guimarães e Luiz Paulo da Moita Lopes

Este capítulo dá sequência à pesquisa etnográfica relatada no capítulo anterior, que envolveu um grupo de estudantes do ensino médio em uma escola estadual na 'periferia' de uma cidade no litoral norte do Estado do Rio de Janeiro. Investiga-se a circulação de signos 'identitários' de raça em múltiplas práticas discursivas, priorizando a interconectividade, através de vários nós, de fenômenos aparentemente distintos e distantes na construção dos significados translocais.

A investigação levou em conta as ações discursivas desses estudantes tanto na escola quanto nas redes sociais online, principalmente o Twitter. Centra-se na mesma perspectiva multissituada ou multilocalizada (Marcus, 1995), na qual quem pesquisa segue as correntes, as trajetórias e os fios de significados construídos nas práticas sociais, enfocando determinado fenômeno a ser investigado, definido pelo uso de diferentes métodos de pesquisa: seguir as práticas sociais, os artefatos culturais ou as histórias de um grupo ou de uma pessoa são, segundo Marcus (1995), formas de tornar tal abordagem possível.

Neste capítulo, continuaremos a seguir discursos — materializados em textos — produzidos por estudantes. O foco principal está em Luan, como no capítulo 1. Luan é um jovem negro, proveniente de uma classe social desprestigiada e que se entende como gay. Focalizaremos o modo como ele constrói performances de raça em suas práticas discursivas tanto na escola quanto no Twitter, tendo em vista principalmente seu jeito de lidar com o sentido de corpo, padrões de normatividade, estereótipos sociais e alteridades marginalizadas na negociação de suas performances identitárias. A investigação da circulação dos signos identitários de raça é realizada em intersecção com os significados de gênero e sexualidade (Barnard, 2004; Sullivan, 2003), dando especial atenção ao que chamamos de entextualizações criativas, ou seja, às brechas encontradas por Luan para reorganizar os sentidos das práticas discursivas nas quais ele se engaja. As entextualizações de Luan, na repetição de signos identitários estereotipados de raça, são produzidas através de uma micropolítica (Foucault, 1979) que desafia posicionamentos privilegiados em suas relações inter-raciais com colegas na escola ou no Twitter e Facebook.

Uma visão performativa de raça

Entender as construções identitárias como performativas é crucial para a teorização de raça neste volume. Segundo a teoria performativa de gênero e sexualidade de Butler (1990), as pessoas continuamente repetem atos performativos do gênero "masculino" e "feminino", e tal eficácia performativa impede identificar o ponto de origem dessas identidades. Seu objetivo é desnaturalizar a diferença sexual e de gênero, observando como o gênero e a sexualidade são construídos pelos usos do corpo (Preciado, 2010). Butler usa o termo "performatividade", incorporando as perspectivas de Austin e Derrida sobre os atos de fala, para declarar que a linguagem referente ao corpo não apenas o descreve, mas também, no exato momento em que o nomeia, constrói aquilo que é nomeado.

O gênero é performativo porque sua enunciação constitui a identidade que pretende ser. Para Butler (1990: 173), a ideia de que "o corpo generificado é performativo sugere que ele [o corpo] não tem *status* ontológico separado dos vários atos que constituem sua realidade". O corpo é construção social, histórica, cultural e discursiva.

O gênero não é uma expressão de uma parte essencial do corpo, isto é, "não há identidade de gênero por trás das expressões de gênero, [...] a identidade é performativamente constituída pelas próprias 'expressões' que dizem ser seus resultados" (Butler, 1990: 33). Ele é efeito de uma estilização repetida da performance. A 'masculinidade' e a 'feminilidade' não se referem ao que somos nem às características que nos são inerentes. São efeitos discursivos produzidos pelas coisas que fazemos, dizemos e vestimos em nossas performances cotidianas. É na citação repetida das normas socialmente construídas, em sua iterabilidade, que o gênero — bem como as identificações em geral — adquire a aparência de substância sólida e imutável (Pennycook, 2007).

A perspectiva de Butler desmonta os discursos que supostamente atribuem ao gênero, ao sexo e ao desejo uma essência intrínseca ou um substrato biológico. Se as performances existem apenas na encenação, ela não poderá ser reduzida a uma natureza essencial. Há sempre a possibilidade de se apresentar de maneira diferente, ainda que haja restrições quanto à inauguração dos novos sentidos. Esse constrangimento ao potencial de inauguração de significados de gênero e sexualidade deriva da aparência de naturalidade com que os roteiros heteronormativos se implantaram no senso comum, o que torna os significados alternativos problemáticos, uma vez que eles se inserem em formas de vida não autorizadas, consideradas inferiores, desprezíveis ou menos humanas.

Ao interrogar os significados historicamente normativos de gênero com a noção de performativo, Butler fornece uma base filosófica que permite questionar outros significados sócio-historicamente sedimentados como, por exemplo, discursos raciais que historicamente posicionam as pessoas negras em raças inferiores. A ideia de performativo, então, tem implicações relevantes para o entendimento não só das identificações de gênero e de sexualidade, mas também das racializações da subjetividade (Costa de Paula, 2010).

Tanto a raça quanto a sexualidade surgiram como conceitos classificatórios entre os séculos XVII e XVIII e são constitutivas de nossa vida social até os dias de hoje. A popularização de tais ideias durante o Iluminismo fomentou uma crescente preocupação com a pureza racial e o medo da miscigenação. Não é difícil entender como a racialização do mundo colocou muitos indivíduos em posições sociais subalternas. A ideia de raça mantém-se ainda como um atributo biológico e uma posição social cristalizada no imaginário social, apoiada na superioridade de um grupo racial socialmente construído sobre outro. Em particular, a discriminação contra pessoas negras, sua condição econômica desfavorável e as imagens estereotipadas da África geralmente permanecem sem contestação no senso comum.

'Raça' é um discurso sobre a origem social de um grupo, continuamente repetido nas práticas sociais, quando as pessoas estão posicionadas em termos de características físicas, qualidades morais e intelectuais etc. Os processos de materialização do corpo negro derivam de insistentes e repetitivas práticas de construção de significados (estereótipos, declarações, piadas e mitos racistas) que desenham um campo de inteligibilidade para esse corpo. Como o gênero e a sexualidade, a raça também é efeito discursivo, ou seja, um conceito que atua por meio de discursos racistas cristalizados na construção dos indivíduos, seus corpos e seus modos de vida (Bhabha, 2007). Nossa perspectiva teórica possibilita abandonar significados sedimentados sobre as raças, principalmente os discursos que constroem as pessoas negras como tendo uma identidade racial definida e essencializada, a despeito de suas peculiaridades históricas, sociais e locais (Costa de Paula, 2010; cf. capítulo 4 e a introdução deste volume).

Portanto, a 'raça' é também a materialização de um discurso performativo que não está desassociado da materialização do gênero e da sexualidade. Por isso, vários teóricos enfatizam a relevância de estudar as interseccionalidades entre gênero, sexualidade e raça — visão derivada das teorias queer (Sommerville, 2000; Sullivan, 2003; Barnard, 2004, por exemplo). Não se trata de estudar a especificidade da opressão racial ou étnica como outra variante, ao lado da sexualidade e da opressão de gênero, mas de analisar a mútua constituição performativa de gênero, sexualidade e raça, entendida como "a sexualização da raça e a racialização do sexo" (Preciado, 2010: 52).

Esse é um ponto teórico fundamental para entendermos as performances identitárias de Luan: um jovem negro que se posiciona como gay em suas redes sociais online e na escola. Assim, ao nos concentrarmos nas performances de raça de Luan, estamos interessados em como o jovem opera com signos identitários de gênero, sexualidade e raça ao se envolver em práticas comunicativas tanto na sala de aula quanto no Twitter e no Facebook.

O contexto de pesquisa, Luan e os procedimentos metodológicos

A fim de entender melhor as entextualizações de Luan neste capítulo, apresentamos a natureza multissituada de nossa investigação, procurando fornecer mais aspectos contextuais e questões metodológicas do que as apresentadas no capítulo anterior.

Na época da pesquisa, Luan tinha 18 anos. Além de ser um usuário do Twitter, ele também tinha contas no Facebook, Orkut, Tumblr, MSN e YouTube. Luan chamou a nossa atenção por suas performances identitárias e pelas lutas performativas nas quais ele se envolvia na construção de seu gênero, sexualidade e raça. Nessas redes sociais, Luan recorria a recursos de edição de imagens que lhe proporcionavam um perfil bastante diferenciado. Ele estava muito familiarizado com as redes sociais e com os fluxos da globalização, apesar de estar geográfica e socialmente localizado na periferia de uma pequena cidade do interior do Brasil. Seu perfil combinava o uso de fotos que envolviam edição de imagem e técnicas de montagem, com foco em partes do corpo, como os olhos, a boca e o peito. Sua autodescrição textual relaciona-se com as imagens editadas e com todos os outros recursos interacionais na página, como *tweets* (suas postagens), o número de *tweets*, de *following* (pessoas que ele segue) e *followers* (seus seguidores) — ver a figura 1, abaixo. Essa construção de seu perfil é cuidadosamente projetada e mostra o quão habilidoso ele é como usuário do mundo digital.

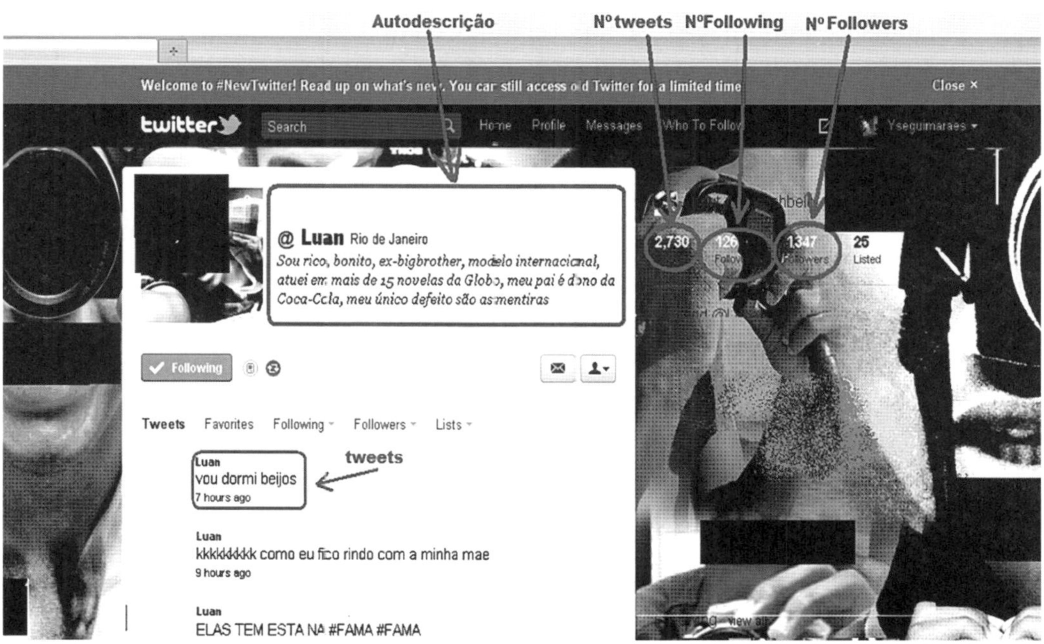

Figura 1: Perfil de Luan no Twitter.

Suas postagens atendem às expectativas de um grupo sociocultural no Twitter, em especial, daqueles que querem se tornar populares por ter um grande número de seguidores. Luan é seguido por 1.347 pessoas, um número consideravelmente maior do que o número de pessoas que ele segue (126). Além disso, o número de seus *tweets* até então era grande: 2.730. Tais pistas semióticas sinalizavam um perfil típico dos usuários populares do Twitter: muitos seguidores, mas poucos seguidos e muitas postagens enviadas/lidas. Além disso, suas fotografias editadas privilegiam partes do corpo e destacam sua identificação como uma pessoa sensual naquele espaço. Essa associação é muito comum entre as celebridades, que têm suas imagens exibidas em capas de revistas impressas ou digitais. Por fim, em seu texto autodescritivo, Luan faz uso de recursos linguísticos que parodiam as performances de celebridades. Ele insere elementos que apontam para vozes de *status* social superior, que circulam nas redes sociais internacionais, em oposição às vozes de pessoas comuns como ele.

A referência a seu *status* social ("rico"), a sua aparência ("bonito"), a sua fama ("ex-*big brother*", "modelo internacional", ator de novela) sinaliza os valores sociais que orientam os discursos, mobilizados nas escalas espaçotemporais dessa interação, embora o leitor saiba que Luan está mentindo ("mentiras são meu único problema"). A paródia é assim explicitada: a combinação de tais recursos chama a atenção para a sua consciência metapragmática do jogo que está jogando, o que lhe permite posicionar reflexivamente suas ações discursivas nos acontecimentos e construir-se como pessoa popular nesse território.

Luan também usava com frequência o Facebook, publicando mensagens e fotos. Nessa rede social, suas performances identitárias incluíam uma autodescrição positiva e audaz, assim como fotos que focalizavam partes de seu corpo (figura 2). Tais recursos ajudam a constituir um *ethos* interacional que, tal como em suas interações no Twitter, privilegia a sensualidade.

Esse *post* gerou muitas curtidas e comentários sobre suas identificações de gênero, sexualidade e raça, em resposta à forma como ele se apresenta. Luan encena uma performance que traz efeitos discursivos específicos de identificação: é um jovem negro e atraente. Essa interseccionalidade está presente em suas interações. A divulgação de seu corpo como desejável e belo corresponde às expectativas próprias das interações online, onde há uma tendência a supervalorizar a aparência e as imagens corporais. Nesse espaço, o que importa é ser visto.

Figura 2: *Post* de Luan no Facebook.

Luan utilizava o MSN e o Skype quase todos os dias para entrar em contato com amigas e amigos. Ele se orgulhava de ter mais de 2.000 amigos no Skype e no MSN, quase 2.000 no Facebook e 1.347 seguidores no Twitter. Já na sala de aula, ele participava pouco. Gostava de ficar sentado no fundo e era constantemente alvo de críticas dos professores, que o posicionavam como tendo interesse restrito ao que acontecia no mundo online.

Luan era mais próximo de um *ethos* interacional que privilegiava as práticas das interações online em detrimento das práticas escolares. Em nossas observações etnográficas e entrevistas, vimos a pouca participação de Luan na sala de aula ser fortemente criticada por Renan, o professor de redação, bem como por outros professores, que relacionavam o fraco desempenho de Luan ao seu intenso uso das redes sociais. Isso acontecia principalmente porque a participação de Luan nos letramentos escolares não levava em consideração o que contava como letramento para seus professores, isto é, escrever em 'português padrão'. Suas notas eram baixas e ele era constantemente repreendido. Aluno regular, Luan participava pouco das discussões em sala, embora fosse um participante ativo nas redes sociais online. Sentava-se no fundo da sala, perto da pesquisadora, o que possibilitou ouvir seus comentários sussurrados e suas interações com colegas.

Com base na teorização da performance e na dinâmica das entextualizações, bem como nos dados gerados em ambos os espaços etnográficos (sala de aula e Twitter), agora nos concentraremos na análise das performances identitárias de Luan. Levaremos em conta que, no mundo virtual, as identificações são construídas junto a uma variedade de pessoas. Tal característica torna os contextos da rede mais dinâmicos, imprevisíveis e contingentes. Nossa análise lança luz sobre os movimentos interacionais nos quais Luan negocia significados sobre corporalidade negra, beleza e embranquecimento. Selecionamos particularmente essas cenas porque elas chamam a atenção para as lutas performativas de Luan na construção dos efeitos de sentido em torno de suas identificações de corpo e raça, levando em conta tanto as restrições sociais quanto sua agência individual.

Análise das entextualizações: performances de raça nas práticas discursivas de Luan

Na análise dessas práticas discursivas, consideraremos as pistas de contextualização (Gumperz, 1982/2002) e os *footings* (Goffman, 1979/2002). As pistas de contextualização são, em termos mais amplos, todos os signos verbais e não verbais que permitem a sinalização contextual/indexical, através da qual os participantes em uma interação podem entender o que está acontecendo, uma vez que os contextos não são dados. As pistas de contextualização se referem ao fenômeno da indexicalidade, também discutido na introdução do volume. Discutiremos as pistas de contextualização, em termos de seus valores indexicais, a partir de Collins (2011/2020). Nesse caso, quaisquer traços da forma linguística e/ou não linguística (os gestos, posturas corporais etc.) que contribuírem para assinalar as pressuposições contextuais podem ter a função de contextualização.

As pistas de contextualização explicam as estratégias comunicativas usadas pelos interlocutores para indicar, metapragmaticamente, como querem dizer o que dizem e como querem que isso seja entendido. Os significados das pistas de contextualização só podem ser compreendidos no processo de contextualização interacional. Bauman e Briggs (1990), em perspectiva similar, também chamam a atenção para a relevância da contextualização das performances[1]. Com referência à noção de pistas de contextualização, Bauman e Briggs (1990: 69) argumentam: "A análise centrada na performance tem um papel fundamental a desempenhar [...], visto que as pistas de contextualização poeticamente tecidas são realçadas pela performance". Consequentemente, seus estudos focalizaram "os detalhes textuais que iluminam a maneira pela qual os participantes estão construindo coletivamente o mundo ao seu redor" (Bauman; Briggs, 1990: 69), o que implica uma visão de performance também centrada na contextualização.

Na análise da interação face a face, Gumperz (1982/2002) listou um conjunto de pistas com a função de contextualização. Entre elas, destacam-se a mudança de código, a prosódia, as escolhas lexicais e sintáticas, as escolhas paralinguísticas etc. Embora Gumperz tenha se concentrado na interação face a face, tais pistas têm também potencial teórico-analítico na interpretação das interações online. Por exemplo, é necessário prestar atenção à função de contextualização desempenhada pelos *emoticons*, pelas hashtags, pelas marcas expressivas de pontuação, pelas letras maiúsculas, pelas letras coloridas etc. É uma lista aberta, possivelmente interminável, tendo em vista todos os tipos de recursos semióticos que os interlocutores podem usar nessas interações.

Portanto, embora Goffman (1979/2002) e Gumperz (1982/2002) tenham desenvolvido essas noções tendo em vista apenas a interação face a face, as pistas de contextualização são cruciais para compreender os *footings* projetados pelos participantes também nas interações online. A mudança de *footing* ocorre quando o alinhamento, o posicionamento ou a projeção do 'eu' de um participante estão de algum modo em questão. Os interlocutores se realinham em interação quan-

---

[1] Butler segue uma visão austiniana e derridiana de performativo/performatividade para entender como fazemos performances de gênero, como esclarecido na introdução do volume. No entanto, Bauman e Briggs (1990), na antropologia linguística, usam o conceito de performance para se referir a eventos narrativos, diferentes de outros eventos comunicativos, porque eles envolvem a função expressiva ou poética da prática narrativa, ou *artful performance*. Segundo Bauman e Briggs (1990), a função poética chama a atenção para a ação linguística situada e planejada, como contar histórias em uma roda de colegas que compartilham interesses comuns (histórias de pescadores, de conquistas amorosas etc.). Ambas as perspectivas, no entanto, centram-se nos aspectos emergentes dos significados em eventos de performance, particularmente na experiência sociocultural.

do reajustam seu *status* de participação. A observação de um conjunto de *footings* projetados possibilita a análise das entextualizações dos discursos raciais, culturalmente sedimentados nas interações de Luan quando ele negocia sentidos em suas interações e performances identitárias. Nessas relações, o poder e as assimetrias entre os participantes podem dar origem a lutas no processo de cristalização de significados e podem impactar diretamente na mobilização de recursos semióticos (Silverstein; Urban, 1996).

As pistas de contextualização — um construto teórico que enfoca os detalhes microinteracionais — podem ser fundamentais para investigar fenômenos macrossociológicos (cf. Collins, 2011/2020). A análise das pistas de contextualização contribui para pesquisas com foco em processos de construção de significado que vão além dos limites das interações locais, por causa de seus valores indexicais. "A indexicalidade é a dimensão do significado na qual as características textuais 'apontam para' (indiciam) significados contextualmente recuperáveis" (Blommaert; Maly, 2014: 4). Dessa forma, tal construto evidencia a complexidade dos processos interacionais e realça a interface entre as pistas com significados sócio-historicamente sedimentados (ver a introdução do volume e o capítulo 1).

Uma interação no Twitter

O primeiro excerto analisado aqui foi retirado de uma interação no Twitter entre Luan e Moreira, um colega de classe, adolescente, branco, que se posicionava como heterossexual na interação em sala de aula e na internet. Luan, no entanto, quando entrevistado na pesquisa, afirmou insistentemente que Moreira era um gay no armário.

Esse excerto mostra Luan negociando significados sobre sua performance de raça, respondendo a uma questão levantada por Moreira no Twitter. Era comum Moreira comentar as postagens de Luan e fiscalizar as performances de raça do colega no Twitter e no Facebook, principalmente qualificando as fotos postadas (editadas em Photoshop) como tentativas de Luan clarear a pele, de parecer branco. Em uma entrevista a respeito disso, Luan declarou:

> Pessoas conversam comigo na internet e falam: olha o neguinho. Falam/criticam minhas fotos porque acham que neguinho é essa coisa que mostram na

tevê. Tipo o negro é pobre, feio, negro rouba. Acham porque me visto bem, sei debater com eles, discutir que quero parecer branco. Não sinto nenhuma ameaça sobre esse tipo de atitude com relação à minha cor. Eu levo na brincadeira, mas acho que ninguém esqueceu o tratamento dado aos negros de antigamente, eles acham que ainda existe uma raça superior (entrevista de Luan, 14/10/2011).

Essa declaração aponta o que Luan acredita ser o processo de racialização por parte de colegas na escola, no Facebook, no Twitter e no Skype. Então, ele convoca sentidos socioculturalmente sedimentados sobre diferenças raciais e contesta os significados racializados impostos pelas nomeações e estereótipos.

Em seguida, exploramos o momento interacional em que Luan negocia sentidos sobre sua raça com Moreira (excerto 1). Apesar de o Twitter ter como objetivo uma conversa aberta entre todos os usuários, com base no questionamento "O que você está fazendo?", Moreira faz uma pergunta direcionada a Luan. A interação ocorreu no dia 21 de junho de 2011 e deve ser analisada de baixo para cima, ou seja, do *tweet* 1 ao 4.

Excerto 1: Interação no Twitter entre Luan e Moreira.

tweet 4 Luan @Moreira se não gosta de minha tonalidade, o problema é seu que tem mal gosto... Agora ficar me stalkeando...
tweet 3 Luan MINHA RAÇA É FEITA DO JEITO QUE EU QUISER!
tweet 2 Luan @Moreira eu não tenho vergonha da minha COR. Sou bonito pra CRL... TENHO ORGULHO DE SER NEGRO!
tweet 1 Moreira @Luan Oi exu, vc tem preconceito contra vc, posta foto p/b para ficar bonito e negar sua cor?

Cada *tweet* é uma entextualização pela qual o enunciador projeta um *footing* para si mesmo e, ao mesmo tempo, posiciona o outro e a si a partir do que está falando. No *tweet* 1, Moreira interpela as performances de raça de Luan, questionando as postagens do jovem. Seu alinhamento inicial é sinalizado pela palavra "exu", um dos maiores orixás das religiões de matriz africana e muito frequentemente associado, pelo senso comum, ao diabo. Tal escolha lexical indexa Luan tanto como negro quanto como alguém diabólico.

Moreira entende como práticas de negação da negritude as fotos em preto e branco de Luan, editadas e compartilhadas em suas redes sociais. As escolhas lexicais de Moreira sinalizam um discurso classificatório baseado em cores, com o qual ele aponta Luan como alguém que nega sua corporeidade negra; porém, tais escolhas também podem sinalizar como Moreira é atraído — sexualmente —por Luan.

As enunciações de Moreira pressupõem que Luan publica fotos em preto e branco para se aproximar do padrão estético da supremacia branca, chamando a atenção para discursos cristalizados de raça e transformando uma possível conversa descontraída sobre as fotos postadas por Luan em um motivo de embate. Além disso, as palavras de Moreira indicam que o constrangimento diante do potencial transgressivo das performances de Luan está diretamente ligado ao que está socialmente estabelecido como fatos naturais da corporalidade negra. Portanto, se Luan 'falha' na conformidade aos discursos sedimentados de raça, ele de alguma forma precisará explicar isso. Tal questão fica clara no *footing* de oposição que Luan projeta na interação: "MOREIRA eu não tenho vergonha da minha COR. Sou bonito pra CRL... TENHO ORGULHO DE SER NEGRO!" *(tweet 2)*.

Luan age com assertividade, afirmando-se como alguém sem problemas com sua cor, o que é sinalizado pelo uso das maiúsculas na palavra "COR". Ele se predica como muito bonito e escolhe um intensificador "CRL" também em maiúsculas. A sequência da declaração, ainda em destaque, indica a avaliação positiva de suas performances de raça. Luan entextualiza discursos que mobilizam práticas de autoafirmação racial para refutar a enunciação de Moreira no *tweet* 1. Ele mostra ter consciência de que precisa estar pronto para responder aos discursos naturalizados sobre as corporeidades negras, reguladores do comportamento e das ações dos corpos negros. Ao fazê-lo, Luan legitima suas performances de raça pelas fotos publicadas em preto e branco e, simultaneamente, posiciona Moreira como ignorante, simplista e dessintonizado com suas práticas identitárias.

Na postagem seguinte, quando Luan enuncia "MINHA RAÇA É FEITA DO JEITO QUE EU QUISER!" (*tweet* 3), ele enfaticamente — observe as palavras em caixa-alta — indica que sua negritude não é um pacote pronto e que pode ser realizada fora da roteirização imposta pelo olhar de Moreira. Performativamente, Luan nos faz entender que não há um original de raça por trás de suas performances. Esse é um alinhamento reflexivo que chama a atenção para uma compreensão da raça como um efeito das práticas discursivas, do mesmo modo que Butler (1999) argumentou serem gênero e sexualidade performances.

No *tweet* 4, Luan recorre a outros recursos semióticos que projetam uma posição de confronto. O item lexical "tonalidade" refere-se à sua corporeidade negra e é usado na frase "se não gosta de minha tonalidade, o problema é seu que tem mal gosto... Agora ficar me stalkeando...". O uso do marcador de condição "se" no início desse período projeta um *footing* de indiferença em relação à possibilidade de suas performances de negritude desagradarem — talvez sexualmente — a Moreira. Além disso, o item "ma[u] gosto", usado para predicar a preferência estético-sexual de Moreira, também é uma indicação importante para entender o alinhamento de Luan em oposição aos discursos racializados de Moreira sobre beleza, que visam adequar o jovem negro a posicionamentos estigmatizados. Afinal, Moreira realmente pode estar escondendo seu interesse sexual por Luan sob esse contraposicionamento superficial.

Orientado por esse confronto, Luan refere-se a Moreira enunciando: "Agora ficar me stalkeando" (*tweet 4*). No contexto das interações online brasileiras, "stalkear" significa ação de vigilância exacerbada de uma pessoa por outra. Tal pista aponta que Luan entende o questionamento de Moreira a respeito de sua corporeidade negra como uma vigilância imotivada. Essa é outra questão importante para a compreensão de suas performances, porque mostra Luan se utilizando de recursos próprios dos letramentos digitais (ao fazer uso do item lexical "stalkear") na construção de um *footing* de contestação às performances de Moreira. Enfim, palavras como "tonalidade", "raça", "cor", "negro" — assim como os enunciados "não tenho vergonha" e "tenho orgulho" — são utilizadas repetidamente, sinalizando ênfase na réplica à Moreira.

Uma interação em sala de aula

Nesta seção, examinamos uma prática de letramento escolar na qual Luan participa, com outros estudantes, de uma atividade pedagógica proposta pelo professor Renan. A atividade exigia que os alunos discutissem diferentes textos — letras de música, piadas, artigos de notícias etc. — que tematizavam a busca humana pela beleza. A cada aluno foi dado um texto para leitura e posterior apresentação dos pontos principais. O objetivo da atividade era discutir a insatisfação dos jovens com seus corpos e sua busca descontrolada pela beleza, bem como pelo corpo perfeito. O texto destinado a Luan era uma matéria retirada de um site de notícias, intitulada "Jamaicanos pobres colocam a vida em risco para ficar com a pele mais clara". O texto tratava de uma prática comum entre pessoas negras das favelas de Kingston, capital da Jamaica: o uso de produtos químicos para clareamento da pele.

No excerto 2, abaixo, transcrevemos parte da interação sobre o texto de Luan, na qual a turma discute o caso da estrela *pop*, Michael Jackson, trazida para a discussão pelo professor ao ilustrar a prática de clareamento da pele. Vejamos os efeitos performativos da entextualização do texto nessa prática de letramento e o modo como Luan, em conjunto com seus colegas de classe e o professor, renegocia as identificações raciais de Jackson. Entre outros participantes dessa interação, estavam Bruno e Janaína (estudantes que se posicionavam como homem negro e mulher negra), Renan (professor branco) e Ari (estudante branco).

Excerto 2: Uma interação em sala de aula

12 Renan: que exemplo grande a gente tem na mídia (.) dessa discussão?
13 Bruno: de pessoas pobres?
14 Renan: NÃO, de querer ficar branco.
15 Turma: ((silêncio seguido de fala tumultuada))
16 Turma: maycon jackson ((fala não identificada))
17 Bruno: maycon jackson
18 Renan: exatamente. foi doença, né? ele viveu essa situação.
19 uma coisa é a doença modificar a pele (.)
20 mas porque ele fez cirurgia pra mudar o formato do nariz?
21 Janaina: PORQUE BRANCO NÃO TEM NARIZ GRANDE
22 Renan: EXATAMENTE. então, no fundo ele pode ter se aproveitado da doença, né?
23 Luan: eu acho que foi a doença mesmo. ele se orgulha de seu sangue africano
24 Turma: @@@@@@
25 Luan: foi o vitiligo
26 Renan: será? ((fala tumultuada))
27 ele fez tantas plásticas e no final não era a mesma pessoa=
28 Ari: =afinou o nariz
29 Luan: foi a doença mesmo
30 o povo critica >porque sempre acha que o negro quer parecer branco<

Quando um participante projeta um *footing* para si mesmo, também posiciona seu interlocutor e a si próprio em relação ao que está sendo dito. Ao desenvolver a discussão sobre o texto lido por Luan, Renan apresenta como exemplo as transformações corpóreas do cantor *pop* norte-americano Michael Jackson (l. 12-22). Renan recorre a perguntas retóricas "foi a doença, né?" (l. 18) e "uma coisa é a doença modificar a pele (.) mas por que ele fez cirurgia pra mudar o formato do nariz?" (l. 19 e 20), onde o item lexical "doença", em referência às mudanças sofridas na pele do cantor, é usado em oposição ao item "cirurgia", que se refere a modificações intencionais. Essas pistas linguísticas sinalizam uma situação de ambiguidade em relação ao branqueamento da pele de Michael Jackson, que projeta *footings* de dúvida e de desconfiança para Renan ou talvez um *footing* de reflexividade. O professor adota uma interpretação que justifica a despigmentação da pele de Jackson por causa do vitiligo; no entanto, a cirurgia plástica no nariz indica que o artista queria seguir os cânones estéticos da branquitude.

Essa construção semiótica parece ter sido entendida por Janaína. Ratificando o *footing* do professor, ela afirma: "PORQUE BRANCO NÃO TEM NARIZ GRANDE" (l. 21). O volume mais alto na expressão da sentença é uma pista do grau de certeza da jovem em relação à aparência da branquitude. No Brasil, a cor da pele, a textura do cabelo e a forma do nariz são elementos culturalmente compartilhados que constroem pessoas como negras ou brancas. Janaína, uma garota negra, está familiarizada com esses signos e, em um *footing* animador, entextualiza discursos que ratificam visões essencialistas da negritude. Renan, em concordância e em volume elevado, afirma "EXATAMENTE" (l. 22) e alinha-se ao ponto de vista de Janaína, ratificando seu discurso. Imediatamente depois, Renan finaliza seu argumento enunciando: "Então, no fundo ele pode ter se aproveitado da doença, né?" (l. 22). Nesse turno, Renan constrói um *footing* de desconfiança com relação ao fato de Michael Jackson ter usado a doença como desculpa para suas plásticas e o clareamento total da pele. Simultaneamente, Renan constrói performativamente o cantor como alguém que nega sua própria raça. Em seu argumento, o professor se apropria de discursos midiáticos nos quais se supõe que Michael Jackson queria parecer branco e, ao mesmo tempo, sinaliza uma matriz racial que serve para medir quem é e quem não é negro de verdade.

No entanto, contrariando o alinhamento de Renan e defendendo as performances de Michael Jackson, Luan projeta um *footing* avaliativo, sinalizado pelo modalizador epistêmico "eu acho", presente na assertiva "eu acho que foi a doença mesmo" (l. 23). Luan também recorre a uma afirmação avaliativa em "ele se orgulha de seu sangue africano" (l. 23) para redefinir as performances de Michael Jackson, projetando para o cantor um *footing* de pessoas que não negam sua raça e realmente se sentem orgulhosas dela. Além disso, "sangue africano" aponta para a ascendência africana do artista e para discursos sobre raça que remetem à origem de um grupo por laços sanguíneos. Nessas entextualizações, Luan racializa as performances de Jackson, em contestação ao *footing* de pessoa que nega sua cor projetado pelo professor sobre o cantor *pop*.

Nesse jogo argumentativo, as risadas dos alunos, no próximo movimento interacional (l. 24), são sinais não verbais de um *footing* de zombaria em relação às palavras de Luan. No entanto, Luan não parece estar incomodado e continua seu argumento, enfatizando que a aparência branca de Michael Jackson foi provocada pelo vitiligo (l. 25). A assertiva "foi o vitiligo" (l. 25) projeta um *footing* de alguém familiarizado com a vida e as performances raciais de Michael Jackson. A declaração de Luan indica sua certeza de que a despigmentação deveu-se à doença, novamente enfatizando seu posicionamento em defesa do cantor. Em seguida, por meio da pergunta "será?" (l. 26), Renan projeta um *footing* de desconfiança que, mais uma vez, sinaliza que a doença do vitiligo era apenas uma desculpa para as mudanças corporais do cantor. Na construção de seu argumento, o professor Renan ainda afirma "ele fez tantas plásticas e no final não era a mesma pessoa" (l. 27). Em um *footing* avaliativo, Jackson é redefinido como uma pessoa diferente de quem era no início de sua carreira por conta das "tantas plásticas", em referência aos processos cirúrgicos intencionais que ele enfrentou. A esse argumento Ari também acrescenta "=afinou o nariz" (l. 28), em referência às plásticas realizadas pelo cantor, e reenfatiza que Michael Jackson não parecia satisfeito com sua corporeidade. O movimento interacional contíguo parece sinalizar o apoio de Ari ao *footing* de Renan.

Na interação seguinte, Luan, utilizando-se da assertiva "o povo critica >porque sempre acha que o negro quer parecer branco<" (l. 30), reintegra seu alinhamento em defesa das performances de Michael Jackson. O uso com ênfase do enunciado "o povo critica" sinaliza o exercício do poder na construção social do corpo negro. Além disso, a escolha lexical "sempre" indica que os corpos negros estão sendo continuamente disciplinados.

Ainda nessa interação, o professor Renan entextualiza discursos racializados que pressupõem estarem as performances de raça de Jackson restritas aos componentes: cor de pele negra, lábios grossos e formato de nariz não afilado. Nessa articulação, o que está em jogo são discursos cristalizados sobre diferenças raciais, derivados de visões que restringem as identificações de raça a características fenotípicas compreendidas como próprias das negritudes: cor da pele, textura do cabelo e formato do rosto e do corpo. Por não corresponder a essas identificações, as performances de Michael Jackson são interpretadas como performances de alguém negando sua própria raça. As lutas sobre as identificações do cantor são performativas por envolverem a entextualização de discursos sedimentados, como também novos significados em fricção. Intimamente ligado à dimensão performativa da linguagem, o fenômeno da entextualização sinaliza que, na repetição de textos ossificados na cultura, novos significados nascem, dado que, no processo de recontextualização, os textos sempre adquirem novas nuances significativas. Nessa ação discursiva, Luan vê-se compelido a responder ao performativo circulante em sociedade, que pressupõe a existência de uma raça "verdadeira" e um modo específico de ser dessa raça, sob o olhar da branquitude. Tal posição implica que, sob outros olhares, significados alternativos para a negritude são possíveis.

Enquanto negocia sentidos nessa prática discursiva, Luan simultaneamente constrói suas próprias identificações de raça. Ele se alinha em defesa das performances do cantor Michael Jackson, opondo-se ao argumento de que o cantor negava sua raça. Na prática de desenvolver uma atividade escolar, Luan racializa as performances do cantor como forma de contestar os *footings* projetados sobre Michael Jackson e assim reafirmar seu próprio posicionamento como um jovem negro, constantemente regulado pelo olhar das hegemonias raciais. Ele faz isso recorrendo a desafiadoras entextualizações de discursos raciais hegemônicos, que sinalizam dimensões alternativas para o que os negros são.

Vida na 'periferia'?

Este capítulo propôs apresentar como Luan, participante focal da pesquisa, construía suas performances de raça em diferentes contextos interacionais. Com esse propósito, observamos a entextualização de discursos raciais no Twitter e na escola, focalizando principalmente como ele lidava com o sentido de corpo, com os padrões de normatividade, com os estereótipos sociais e as alteridades marginalizadas na negociação de suas performances identitárias. Buscamos focalizar as lutas performativas e a construção de sentidos considerados em suas práticas discursivas, dando atenção ao que chamamos de entextualizações criativas, ou seja, às brechas que Luan encontra para reorganizar os significados relacionados às práticas em que se engaja.

As identificações de Luan são marcadas por estereótipos baseados em discursos cristalizados sobre as diferenças raciais, que operam na construção de uma relação entre negritude-feiura e negritude-autonegação. Tal combinação põe em cena o jogo de construção das identificações de Luan, baseados em uma matriz racial de inteligibilidade revelada sob a constante vigilância dos corpos negros.

Luan é questionado sobre sua raça por causa das fotos em preto e branco publicadas. As enunciações de Moreira pressupõem que Luan as publica para se aproximar de um padrão estético de supremacia branca. Nesses movimentos interacionais, a pergunta "Oi exu, vc tem preconceito contra vc, posta foto p/b para ficar bonito e negar sua cor?" (cf. excerto 1) é feita em referência à encenação das performances de Luan como garoto negro sensual e gay. Tais enunciações apontam para uma escala macrossocial, expressa pela entextualização de discursos cristalizados e hierarquizados. Moreira entextualiza discursos cristalizados que racializam significados sobre beleza e estabelecem para Luan posições estigmatizadas que inferiorizam suas performances de gênero, sexualidade e raça no Twitter. Luan vê-se compelido a responder a tais discursos e, ao fazê-lo, se autorracializa por meio de práticas de afirmação racial.

A enunciação "TENHO ORGULHO DE SER NEGRO" (excerto 1) reverbera tais discursos por meio de um *footing* de oposição e de assertividade que Luan produz na valorização de sua raça e na contestação da vigilância sobre suas performances. Tais posturas reflexivas, que aumentam a fricção entre discursos, abrem espaço para a projeção de novos significados. Desse modo, é relevante chamar a atenção para as performances inovadoras que Luan encena, desafiando significados prefigurados que criam roteiros para corpos negros e indo além dos discursos de essencialismos estratégicos anteriormente indexados por ele. No jogo interacional de construir participação nessas redes sociais, Luan, ao enunciar "MINHA RAÇA NEGRA É FEITA DO JEITO QUE EU QUISER!" (cf. excerto 1), faz uso de entextualizaçoes criativas que nos levam a inferir que não existe um original para suas identificações de raça.

A análise focalizou também as práticas interacionais de Luan na escola. Ao discutir um texto trazido para a aula pelo professor de redação, Luan mais uma vez negocia sentidos sobre corporalidade negra, beleza e embranquecimento. Ele faz isso através da entextualização de discursos racializados que interpelam as práticas de encenação das performances de raça do cantor *pop* Michael Jackson. Enquanto negocia sentidos nessa prática, Luan constrói coletivamente suas identificações de raça. O jovem se alinha em defesa das performances de Michael Jackson, contestando argumentos de que o cantor negava sua raça. Na composição de sua defesa, Luan racializa as performances do cantor como forma de contestar os *footings* projetados sobre Michael Jackson. Ao agir contestatoriamente em defesa das performances de raça do cantor, Luan reafirma sua própria posição enquanto garoto negro constantemente regulado pelo olhar das hegemonias raciais.

A coerência dos sujeitos sociais não é uma característica lógica da condição de pessoa, mas, ao contrário, é uma norma de inteligibilidade socialmente determinada (Butler, 1990: 34). As identificações construídas nesses embates performativos são modos de construir uma corporeidade supostamente negra, com base em discursos cristalizados sobre o que é ser negro em nossa sociedade de supremacia branca. Entretanto, essas práticas discursivas estão sempre suscetíveis a falhas e a citações descontextualizadas, uma vez que as repetições nunca são as mesmas (cf. Pennycook, 2007 e a introdução do volume). Entextualizações criativas podem surgir trazendo significados novos e imprevisíveis. Assim Luan, mesmo inundado em estereótipos, pôde contestar e transgredir uma matriz racial de inteligibilidade da raça que se revela sob a vigilância constante dos corpos negros. Nessa inter-relação, algumas rupturas atuam micropoliticamente (Foucault, 1979), criando novos significados sobre a raça. Essas ações também podem ser entendidas como uma política alternativa de 'identidade', uma vez que constituem estratégias discursivas por meio das quais o jovem pode construir novos roteiros sociais legítimos para seu corpo.

Ao seguir as trajetórias textuais de Luan em dois espaços sociais diferentes, no Twitter e na escola, o estudo chama a atenção para como essas arenas são locais de luta performativa e como são cruciais na observação etnográfica dos significados que norteiam as práticas cotidianas de muitos jovens. A análise dessas duas práticas discursivas torna visíveis questões relevantes relacionadas à produção, à circulação e à interpretação dos significados raciais na vida contemporânea, ressaltando que as performances identitárias inovadoras coocorrem com os essencialismos na luta pela construção de quem somos.

Além disso, as identificações e os alinhamentos em defesa das performances raciais de Michael Jackson na escola estão fortemente relacionados aos embates discursivos que Luan encena em suas interações online. Esse é um dos aspectos que nos interessa na observação das performances identitárias de Luan, porque enfatiza como a experiência de construção de sua corporalidade negra é produzida por embates de diferentes vozes sociais e atravessamentos identitário-discursivos múltiplos. Os textos produzidos por Luan nas práticas interacionais no Twitter e na sala de aula estão em complexa inter-relação.

Esperamos ter apontado e exemplificado como as pessoas, em suas vidas translocais contemporâneas, têm cada vez mais possibilidade de contestar significados essencialistas e de reescrever quem são ou quem podem ser, apesar da existência de discursos contrários. Isso foi possível porque o formato de nossa pesquisa etnográfica multissituada tentou captar como, em espaços globalizados, as pessoas estão superando os limites de um único espaço e fazendo conexões de significados através de infinitas, diversificadas e potenciais práticas interacionais e discursivas. Essas conexões nos permitem vislumbrar como fenômenos aparentemente diferentes e distantes estão conectados através de vários nós na construção de significados translocais.

Tal vislumbre, por sua vez, implica a necessidade de revisar as categorias teórico-analíticas localizadas e os formatos das pesquisas que tradicionalmente definem a agenda dos estudos aplicados no campo da linguagem. Subjaz a este capítulo a esperança de abrir as portas para uma nova forma de interpretar a observação das práticas interacionais, cada vez mais translocais e constitutivas do nosso mundo de grande mobilidade.

Vimos que os chamados significados da 'periferia' são cada vez mais translocais e só podem ser abordados no fluxo da vida social. Tal vida móvel na 'periferia' pode ser referida como representativa do que Santos (2008: 32) definiu como "cosmopolitismo subalterno" — ou, como preferimos, "cosmopolitismo alternativo" —, que em uma perspectiva de uma globalização contra-hegemônica explode as fronteiras tradicionais entre 'centro' e 'periferia'. Essa explosão é visível nas práticas móveis através de redes sociais onlineoffline, nas quais Luan convoca os significados sobre quem ele está sendo no aqui e agora.

Parte II

Práticas discursivas online

Preâmbulo
Teorias queer e raça

Glenda Cristina Valim de Melo e Luiz Paulo da Moita Lopes

Como foi dito na introdução, entendemos raça como efeitos de sentidos sobre os corpos. Assim as performatividades raciais podem ser compreendidas pelas lentes das teorias queer, em conjunto com a sexualidade e outros atravessamentos 'identitários'. As concepções de performativo e de linguagem, assim como a teorização sobre gênero (Butler, 1999/2003, 2004), mencionadas ao longo do livro, levam a tal compreensão de raça como construção social, discursiva, performativa e histórica (Sullivan, 2003), resultante dos efeitos semânticos de Discursos sobre raça propagados na sociedade.

No Brasil, a questão racial na diáspora africana ainda é complexa. O senso comum diz que somos determinados biologicamente, que a cor da pele diz quem somos e consequentemente define nossos direitos e as oportunidades. Analisar essa questão no Brasil também pressupõe analisar, com a dificuldade e a complexidade indicada por Henrique (2007), as diversas denominações para a cor da pele, tais como morenas, mulatas, 'marrom bombom', 'chocolate', 'café com leite', entre tantas outras. Será que essas classificações populares de raça apontariam para um entendimento maleável do que é ser da cor preta ou da raça negra, desconstruindo a ideia de que a raça seria um construto social homogêneo, fechado e embasado no discurso biológico? Ou então seria uma tentativa de não ser chamado/a de negro ou negra? Podemos inferir que essa classificação 'popular' da cor da pele depende da classe social, do gênero, da sexualidade e do grau de escolaridade? Ou tais classificações mostrariam que a raça pode ser um construto social performativo como gênero e sexualidade?

Muitos teóricos queer — p. ex., Sommerville (2000), Barnard (2003), Wilchins (2004) — argumentam que, ao não incluir o traço performativo da raça, a investigação queer da sexualidade e do gênero se volta unicamente para a raça hegemônica: a branca. O 'ser' branco é visto como não racializado, sem marca, padrão e privilegiado. Por outro lado, Wilchins (2004: 115) complementa que uma análise que contempla a raça isoladamente propiciaria uma visão incompleta da pessoa negra ou da não negra.

Os teóricos da raça tendem a se centrar na raça em primeiro lugar; os da sexualidade a privilegiam e os estudiosos do gênero, por sua vez, olhariam primeiro para essa categoria. Assim, se manteria a hegemonia de uma delas. Um exemplo da importância de estudar a raça em conjunto com o gênero, a sexualidade etc. é trazido por Barnard (2004). Ao discutir sexualidade e raça, especificamente em relacionamentos entre homossexuais masculinos negros e brancos, o autor apresenta a complexidade da questão, pois aparentemente tais relações poderiam significar a ausência de preconceito e de racismo. Contudo, nelas as diferenças são expostas e, por mais que tais homossexuais possam se amar, a discriminação pode estar presente (ver Moita Lopes, 2020). Uma hipótese de explicação seria a naturalização da raça como algo biológico, já dado, preexistente ao discurso, construído pela identificação negativa, sempre repetida nos discursos sobre a pessoa negra. Romper com tal naturalização exigiria rever o próprio conceito de raça e compreendê-lo para além da biologia. Afinal, "não se é apenas a raça, deve-se aprender a ser de uma raça, inclusive — em certas circunstâncias — a passar a ser de uma raça" (Wilchins, 2004: 116).

Não negamos a existência da materialidade (Butler, 1998/2002) ou, segundo Pinto (2007: 3), da anatomia. Mas se "os humanos são compreendidos diferentemente, a depender de sua raça, da legitimidade dessa raça, de sua morfologia e do reconhecimento dessa morfologia..." (Butler, 2004: 2), buscamos desconstruir "os atos de fala que se organizam em torno dela" (Pinto, 2007: 3). Questionamos assim os efeitos semânticos dos Discursos pautados apenas pela materialidade corpórea para construir os sujeitos sociais, submetendo à violência os corpos considerados 'abjetos' como os dos negros, dos gays, das lésbicas, das mulheres e dos indígenas. Em outras palavras, preocupam-nos os atos de fala performativos que qualificam os atores sociais única e exclusivamente com base nos Discursos da escravização, da abolição, da ciência da raça, da democracia racial (Sodré, 1999; Munanga, 1986; Telles, 2003; Henrique, 2007).

Esses discursos têm sido historicamente propagados pela mídia e por outras instituições, assimilados e reproduzidos pela sociedade brasileira, sendo todos os seus efeitos discursivos perceptíveis nas nossas práticas sociais, conforme as particularidades de cada região. Tais efeitos ainda constroem as pessoas negras como marginais, bandidas, inconfiáveis, feias, incompetentes, incapazes para atividades intelectuais etc.

O contato de várias pessoas negras com os diversos discursos que essencializam e inferiorizam os corpos ébano ocorre desde a infância. Para esses corpos, a escola é o lugar onde se aprende que a cor da pele preta é marcada no corpo ou que ser diferente é um problema (Ferreira, 2009). Na escola, muitas pessoas negras ainda são alvo de xingamentos, são excluídas e desmotivadas a relatar o preconceito racial a que são submetidas por crianças não negras. Dentro e fora da sala de aula, diversos corpos ébano aprendem que sua voz não deve ser considerada por docentes que, em grande parte, não sabem lidar com o preconceito racial, com as ofensas e seus efeitos nas práticas sociais, uma vez que raramente são formados para tratar de tal questão. Os atores sociais, devido aos significados hegemônicos no mundo sociodiscursivo, aprendem a agir como pessoas negras, brancas etc.

No mundo social, cobram-se dos atores performances equivalentes às características de natureza supostamente psicológica e biológica[1]. Sullivan (2003: 60) argumenta que o conceito de raça surgiu no século XVIII e, como a sexualidade, também é classificatório e taxativo. Assim, são introduzidos alguns sistemas e atributos psicológicos ou características físicas para compreender a raça. Em outras palavras, na Modernidade, segundo Sodré (1999) e Sullivan (2003), a ciência da raça, centrada no paradigma biológico, propõe que algumas características físicas — tais como o tamanho do cérebro, do órgão genital 'masculino' e traços da personalidade — estão relacionadas a determinados grupos raciais. Quando esse paradigma psicobiológico é quebrado nas práticas performativas, há, como veremos, surpresa!

Afinal, nas vertentes queer, alguém ser negro, amarelo ou branco resultaria dos diversos atos de fala performativos a que negros, amarelos e brancos são constantemente expostos desde seu nascimento, ou seja, o sujeito social seria resultado dos efeitos discursivos que o constituem performativamente (Sullivan, 2003). Segundo Derrida (1972/1998), tais

[1] Ver Munanga (1986) e Wilchins (2004) para maiores informações sobre tais características.

atos são sedimentados pela iterabilidade e citacionalidade: a construção discursiva de raça é levada a efeito por atos de fala performativos que pregam, por exemplo,

- **a inferioridade da pessoa negra**: pesquisas 'científicas', como os sistemas de classificação de raça de Philippe Rushton ou de Charles Linnaeus[2] (Sullivan, 2003), propõem a superioridade dos corpos brancos pelas características físicas e/ou psicológicas que lhes são atribuídas. Com base em estudos 'científicos', alguns países como Alemanha, Estados Unidos, Suécia e Suíça transformaram em 'abjetos' atores 'indesejáveis' (Maciel, 1999) tais como os judeus. No período escravocrata (cf. Giacomini, 2013), os corpos das mulheres negras eram mercadorias do senhor, que poderia usá-los e violentá-los segundo sua vontade. No Brasil, os discursos de eugenia, segundo Maciel (1999), compreendiam a miscigenação como forma de limpar o país de corpos indignos — negros e indígenas;
- **a sensualidade e a sexualidade das pessoas negras**: as mulheres negras eram consideradas 'boas de cama', 'gostosas', 'fogosas' ou, nas palavras de Piza (1995: 58), "o estereótipo da mulher negra sensual, sedutora, irresistível, atração para o pecado (masculino)". Segundo Carneiro (2003: 123), há um discurso e mito de que a mulher negra seria "mais erótica ou mais ardente sexualmente do que as demais, crença relacionada às características do seu físico, muitas vezes exuberante". Tais discursos solidificados ainda constroem as mulheres negras como objeto sexual. Em paralelo, a ideia de que o negro tem o pênis grande acaba por qualificá-lo como permissivo. Além disso, ele é compreendido como inferior e de má índole: "Sexualidade, nudez, feiura, preguiça e indolência constituem tema-chave da descrição do negro na literatura científica' (Munanga, 1986: 16);
- **a crença na ausência de racismo e na igualdade de oportunidades** para os brasileiros, independentemente de questões raciais: tal compreensão advém da suposição da existência de uma 'etnia brasileira', "capaz de acolher a gente variada que se juntou ao país" (Munanga, 2010: 445). Embasados no tratamento dos anormais em Foucault (2010), entendemos: quem menciona o racismo seria então considerado o anormal, visto que os Discursos da democracia

[2] O sistema de Philippe Rushton propõe três raças: a oriental, a branca e a negra, sendo todas elas classificadas por critérios biológicos (tamanho do cérebro e do pênis, por exemplo) e psicológicos. Já no de Charles Linnaeus, somos divididos em vermelhos, brancos, amarelos e negros.

racial são permeados por valores do senso comum segundo o qual o ator social que aborda a questão racial é compreendido como racista, problemático e/ou portador de alguma patologia psicológica. Nos discursos contrários às cotas raciais no Brasil, por exemplo, pode-se observar a viagem desses textos de democracia racial. Tais atos de fala performativos, especificamente, apagam em seu percurso os problemas raciais e perpetuam a ilusão de que todos temos as mesmas oportunidades, mascarando assim o racismo e as desigualdades que nos assolam.

- **a valorização dos corpos ébano**: tendo em vista os movimentos sociais, as pessoas negras são também perpassadas na atualidade por Discursos de negritude ou atos de fala performativos de valorização de seus corpos. Deparamo-nos nas mídias digitais com construções corpóreas que valorizam, por exemplo, o cabelo crespo das pessoas negras. Apesar da relevância quantitativa dos Discursos sobre a negritude, no senso comum ainda observamos a influência do ato de fala performativo da democracia racial datado do início do século XX, de modo que nos deparamos com elogios como "você é uma morena bonita", que será analisado no capítulo 3, quando as pessoas querem se referir às mulheres negras belas.

Vale também mencionar o patrulhamento da raça, assim como o do gênero (Butler, 2004). Os Discursos relacionados ao patrulhamento da raça seriam precipitados quando pessoas negras ocupam lugares tradicionalmente não destinados a elas, como, por exemplo, a administração de uma grande empresa, o papel de cliente em certas lojas etc. Ao adentrarem espaços que não seriam seus, o sistema — que funciona por meio de múltiplos recursos semióticos — entraria em vigor para situar esses corpos abjetos em seus devidos lugares, por meio de performances corpóreas discursivas bem delimitadas. No Brasil, esse sistema naturalizado parece velado em algumas circunstâncias, mas, se analisado detalhadamente, torna-se explícito em muitas situações.

Como exemplo, podemos citar dois discursos hegemônicos sobre o cabelo das mulheres negras: o dos cabelos alisados e o dos cabelos naturais. No primeiro, o alisamento é considerado embranquecimento das negras. No passado, por exemplo, algumas mulheres negras mutilavam seus corpos com ácido (Munanga, 1986) ou alisavam a ferro seus cabelos para se assemelharem às brancas europeias. Haveria, então, nessas performances uma tentativa de aprender a agir como o branco para produzir efeitos semânticos de reconhecimento. Já no segundo, o cabelo natural indicaria sua autoaceitação, isto é, elas estariam aprendendo a agir como as negras 'puras', provenientes da África, e sendo reconhecidas como tais. São excluídas dessa perspectiva outras possibilidades e motivações para a mudança de visual. Para Costa de Paula (2010), ambos os discursos sustentam a lógica binária de desvalorização da mulher negra, já que, ao alisar os cabelos, ela se apagaria como negra e, ao mantê-los ao natural, ela se assumiria negra. Há toda uma simbologia em deixar os cabelos ao natural, mas será que, ao não fazê-lo, todas as mulheres negras estariam embranquecidas e negariam suas origens? Ou poderia ser uma opção por facilitar o cuidado com seu cabelo? Ou seria uma mudança de estilo? Ou ainda várias outras opções que desconhecemos? O que seria o embranquecimento aqui? Será que, depois de séculos de escravização, da própria miscigenação e de seus discursos, seria possível recuperar a pureza de uma raça e sua ideologia? Existiria uma raça pura?

O alisamento, segundo Costa de Paula (2010: 276), pode ser uma "subpolítica de afirmação e de desessencialização de performances", uma "estratégia para exercer uma ação performativa", com as mais diversas motivações, pois o cabelo em si não evoca "um sentido de valorização". O embelezamento do cabelo, seja como for, não transformaria uma negra em branca. Pelo contrário, possibilitaria uma desestabilização da questão racial.

As teorias queer desconstroem a pureza tanto da raça branca quanto da negra. Queerizar a mulher negra envolveria questionar tais discursos de raça cristalizados na sociedade, assim como os discursos solidificados sobre gênero e sexualidade, possibilitando-lhe outras performances. Como construção social e discursiva, ser mulher e negra também dependeria do momento sócio-histórico em que o sujeito social se insere, ou seja, estaria relacionado à identificação sócio-histórica e política, dessencializando toda e qualquer ideia de pureza racial, tanto de branquitude como de negritude[3] (Sommerville; 2000; Sullivan, 2003; Butler, 2004; Barnard, 2004). Em uma performance específica como mulher negra, na vertente queer, ela passaria a ser mulher, negra, pertencente à classe social *x*, heterossexual, por exemplo. O foco não estaria mais na questão racial e sim no sujeito constituído pela linguagem em per-

[3] Os discursos essencialistas podem, contudo, ser politicamente estratégicos, como na lógica suplementar apresentada na introdução deste volume

formance. Negros e negras, nessa perspectiva, aprenderiam a sê-lo pela repetição dos discursos provocados por determinados efeitos de sentidos nas práticas sociais. Ser mulher e negra, como veremos nos capítulos 3, 4 e 5, mudaria de acordo com o momento histórico e social em que o sujeito social estaria inserido, isto é, estaria relacionado à identificação e à política.

Seguindo Muñoz (1999), é preciso desidentificar os sujeitos sociais negros de Discursos que inferiorizem essa materialidade específica, reinventando-a e incluindo esses sujeitos em todos os contextos. Para tal, torna-se necessário recriar Discursos outros e performances identitárias outras para tais atores sociais. Por outro lado, é essencial desidentificar o traço performativo branco como não sendo uma raça, ou seja, uma categoria dada e já padronizada, questionando os efeitos semânticos das construções raciais brancas nos corpos (cf. Moita Lopes, 2006, 2013).

Afinal, todas as cristalizações de sentidos citadas nesse preâmbulo trazem sofrimento aos corpos negros, predeterminando seus lugares e performances e aprisionando-os às novas senzalas veladas que machucam e ferem. Parece-nos viável considerar que, assim como "há muitas dimensões da sexualidade" (Sedgwick, 1990/2008: 35), há também muitas dimensões de raça, interseccionadas e entrecruzadas com gênero, classe social, grau de escolaridade, sexualidade etc. À medida que os textos sobre a temática racial viajam translocalmente, muitas outras dimensões podem ser reinventadas pela entextualização de tais textos local e performativamente.

A contemporaneidade propõe a pluralidade, a transgressão e a consciência das relações de poder (Santos, 2004). Segundo hooks (1994), transgredir seria quebrar barreiras, contestar e não aceitar os binarismos da Modernidade. Neste contexto social e epistemológico, as teorias queer constituem uma perspectiva teórica que almeja questionar as regras binarizadas e cristalizadas sobre quem somos, independentemente de elas se referirem à sexualidade, ao gênero, à raça (Sommerville, 2000; Sullivan, 2003; Butler, 2004; Barnard, 2004; Louro, 2004, Wilchins, 2004). Pensar as teorias queer é refletir sobre uma política pós-identitária, desatrelada de visões de fixidez, estabilidade e normalizações sobre quem podemos ser na vida social.

Capítulo 3
"Você é uma morena muito bonita"
a trajetória textual de um elogio que fere

Glenda Christina Valim de Melo e Luiz Paulo da Moita Lopes

Este capítulo analisará a trajetória textual do elogio: "Você é uma morena muito bonita", registrado no artigo de opinião "Deixar de ser racista, meu amor, não é comer uma mulata!", de Charô, no blog *Blogueiras Negras*, presente nos comentários de participantes em dois fóruns distintos. Identificaremos quais ordens de indexicalidade são mobilizadas na trajetória textual desse elogio específico na tentativa de compreender seus efeitos semânticos.

Segundo Gomes (2010), podemos dizer que a questão racial no Brasil tem sido deixada à sombra, apesar do seu crescente destaque na produção acadêmica das ciências sociais e humanas devido à inserção nas universidades de pessoas negras que almejam compreender as relações raciais no contexto das desigualdades sociorraciais. Tal questão não significa apenas uma mudança no olhar da ciência, mas também uma pressão de movimentos sociais de caráter 'identitário' e de sujeitos sociais deixados à margem durante a Modernidade. Os estudos que trazem pessoas negras à visibilidade podem colaborar para desestabilizar as sedimentações de raça que indexicalizam Discursos em trânsito pela sociedade e percorrem espaços outrora impensáveis.

Partilhando a proposta de Gomes (2010), escolhemos o elogio mencionado devido à relevância do tema para a comunidade negra, especificamente para as mulheres negras, que segundo o IBGE[1] constituem as camadas mais desfavorecidas em vários quesitos. São construídas como exóticas e erotizadas, e sua humanidade é menos validada que as outras (Butler, 2004). Também almejamos ampliar a discussão sobre linguagem e raça no campo dos estudos linguísticos aplicados, no qual as publicações sobre essa questão são ainda escassas, embora tenham crescido recentemente (Moita Lopes, 2002, 2003, 2006, 2013; 2020; Costa de Paula, 2003, 2010; Ferreira, 2006, 2009, 2014, 2019; Muniz, 2016; Nascimento, 2019, por exemplo).

Primeiramente, abordaremos a questão racial na perspectiva das teorias queer. Em seguida, introduziremos os construtos teórico-analíticos para então apresentar o contexto e a metodologia de pesquisa e, finalmente, passar à análise.

Instrumental teórico-analítico

A globalização promoveu o acesso às tecnologias de informação e comunicação, sendo as redes sociais e mídias digitais frutos desse acesso. Além de ser um espaço convergente de vários atores sociais e Discursos, a internet, parafraseando as palavras de Milton Santos (2000) sobre o mundo globalizado, é também um lugar onde tudo passa pelo discurso. Nesse contexto discursivo, movediço e arenoso, deparamo-nos com a mobilidade de pessoas, o que resultaria na mobilidade de recursos (socio)linguísticos (Blommaert; Dong, 2007). Da possibilidade de contato eletrônico — e acrescentamos, com os percursos imprevisíveis dos textos na atualidade — podem emergir formas inovadoras da linguagem e mudanças na concepção de prestígio linguístico. Os repertórios linguísticos são menos previsíveis e significativamente mais complexos. Se, de um lado, a linguagem ou tais repertórios ancoram os sujeitos sociais em contextos locais e/ou específicos, por outro, também nos conectam aos contextos translocais.

A linguagem se move juntamente com os atores pelo tempo e espaço, transformando-se também em uma ferramenta para a mobilidade (Blommaert; Dong, 2007: 19). Com foco nessa mobilidade, reportamo-

[1] Ver mais informações sobre a questão em: ibge.gov.br/censo2010.

-nos ao construto de trajetória textual já discutido na introdução do volume, ou seja, passamos a pensar como entextualizações de textos percorrem o tempo e o espaço ao clique do *mouse* ou ao toque na tela. Tais textos e Discursos circulam e viajam velozmente pela rede, carregando suas características históricas, agregando novos sentidos e promovendo a socialização de pessoas por meio de vários recursos semióticos (Blommaert, 2008, 2010). Nas palavras de Maryns e Blommaert (2013: 2), "as histórias de sujeitos se tornam um *input* de sequências de diferentes entextualizações".

Considerando o artigo de opinião de Charô Nunes, "Deixar de ser racista, meu amor, não é comer uma mulata!", cujas trajetórias textuais são foco desta investigação, é possível dizer que sua viagem começa no espaço online *Blogueiras Negras*[2], segue pela página do blog no Facebook, percorre o grupo fechado das mesmas blogueiras nessa rede social e também o Twitter. Além disso, após uma rápida busca pela internet, tivemos acesso a outros roteiros seguidos pelo mesmo texto, incluindo um site sobre política, blogs variados destinados a mulheres, a causas raciais etc.

Os Discursos mobilizados pelo texto são apropriados por sujeitos sociais diversos, conhecidos ou anônimos e de localidades distintas. Tais atores cortam, colam, copiam e se apropriam das práticas linguageiras de outros para construir seus textos e convocar certos Discursos. Esse percurso textual envolve "reformulações, renomeações e reenquadres da história original" (Maryns; Blommaert, 2013: 2). Tais renomeações e mudanças podem ser observadas, por exemplo, na entextualização do artigo de Charô no site político[3]: algumas imagens do texto foram alteradas e o título se tornou 'Comer uma mulata', o que não o torna menos racista. A reentextualização é um aspecto importante na trajetória textual, visto que é por meio dela que os textos viajam por infinitos percursos. Em consonância com Bauman e Briggs (1990), a reentextualização é compreendida aqui como a capacidade reflexiva do discurso de ser compartilhado em diferentes sistemas de significação e num enquadramento do texto que carrega suas marcas para outros espaços.

Retomando o foco desta pesquisa e observando sua reentextualização nos comentários dos participantes, vemos que ele ganhou outros perten-

---

[2] Na verdade, é impossível afirmar onde qualquer viagem textual se inicia e termina, uma vez que ela é sempre fruto de incontáveis entextualizações prévias e terá prosseguimento em um sem-número de reentextualizações futuras (ver também a introdução deste volume).

[3] Para visualizar essa entextualização, logar em: https://bit.ly/2VqoLfr; acesso em: 30 ago. 2022.

cimentos e sentidos recontextualizados segundo cada participante. De acordo com Fabrício (2013: 156), os textos percorrem múltiplos trajetos e essa versatilidade de roteiros nos encaminha para "intercâmbios, trocas, reavaliações e transformações de textos 'em trânsito' por contextos diferentes". Em cada percurso, há um novo texto, múltiplas reentextualizações são possíveis e novos significados são precipitados por sujeitos sociais, cujos repertórios de sentidos variados dependerão de suas histórias de vida. Assim, ainda conforme Fabrício, "esses contatos produzem uma pluralidade de significados articulados em textos e discursos que, dispersos em sua profusão, não os dão a conhecer" (2013: 145).

Outro aspecto relevante a mencionar é que, nessa viagem de textos, a indexicalidade é central (Blommaert, 2006), pois tais textos, pelos índices linguísticos (Silverstein, 2003), apontam para valores que permeiam a sociedade, ou seja, precipitam sentidos do contexto translocal sobre os Discursos locais. O fenômeno da indexicalidade (Ochs, 1992; Blommaert, 2006, 2010; Rocha, 2013) impulsiona os valores, as normas, os Discursos e as ideologias em uma perspectiva translocal, mostrando-nos que sentidos do mundo impessoal podem ser mobilizados em nível pessoal ou em escala local por atores variados. Assim, os textos deixam de pertencer a territórios e passam por contextos para além do local e da história de 'sua primeira versão' via recursos semióticos múltiplos ou índices linguísticos.

As pistas indexicais — em operação no processo de indexicalidade — podem ser entendidas como pertencentes a uma ordem indexical e a uma ordem de indexicalidade. A primeira é um construto que nos possibilita analisar como os sujeitos sociais, em suas performances identitárias, indexicalizam Discursos das grandes narrativas normativas convencionalizadas que orientam sua vida (Silverstein, 2003). Já a segunda, embasada no viés foucaultiano de ordem do discurso, é compreendida como procedimentos impostos por qualquer sociedade ou pelo próprio Discurso que controlam as produções discursivas (Blommaert, 2006, 2010). Essas produções ora fazem emergir alguns Discursos, ora outros, relacionando-se a valores hierarquizados, estratificados e indicados no processo de indexicalização de tais Discursos (Blommaert, 2010).

As estratificações e hierarquizações de sentidos mobilizadas pelas ordens de indexicalidade indicam relações de poder. Desse modo, Blommaert (2010: 32) faz uso do termo "escala", emprestado da geografia e da história, para indicar "o movimento de mensagens ou pessoas no espaço e pelo tempo, constituído por normas, expectativas e códigos". Ao enunciarmos em escala pessoal (local) estamos também mobilizando valores, ideologias em escala impessoal (translocal). Entendemos escalas como projeções semióticas que perspectivam o mundo a nossa volta, nós mesmos e os outros. Tais fenômenos discursivos e sociais são indissociáveis do tempo e do espaço. Nesse sentido, a ancoragem de sentidos no espaço e no tempo é um exercício escalar semiótico cronotópico.

Ao produzir seu artigo de opinião e citar cinco elogios que ofendem mulheres negras, Charô mobiliza ideologias, valores estratificados e hierarquizados com base em ordens de indexicalidade. Isso também ocorre na trajetória textual do artigo, quando ele é entextualizado em outros espaços online ou em comentários destinados a públicos diferentes daqueles do primeiro percurso. Neles, são precipitadas outras ordens de indexicalidade, e a cada entextualização novos sentidos são construídos.

Para a análise das trajetórias textuais referentes ao elogio "Você é uma morena muito bonita", dos processos de entextualização e das ordens de indexicalidade, embasamo-nos nas pistas indexicais de Wortham (2001), observáveis nos comentários, que nos indicam os Discursos e os valores movimentados, permitindo-nos compreender hierarquizações com base nas ordens de indexicalidade. Entre as pistas indexicais sugeridas por Wortham (2001), além daquelas já explicitadas na nota 7 do preâmbulo à parte I (referência, predicação, citação), utilizaremos:

- **índices avaliativos**: itens lexicais, construções gramaticais, sotaque etc. que caracterizam grupos sociais ou sujeitos sociais;
- **modalidade epistêmica**: quando o narrador se posiciona em relação ao que está sendo dito;
- **descritores metapragmáticos**: verbos 'de dizer' usados pelo narrador para se referir ou predicar o que é contado na história.

Metodologia e contexto de pesquisa

Esta pesquisa tem caráter etnográfico virtual, na perspectiva de Hine (2000, 2020) e de Kozinets (2010). Buscamos na internet blogs sobre mulheres negras em contexto brasileiro. O *Blogueiras Negras*[4], destina-

[4] A autora do texto, uma das coordenadoras do blog, autorizou nossa pesquisa e solicitou que seu nome e o do *blog* fossem mantidos com os nomes originais. Para mais informações sobre o blog, veja: blogueirasnegras.org; acesso em: 30 ago. 2022.

do a mulheres negras e feministas, que aborda assuntos voltados para a temática da negritude e do feminismo, chamou-nos a atenção pela qualidade dos textos, nível de escolaridade das participantes, grau de militância e qualidade de organização do espaço.

Ao explorar esse blog, e seguindo um dos trajetos do elogio, encontramos a página e um grupo fechado do blog no Facebook. A página foi curtida por um dos pesquisadores, que também passou a participar do grupo. Somente após alguns meses, notamos ser necessário ter autorização, *login* e senha para acessar os comentários de participantes no *Blogueiras Negras*. O processo etnográfico se estendeu do mês de julho de 2013 até janeiro de 2014, incluindo alguns comentários de um dos pesquisadores no grupo fechado e a curtida de textos no Facebook.

O blog reúne vários textos relevantes para a comunidade negra feminina e discute racismo, sexualidade etc. O lugar se configura como importante espaço de troca de experiências vivenciadas por várias mulheres brasileiras e também por homens que apreciam a temática. As vozes dessas mulheres, outrora apagadas na Modernidade (cf. a discussão na introdução do volume), são ouvidas por outras mulheres cujos relatos geram comentários múltiplos. Existe uma dinâmica estimulante na publicação de textos. Há uma agenda no grupo fechado do Facebook preenchida com os nomes das mulheres que produzirão um artigo no *Blogueiras Negras*. Diariamente há publicações novas, caracterizando uma intensa prática social de letramento (Moita Lopes, 2005).

Após a leitura de diversos textos, optamos pelo artigo de opinião "Deixar de ser racista, meu amor, não é comer uma mulata!", publicado em 29 de maio de 2013 por Charô Nunes, uma das organizadoras do blog. O artigo é composto por cinco imagens de mulheres negras diferentes, cada uma ilustrando um elogio, e foi selecionado porque a autora questiona os efeitos performativos dos atos de fala que — mascarados por elogios — ferem mulheres negras. Nesse espaço, encontramos 234 comentários de sujeitos sociais diversos e, deste total, 35 foram publicados por homens de diferentes raças e localidades, incluindo um estrangeiro. Os comentários, que se iniciam em 29 de maio e seguem até 5 de dezembro de 2013, são postados em horários variados. A maioria deles é enviada por mulheres que se compreendem negras, mas há também posts de mulheres de outras raças. Ao final do seu texto, Charô convoca os leitores a citarem outros elogios, apresentarem questões sobre o racismo com base em suas experiências e comentarem seu texto. Grande parte dos comentários segue, então, as instruções da autora.

Quanto ao outro trajeto textual analisado, o texto de Charô, com o título "Comer uma mulata não lhe fará menos racista!", foi publicado no *Pragmatismo Político* no dia 28 de agosto do mesmo ano, às 12h20min. O objetivo desse *site* é discutir de forma crítica múltiplos temas como política, educação, cultura etc. Optamos também por esse blog porque seus temas são voltados para uma audiência mais eclética que compreende, de acordo com o site, que tudo passa pela educação ideológica e política. Há, nos comentários, participação maciça de homens de raças diversas, parecendo predominar a branca. Foram encontrados 158 comentários que começaram a ser postados em 23 de agosto de 2013 e terminaram em 27 de dezembro do mesmo ano. Nesse site, poucas mulheres comentaram o texto de Charô e alguns participantes seguem à risca as instruções apresentadas pela autora, visto que a discussão se centra na (in)existência do racismo. Nesse percurso, observamos que o título do artigo foi modificado e algumas fotos também, sinalizando assim, de acordo com Maryns e Blommaert (2013), que o roteiro textual envolve alterações e mudanças da história 'original'.

O artigo apresenta cinco elogios racistas comumente ditos às mulheres negras. São eles:

— Você é uma morena muito bonita.
— Seu cabelo é muito bonito, posso pegar?
— Você tem traços delicados.
— Você tem a bunda linda.
— Você é uma mulata tipo exportação!

A autora analisa e critica cada um desses elogios. Ao final, enfatiza a questão das mulatas tipo exportação e pede a opinião das blogueiras sobre sua produção textual ou outros elogios porventura ausentes dessa lista. Nesta investigação, centramo-nos especificamente na trajetória textual do elogio "Você é uma morena muito bonita". Nossa escolha é orientada pelo chamado fenômeno do embranquecimento observado no senso comum em contexto onlineoffline e pela dicotomia negra *vs.* morena construída pela autora. Salientamos que o instrumento etnográfico de geração de dados foram os 392 comentários anteriormente citados, incluindo os comentários curtidos por um dos autores deste capítulo.

As trajetórias textuais do elogio: "Você é uma morena muito bonita"

Observando a trajetória do texto de Charô reentextualizado nos comentários de participantes do *Blogueiras Negras*, podemos dizer que ele foi reentextualizado em atos performativos diferentes, tais como: elogiar o texto de forma geral; tecer opiniões sobre apenas um, alguns ou todos os elogios citados; discordar total ou parcialmente da autora e acrescentar elogios. Apesar de o artigo percorrer outras viagens, como no grupo fechado no Facebook ou no Twitter, a autorização para esta investigação se refere apenas aos comentários presentes no *blog Blogueiras Negras*. Já no percurso do mesmo artigo pelos comentários do *Pragmatismo Político*, parte das reentextualizações compreende o elogio como ofensa aos corpos das mulheres ébano e a maioria aceita o elogio.

Identificamos outra ordem de indexicalidade específica e predominante no *Pragmatismo Político*: o elogio como não ofensa. Constatamos ainda roteiros discutidos com mais ênfase em cada espaço, por exemplo, nas reentextualizações que discutem o termo 'negro' no *Blogueiras Negras*, há uma sedimentação da dicotomia morena *vs.* negra; enquanto nas reentextualizações do *Pragmatismo Político*, percebemos a dicotomia existência *vs.* inexistência do racismo.

A seguir, apresentamos as duas trajetórias textuais — no *Blogueiras Negras* e no *Pragmatismo Político* — e as ordens de indexicalidade mobilizadas pelos participantes nos percursos estudados.

Trajetória textual do elogio no *Blogueiras Negras*

Observamos duas ordens de indexicalidade distintas ao longo dos comentários: os elogios como ofensa e a aceitação do elogio. A primeira delas ratifica o Discurso de Charô de que o elogio "Você é uma morena muito bonita" é ofensivo e racista. As participantes do *Blogueiras Negras*, que discutem muito esse ponto, reentextualizam o elogio, concordando com a proposta da autora. Essa posição é representada por Adelina, por exemplo, que sintetiza boa parte dos comentários analisados. Ela qualifica negativamente tais elogios, pela predicação "elogios degradantes", e aborda o fato de ser chamada de morena como algo rotineiro, pela predicação "morena" e pela referência temporal e local "diariamente no meu trabalho", que sinalizam a frequência e o local onde tal ato de fala performativo é enunciado, projetando uma lente escalar tempoespacial[5]:

> **Adelina**: Sou chamada de morena diariamente no meu trabalho e como não tenho papas na língua, advirto a pessoa: "Morena não, por favor, sou NEGRA." E a resposta que mais escuto é: "Não, vc nem é tão negra assim, é melhor ser chamada de morena." Affff... a ignorância que perpetua na cabeça das pessoas encobre a falta de informação, um racismo "as avessas" e a discriminação escondida em "elogios degradantes" à nós, mulheres negras. Adorei o artigo e fiz questão de postá-lo no face. Parabens!!!

Adelina faz uso de citação "Não, vc nem é tão negra assim, é melhor ser chamada de morena", sugerindo que outros não a constroem como negra, antes a embranquecem. Além disso, a predicação "nem é tão negra assim, é melhor..." indica uma desvalorização da mulher negra e uma valorização da morena. A participante se contrapõe às vozes que traz, critica o elogio, pela predicação "morena" e pela negação "não" e se reafirma negra, como apontado pela predicação "por favor, sou NEGRA" e pelas letras maiúsculas, que sugerem grito nas redes sociais. Verifica-se também o emprego do "Afff" acompanhado de reticências, um índice avaliativo utilizado com frequência nas redes sociais, que indexicaliza irritação por parte de Adelina.

As aspas e a citação de seu próprio Discurso podem indicar que tal ato de fala performativo fora enunciado em outras interações, uma pista linguística de modalidade epistêmica, dando veracidade ao relato. Além de blogs e sites que entextualizam o artigo de Charô, há outros roteiros percorridos pelo texto dela, uma vez que foram compartilhados em perfis pessoais dos comentaristas do blog. A própria Adelina sinaliza, por meio da referência local "fiz questão que postá-lo no face", uma nova trajetória textual do artigo de opinião de Charô.

Outro exemplo de reentextualização de concordância com o Discurso de Charô está no comentário de Erika, que afirma já ter discutido com uma branca que referia 'negra' como um termo pejorativo:

> **Erika**: Já cheguei a discutir com uma branca que insistia em afirmar: Erika você não é negra, não se diminua, você é morena! Se vc quer militar pois bem, mas

[5] Tendo em vista o fato de o espaço e o tempo terem passado a ser cada vez mais comprimidos no mundo digital, grafamos tempoespacial como uma única palavra.

> assuma o que você é. Isso me marcou profundamente! Minha pesquisa é justamente em cima desses estereótipos que parecem elogio e figuram como preconceito. Amo tudo o que você escreve e identificação é máxima, obrigada Charô por expressar tão bem as angústias que nós mulheres negras vivenciamos.

A mesma construção do termo 'negra' como negativo está na citação "Erika você não é negra". Tal construção é sinalizada pela predicação "não é negra" e pela negação "não se diminua", sugerindo que as negras são consideradas sujeitos sociais abjetos. Ao se autodeclararem como tais, as negras estariam se inferiorizando. As referências "negra" e "diminua" são construídas aqui como parte do mesmo campo semântico. Identificamos ainda que a predicação "você é morena!", acompanhada pelo ponto de exclamação, indica a tentativa de embranquecer a participante e também parte das mulheres negras.

Erika faz uso da citação para indexicalizar Discursos de outras pessoas, enfatizando assim a verossimilhança de seu relato, tal como o texto de Adelina. A militância é outro aspecto relevante. Ao entextualizar textos alheios em seu comentário, pela citação "Se vc quer militar pois bem, mas assuma o que você é", para os interlocutores de Erika, ser militante não requer que ela seja negra, visto que sê-lo é negativo; assumir-se aqui está relacionado à materialidade do seu corpo e, para tais interlocutores, seria o assumir-se morena, embranquecendo-se, valorizando-se.

Essa participante cita ainda sua pesquisa sobre os estereótipos que figuram como preconceito, ratificando o Discurso de Charô de que a temática é importante para a comunidade negra. Esse aspecto é sugerido pelas referências "minha pesquisa", "desses estereótipos", "elogio", "preconceito".

Erika elogia Charô e a parabeniza pelo texto. Isso é indexicalizado pelas referências pronominais "amo tudo o que você escreve" e por meio de predicação "a identificação é máxima", sinalizando sua identificação com a autora. Há também um agradecimento indicado pela predicação "obrigada", sugerindo a importância de dar voz às dores de muitas mulheres negras no coletivo, indicada pela referência e predicação "nós, mulheres negras". Pela referência e predicação "expressar tão bem as angústias que nós mulheres negras vivenciamos", a participante indexicaliza a reflexividade típica de nossos tempos, que traz à tona os significados cristalizados na Modernidade.

A segunda ordem de indexicalidade nos comentários — aceitação do elogio — viaja na contramão das críticas apresentadas por Charô em seu texto. Estela, por exemplo, traz à tona esta outra trajetória, indexicalizada por meio de predicação "sinceramente não me incomoda". Ela sustenta não se importar com o elogio que a constrói como morena. A participante justifica sua falta de incômodo pela assertiva explicativa "... a maioria das pessoas (principalmente quem é branca) tem receio de falar negra", sugerindo que sua preferência pelo termo 'morena' se deve ao receio de brancos serem tachados de racistas por empregarem o item lexical 'negra'. Tal receio de alguns sujeitos sociais não negros está indexicalizado por referência pronominal e predicação "... ela não tem intimidade ela se refere como 'morena' mesmo. Ela mesma já me disse que tem medo de chamarem ela de racista", indicando que a intimidade é um fator que levaria um sujeito social de outra raça a usar o termo 'negra' ou 'morena':

> **Estela**: Ser chamada de "morena" sinceramente não me incomoda, porque sei que a maioria das pessoas (principalmente quem é "branca") tem receio de falar "negra". Tenho uma amiga "branca" que me chama de "black" "preta" e até de "negona" mesmo, a intimidade gerou isso. Mas para falar de outra pessoa que ela não tem intimidade ela se refere como "morena" mesmo. Ela mesma já me disse que tem medo de chamarem ela de racista, mesmo ela namorando com um negro e tendo praticamente a família e os amigos de maioria negra.

Operando na mesma ordem de indexicalidade, o depoimento de Eunice ilustra a aceitação do elogio ou a dificuldade em se nomear negro de um aluno seu, construído pela família como 'moreninho'. Essa aceitação é sugerida pela predicação "... ensinava que ele era 'moreninho'", mostrando que a própria família do aluno negro evitava empregar o termo. Imbricada na aceitação do termo 'moreno/a', observamos, no comentário de Eunice, a caracterização negativa do sujeito social negro, também evidenciada por Estela. Isso é indicado pela referência e predicação "TODOS sem graça disseram que eu era branca" e pelas maiúsculas sinalizando indignação quando a professora relata que seus alunos também receavam chamá-la de negra:

> **Eunice**: Sou professora, recente em uma aula sobre raças comuns no Brasil, sugeri que meus alunos (entre 6 e 7 anos de idade) falassem de suas raças, quando um deles ficou constrangido quando comentamos que ele era negro, quando questionada pela família dele percebi que o meu aluno sofria preconceito da própria família, que o ensinava que ele era "moreninho", nesse momento tive que ser firme com ele e sua família e expliquei que ser negro não é defeito, é apenas uma raça como as outras existentes em minha sala de aula, índios, bran-

> cos, mulatos e negros também. Ao perceber esses preconceitos "mascarados" em meus alunos os perguntei qual era a minha raça e eles ficaram com vergonha e receio de dizer que eu era negra ou mulata, TODOS sem graça disseram que eu era branca, lábios grandes, nariz arrendondado e cabelos encaracolados então tive que na prática ensinar a eles que ser negra não defeito e nem sinal de pessoas feias e todos ficaram surpresos quando ouviram da minha boca que sim, sou mistura da raça negra e branca, de tal forma sou mulata! Parabéns pelo texto ótimo!

Nos comentários de Estela e de Eunice, é possível perceber que o elogio criticado por Charô foi reentextualizado de forma positiva por Estela e pelo aluno de Eunice, como evidenciado pela ordem de indexicalidade mobilizada. Contudo, para Eunice tal comentário seria um elogio que fere por ser racista e mascarado, como indicam a referência e a predicação "esses preconceitos 'mascarados'". As referências "vergonha", "receio" e a predicação "surpresos" indexicalizam que o termo 'negro' ainda é construído como nocivo e ofensivo. Tal construção tem percorrido o tempo e diversos espaços, visto que, como mencionado por Munanga (1986), desde os tempos da chamada ciência da raça, pessoas negras são qualificadas como improdutivas, inferiores etc.

Eunice traz à tona a cristalização do problema racial brasileiro na infância. Tal sedimentação pode ser percebida pela referência "que meus alunos (entre 6 e 7 anos de idade)", sinalizando que crianças das séries iniciais já compreendem ser negativo qualificar colegas ou docentes como negra(o). Essa construção, iniciada na infância, é indexicalizada pela predicação "branca, lábios grandes, nariz arrendondado e cabelos encaracolados", quando as crianças descrevem a professora.

Nessa trajetória textual, os comentários se situam nas duas ordens de indexicalidade citadas, sendo que a maioria deles indexicaliza o elogio como ofensa ou um tipo de racismo velado. Essas duas ordens também são observadas na trajetória textual do elogio no *Pragmatismo Político*, contudo, há predominância de uma terceira que veremos a seguir.

Trajetória textual do elogio no site *Pragmatismo Político*

A mesma ordem de indexicalidade de ratificação do Discurso de Charô é encontrada no site *Pragmatismo Político*. A participante Juliana, por exemplo, sinaliza com o verbo no pretérito perfeito "passei" ter vivenciado o mesmo que Erika e Adelina ao ser chamada de morena. Juliana, pela predicação "negra" e ainda pelo verbo no presente "insisto", enfatiza que se compreende como negra e ainda indica que 'moreno' não existe:

> **Juliana**: Eu já passei por isso muitas vezes. E quando alguém me chama de morena eu insisto em dizer que sou negra, e não existe moreno. Infelizmente o povo brasileiro é racista. As mulheres negras ainda são vistas como um brinquedo sexual ou um troféu de uma ascensão social. Triste realidade.

Assim como as outras duas participantes do *Blogueiras Negras*, Juliana também compreende o elogio como ofensa e aborda a questão de discursos de racismo, indexicalizados pela referência "brasileiro" e pela predicação "é racista", sugerindo que o racismo existe no Brasil, contrariando assim o Discurso do senso comum de democracia racial. Ela menciona, pela referência e predicação 'mulheres negras", que todas as mulheres negras são objeto sexual, indicado pela referência e predicação "brinquedo sexual".

Outro exemplo dessa perspectiva pode ser observado no comentário do participante Renato ao usar a referência e a predicação "esses elogios racistas", indicando que todos os elogios citados pela autora do texto são preconceituosos:

> **Renato**: Esses elogios racistas estaum taum encravados na nossa cultura e na nossa sociedade, q acabam passando despercebidos. axo louvável essas ponderações pq a hipocrisia impera quando se toca nesse assunto. existem preconceito no brasil, principalmente contra os negros q saum a maioria em nosso país.

Para o participante, tais elogios são considerados naturalizados e sedimentados na sociedade. Tal aspecto é indexicalizado pela predicação "taum encravados" e pela assertiva "que acabam passando despercebidos", ambos sinalizando essa naturalização. Pela referência de localidade "na nossa cultura e na nossa sociedade", Renato sugere uma construção cultural sobre raça que permeia toda a sociedade. Ele ratifica também a questão do preconceito com a referência "preconceito no Brasil" e, especificamente, contra um grupo, o que é indicado pela referência "os negros". Ele ainda comenta sobre a relevância do texto de Charô, predicando "axo louvável essas ponderações", e aponta a hipocrisia da negação do preconceito ao usar a assertiva "pq a hipocrisia impera quando se toca nesse assunto".

Na trajetória textual em análise, são precipitados Discursos sobre a escravização chancelada pelo Discurso religioso. O post que inicia essa discussão específica também foi muito comentado por uma parte dos participantes. Essa perspectiva religiosa da raça é sugerida por referência — "deus", "livro", "obra" — e predicação — "sagrado" — que sinalizam a maldição de Cam[6] relatada no livro do Gênesis, entextualizada ao longo da história para justificar a escravização negra e citada pelo deputado e pastor Marcos Feliciano[7], como foi noticiado pela imprensa:

> **Mauro**: [...] deus não existe e não fez mulher nenhuma, o mesmo deus que você paga pau é o que diz que os negros são inferiores no seu livro sagrado preconceito é a única obra de deus...

Essa construção provoca questionamentos de alguns participantes. Rodrigo, por exemplo, pelo uso de referências "bíblia", "negro", "gente", "comentários", "abobrinhas" e de predicação "inferior", "estúpida", "preconceituosas", "mentirosas", sugere que esse Discurso religioso específico é uma inverdade:

> **Rodrigo**: Desde quando na Bíblia está que negro é inferior. Cada gente estúpida vejo nesses comentários; vão estudar antes de espalharem abobrinhas preconceituosas e mentirosas.

Como no *Blogueiras Negras*, deparamo-nos também com a segunda ordem de indexicalidade: elogio/ofensa é aceitável, ou seja, com o receio de empregar o termo 'negro/a' e a preferência pelo termo 'moreno/a', como forma de não ofender os corpos ébano. Essa dificuldade em se nomear negra, citada por Eunice do *Blogueiras Negras*, é movimentada também no comentário de Rafael, do *Pragmatismo Político*, quando ele aborda o fato de negras se autodenominarem morenas. Tal significado é indexicalizado pela referência e pela predicação "mulher negra", "morena" e pelo descritor metapragmático "dizendo": "Zorra, o quanto eu já vi de mulher negra se dizendo morena" (Rafael).

Operando na mesma ordem de indexicalidade de Estela, Kelven cita esse aspecto ao usar a assertiva "muita gente diz morenx para se referir a uma pessoa negra, porque não querem ser ofensivos". Ele também aborda a questão racial vivenciada, no passado, em solo brasileiro pela

[6] Para maiores informações, ver: https://bit.ly/3ltSpuY.
[7] Mais informações em: https://bit.ly/3lwfMEm.

referência “preconceitos” e pela predicação “raciais históricos”. Ele complementa que o termo “morenx” já está normalizado, empregando a referência “muitas pessoas”, a predicação “morena”, “negra”, e os verbos “usam”, “cresceram”, “falando”, que indexicalizam ações construídas desde a infância. Identificamos, também, que o *x* ao final de morena “morenx” apagaria as questões de gênero, indexicalizando somente o Discurso sobre raça:

> **Kelven**: (...) Muita gente diz usa morenx para se referir a uma pessoa negra porque não querem ser ofensivos, já que o termo remonta preconceitos raciais históricos. Mas muitas pessoas já usam simplesmente morena por negra porque cresceram falando assim. Eaí, racismo? Racismo é criar uma cartilha de como chamar as pessoas brancas e as pessoas negras.

Ao mesmo tempo que aborda o fato de os negros se autodeclararem morenos, o participante cita brevemente a questão de criar regras para nomear ou dirigir-se a brancos e negros. Tal significado é indexicalizado pela indagação “Eaí, racismo?” e pela assertiva “Racismo é criar uma cartilha de como chamar as pessoas brancas e as pessoas negras”, sinalizando que compartilha dos comentários da terceira ordem de indexicalidade: elogio não é ofensa.

Diferentemente do observado na trajetória textual no *Blogueiras Negras*, aqui temos a discordância total dos argumentos propostos por Charô. Há um conjunto de comentários que não ratificam o elogio como ofensa. Identificamos várias indexicalizações que cristalizam tal sentido, como, por exemplo, os posts de Kelven, Pedro, Wilson e Mauro, que sintetizam muitos dos comentários nessa ordem. Pedro sinaliza, por meio da predicação “baixa”, “não são racistas” e de referência “autoestima”, “racismo”, “esses elogios”, “culpa”, “ambiente”, “brincadeira”, que aquele que aborda o racismo é na verdade o racista, ou seja, o preconceito existe apenas para aquela pessoa:

> **Pedro**: Minha opinião é: Vc tem BAIXA AUTO ESTIMA e o racismo esta DENTRO de vc. Sinceramente, esses elogios que vc postou não são racistas, sua mente está perturbada, não que isso seja culpa sua, com certeza o ambiente que vc viveu deve ter te condicionado a isso. Sem brincadeiras, procure ajuda.

Para compreender o motivo de a autora ter publicado tal texto, o comentário de Pedro mobiliza um campo semântico relacionado a distúrbios psicológicos e o Discurso da psicologia é indexicalizado pelas pistas “mente”, "perturbada", "procure ajuda", "ambiente que você viveu". Nas redes sociais, o uso de letras maiúsculas em "BAIXA AUTO ESTIMA", "DENTRO" sugere gritos, que podem sinalizar o quão sedimentado e incômodo é abordar a temática discutida por Charô, além de ressaltar a agressividade de Pedro.

Os Discursos de patologização são ainda indexicalizados no post de José Carlos, com a referência a "esquizofrenia", "cabeça", "preconceito", pela modalidade epistêmica "acha" e pelo verbo no presente "existe", sinalizando sua opinião a respeito da ausência de ofensa no elogio — consequentemente, a ausência do preconceito — e enfatizando um dos Discursos que permeia a sociedade brasileira: o racista e o problemático é aquele que aborda o tema racial, em consonância com Pedro e Kelven: "O Mauro está certo. O preconceito só existe na cabeça de quem acha que sofre. É quase uma esquizofrenia..." (José Carlos).

Na mesma perspectiva agressiva de Pedro, identificamos o comentário de Mauro, que discorda da maior parte do texto. Tal aspecto é sugerido pelo uso da modalidade epistêmica "não concordo", "acho", pela referência "maioria do texto" e pela predicação "frescura":

> **Mauro**: Não concordo com a maioria do texto, acho muita frescura, não pode chamar negro de moreno, e não pode chamar de negro tbm, não pode chamar de nada, tudo eh preconceito, ora o negro não eh negro? qual o problema de dizer que ele eh negro, isso sim q eh preconceito. Pra mim o preconceito deixa de existir quando nós pararmos de pensar nele, e esse texticulo faz um papel contrário ao que se propõe a traz a tona pensamentos preconceituosos da própria autora.

A agressividade aqui é sinalizada pela referência "texticulo". O autor troca *s* pelo *x*, diminuindo assim o texto de Charô, ao passo que tal referência também indexicaliza Discursos machistas ao se referir a uma parte da anatomia 'masculina' em um jogo de duplo sentido. O participante também sugere que racista é aquele que aborda o preconceito, ao utilizar a referência "pensamentos", "autora" e a predicação "preconceituosos", e aponta, por meio da assertiva "o preconceito deixa de existir quando nós pararmos de pensar nele", que todos os atores sociais deveriam adotar o silêncio sobre a temática, já que isso apagaria a questão e resolveria o problema do preconceito racial em contexto brasileiro.

Outro exemplo de negação do elogio como ofensa está no post de Vinícius, que indexicaliza a não ofensa ao fazer uso das referências "conversa", "país", "racismo", "tipo de fobia", "cabeça", "pessoa" e da predicação "triste", sinalizando, como os outros participantes do *site Pragmatismo Político*, que o racista é quem aborda o racismo:

> **Vinícius**: Acho sinceramente triste, termos este tipo de conversa num país como o nosso. Acho que o racismo, e qualquer outro tipo de fobia está na cabeça da pessoa. [...] Sou o típico brasileiro, cheio de misturas, e não julgo ninguém pela cor de sua pele, caráter, respeito não tem cor.

Vinícius trata da questão da miscigenação, um dos Discursos constituintes da democracia racial, e indexicaliza que o racismo é inexistente e o elogio, inofensivo. Tal aspecto é indicado pela referência "cor da pele", "caráter", "respeito", "cor" e pelas predicações "típico brasileiro", "cheio de misturas", que também indicam a sedimentação dos Discursos sobre democracia racial.

Nessa trajetória, encontramos três ordens de indexicalidade distintas. De um lado, a primeira e a segunda — elogio como ofensa e aceitação do elogio — são entextualizadas de forma semelhante nos comentários tanto no *Blogueiras Negras* quanto no *Pragmatismo Político*, chamando a atenção para uma convergência entre os dois espaços e percursos.

Por outro, no *Pragmatismo Político*, percebemos que são mobilizados sentidos cristalizados de que o ato performativo "Você é uma morena muito bonita" não seria ofensivo, pelo contrário, o problema estaria na autora que, segundo os resultados desse percurso, seria racista, mal resolvida com sua raça e sofredora de alguma patologia. Observamos, então, nas três ordens de indexicalidade, a precipitação dos Discursos da democracia racial, miscigenação e racismo, que têm persistido em muitos textos ao longo do tempo.

Queerizar os elogios

As duas trajetórias analisadas, no *Blogueiras Negras* e no *Pragmatismo Político*, e também as três ordens de indexicalidade movimentadas nos dois espaços sinalizam a importância de desnormalizar ou queerizar os elogios/ofensas que escondem ou escamoteiam preconceitos e racismo. Sentidos e efeitos semânticos racistas estão sendo construídos por meio dos ingênuos elogios que circulam na sociedade. Com base em Butler (1997), podemos dizer que, desde cedo, as crianças já estão fazendo coisas com a linguagem, construindo sedimentações sobre o que é ser negra, morena e também branca. Somos compreendidos distintivamente segundo a legitimidade de determinada raça. Nos dados aqui analisados, uma professora negra foi legitimada como branca por seus alunos para evitar ofensa.

Segundo Munanga (2004), no Brasil, quando se está diante de pessoas negras, observa-se uma dificuldade em assim denominá-las. Opta-se por chamar esse sujeito social de moreno, em uma tentativa de embranquecê-lo e/ou de evitar ofendê-lo. Os brasileiros teriam sido construídos para encenar tais performances identitárias, diferentemente dos estadunidenses, por exemplo, construídos para assumir suas práticas racistas. Nesta pesquisa, notamos que, apesar da trajetória de diversos textos sobre a questão racial ao longo dos séculos, ainda hoje nos deparamos com sedimentações em Discursos locais sobre ser negra e morena em que o primeiro é construído como defeituoso. Embasados em Butler (2004), podemos dizer também que as predicações 'negra' e 'morena' mobilizam Discursos referentes ao reconhecimento da morfologia de raça.

Nas práticas sociais, elogiar mulheres negras como morenas ou, na perspectiva de Muñoz (1999), identificá-las como morenas, moreninhas ou morenas escuras escamoteia a dificuldade em olhar ou abordar a questão racial em contexto brasileiro. Além disso, ao proferir tais atos de fala performativos ou elogios, a materialidade negra que constitui essas mulheres seria apagada ou embranquecida para elas serem aceitas. Tais atos mascarados de elogios encobertam racismo e/ou identificam valores que as tornam aceitáveis para parte da sociedade. Percebemos, então, a necessidade teórica de compreender o sujeito social sempre interseccionado por raça, gênero, sexualidade etc. como traços performativos imbricados, que o constroem, no caso desta investigação, como mulheres negras. A questão racial é tão cristalizada e naturalizada que incita a imprescindibilidade de entendermos, nas práticas institucionais (escolas, universidades etc.), a importância de desidentificar, reinventar e desconstruir tais construções binárias de negra e morena, o que pode ensejar menos sofrimento para os corpos negros, ainda considerados abjetos na sociedade brasileira.

Nas viagens textuais online, é possível construir novas ordens de indexicalidade, tendo em vista o alto nível de reflexividade sobre a vida social em desenvolvimento em tal contexto. No entanto, nossa análise, ao levantar as três ordens de indexicalidade precipitadas nas duas trajetórias textuais, traz à tona os mesmos significados tensionados na sociedade brasileira sobre a questão racial anteriormente discutidos, ou seja, Discursos de democracia racial (cf. Sodré, 1999), de miscigenação (cf. Munanga, 2004) e de racismo — aqui velado (cf. Telles, 2003).

Capítulo 4
A performance narrativa de uma blogueira
"tornando-se preta em um segundo nascimento"

Glenda Christina Valim de Melo e Luiz Paulo da Moita Lopes

As histórias não existem. O que existe, sim, é quem as conta.
Javier Cercas (2007)

Qualquer uma delas é uma narrativa possível, mas de nenhuma delas posso dizer com certeza que seja a única verdadeira.
Judith Butler (2005/2015: 53)

Com o intuito de dar voz às mulheres negras, analisamos aqui os posicionamentos interacionais de Preta, encenados em uma narrativa no blog *Eu, Mulher Preta*[1], que constroem suas performances narrativas de mulher negra após os 20 anos. A participante conta, compartilha suas histórias, desconstrói sua performance como mulher branca, constrói suas performances narrativas como mulher negra, expõe sua voz sem receio de ter seus discursos desconsiderados e mostra sua face sem ser tachada ou identificada negativamente. A escolha pelas

[1] O título do blog está no original, porque a participante, no momento de autorização da pesquisa, solicitou a preservação do título.

mulheres negras se deve ao fato de elas lutarem como *candaces*[2] para saírem da invisibilidade, já que os censos[3], por exemplo, os de 2000 e 2010, indicam estarem elas no último estrato da pirâmide social. Aqui, as negras são compreendidas como sujeitos sociais que se reinventam, cujas performances 'identitárias' são constituídas por atos de fala performativos repetidos a cada discurso e marcados no corpo. Elas são entendidas como sendo perpassadas não só pela raça, mas também por gênero, sexualidade, classe social, grau de escolaridade etc., como propõem as teorias queer (Sullivan, 2003; Barnard, 2004; Sommerville, 2003).

Nos estudos linguísticos, as vozes de tais *candaces* têm sido objeto de estudo e de pesquisa de Costa de Paula (2003, 2010), Ferreira (2009, 2006), Moita Lopes (2003). Com nessas pesquisas, visamos construir um discurso no campo dos estudos da linguagem sobre as mulheres negras — partindo das propostas das teorias queer, discutidas na introdução do livro —, que, diferentemente da chamada ciência da raça e dos discursos da democracia racial [cf. as críticas de Sodré (1999), Sullivan (2003) e Telles (2003)], compreenda a raça como perpassada por gênero, sexualidade, classe social etc.

Neste capítulo, abordaremos brevemente os novos letramentos digitais. A seguir, discutiremos a questão racial nas perspectivas queer. Depois, nos centraremos na narrativa como construto teórico-metodológico, introduziremos o contexto, metodologia de pesquisa e os construtos analíticos. Finalmente, procederemos à análise.

Os novos letramentos digitais

Segundo Brockmeier e Olson (2009), não há episteme única em se tratando de letramentos digitais nem consenso sobre seus sentidos. As várias áreas do saber discutem o tema, e a expressão apresenta conceituações novas e diversas. Em nosso estudo, os letramentos digitais são entendidos como a habilidade, a capacidade ou o saber lidar com as tecnologias de informação e comunicação (TIC) em contextos diversos, em busca do significado (Martin, 2008; Lankshear; Knobel, 2008; Brockmeier; Olson, 2009).

---

[2] Segundo Frias *et al.* (2006), os gregos e romanos designavam de *candaces* as rainhas africanas com quem estabeleciam negócios. Elas governaram a região da Etiópia na Antiguidade e simbolizavam o poder feminino de lutar por sua cultura, seu território, conquistando respeito, espaço e também prosperidade.

[3] Maiores informações sobre os censos podem ser checadas em: www.ibge.gov.br, acesso em: 30 ago. 2022.

Os novos letramentos digitais são "práticas sociais nas quais os textos (trechos significativos de linguagem) são construídos, transmitidos, recebidos, modificados, compartilhados (e engajados de outras formas) por meio de processos que empregam códigos digitalizados eletronicamente" (Dobson; Willinsky, 2009: 298). Os avanços tecnológicos nos propiciam o acesso a recursos semióticos que possibilitam interagir com o outro sem restrições espaçotemporais. São de nosso interesse os efeitos discursivos que tais dispositivos semióticos propiciam à vida de sujeitos sociais na web 2.0. Segundo Jenkins (2008: 43), "o entretenimento não é a única coisa que flui... Nossas vidas, relacionamentos, memórias, fantasias e desejos também fluem pelos canais da mídia". Os sujeitos sociais contemporâneos se apropriam das diversas TIC e de recursos da web 2.0, encontrando assim outras formas de contar histórias sobre quem são. A participante desta investigação, por exemplo, ao se apropriar das ferramentas computacionais para a criação de um blog, integra sua narrativa a outros recursos semióticos multimodais que influenciam seu modo de contar sua história e de se reconstruir.

Os novos letramentos digitais e sua apropriação são "parte do viver no mundo e não apenas uma habilidade adquirida em sala de aula" (Bruce; Bishop, 2008: 699). A apropriação das TIC pode promover novas formas de interação como as observadas em grupos, comunidades online, blogs, salas de bate-papo etc. Considerando o contexto digital, os participantes, além de outras ações discursivas, podem transgredir, quebrar barreiras, contestar e não aceitar as normalizações ou os binarismos identitários propostos na Modernidade (Moita Lopes; Bastos, 2010). Podemos incluir, nessa perspectiva, dicotomias raciais como branco *vs.* negro ou negro consciente *vs.* negro embranquecido, encontradas, por exemplo, em algumas comunidades virtuais ou sites voltados para pessoas negras.

A narrativa como aporte teórico-metodológico

Como sujeitos sociais, estamos habituados a contar, ler e ouvir histórias. Por meio delas, narrativizamos o cotidiano para outros, seja face a face, seja pela televisão (novelas, filmes ou séries), seja pelos dispositivos tecnológicos que nos propiciam acesso a comunidades de afinidades, blogs e outros. Thornborrow e Coates (2005: 1) indicam: o estudo da narrativa não é privilégio apenas da literatura, mas é também uma ferramenta de geração de dados ou um modo de investigação utilizado por uma gama de áreas do saber — antropologia, sociologia, psicologia social, linguística aplicada, sociolinguística e outras. O ato de contar histórias é estudado desde Aristóteles, que propôs que a narrativa teria início, meio e fim; interessando, entre outros, a Propp (1928/2006), em seus estudos sobre o conto de fadas, e a Labov (1972), que analisou a estrutura da narrativa, propondo um conjunto de componentes de uma história.

Interessam-nos, especialmente, as perspectivas de outros pesquisadores sobre a narrativa (p. ex., Bauman, 1986; Thornborrow; Coates, 2005; Coupland *et al.*, 2005; Moita Lopes, 2006, 2009). Consideramos o ato de contar histórias como um lugar situado onde conhecer ou saber mais sobre a vida social e sobre os "efeitos discursivos que [...] provoca notadamente na construção de 'identidades sociais', subjetividades ou sociabilidades" (Moita Lopes, 2010: s.p.).

A narrativa é um importante instrumento para compreender como as práticas sociais são negociadas e de que forma tais práticas são incorporadas na vida social, ou seja, em nossas performances estilizadas[4] ou não (Coupland, 2007). As histórias contadas são práticas discursivo-sociais contextualizadas e reportáveis. Segundo Adichie[5] (2009), em uma palestra no TEDGlobal sobre contar histórias, há vários exemplos de narrativas hegemônicas e descontextualizadas. Os problemas ocasionados por tais histórias é que, ao narrar a história do outro por um único viés, desconsiderando o contexto local, terminamos por criar estereótipos. Eles são incompletos e transformam histórias em história única, cujos efeitos semânticos homogeneizadores são percebidos nas diversas performances discursivas cotidianas. Pelo caráter performativo dos atos de fala, esses enunciados são repetidos e constituem os corpos nas práticas sociais. No entanto, tal natureza performativa da linguagem implica também a possibilidade de reinvenção de significados alternativos e inovadores.

Segundo Bauman (1986: 3), ao abordar as narrativas orais, a performance narrativa é compreendida como

> um modo de comunicação, uma forma de falar, e sua essência consiste em entender que temos uma responsabilidade para com os ouvintes, demonstrando

[4] Segundo Coupland (2007), há dois tipos de performances: as mundanas e as intensificadas/estilizadas. As primeiras são as performances comuns e as segundas são as exageradas ou teatrais. As últimas são mais planejadas, mais programadas e preanunciadas. É fato, porém, que todas as performances envolvem planejamento.

[5] Para mais informações sobre a palestra, consultar: https://bit.ly/2WGHhQX, acesso em: 30 ago. 2022.

> nossa habilidade comunicativa, realçando, assim, o modo como a comunicação é concretizada com sucesso, independentemente do contexto referencial.

Já Goffman (1959/2004: 61) usa o termo 'performance' para designar toda atividade de um indivíduo que ocorre durante certo período ou momento, marcada pela presença contínua de outros indivíduos capazes de influenciar a performance projetada. A performance é para o outro, além de única, contextualizada, local e planejada. Compreendemos aqui o termo 'planejada' como o 'artístico', ou seja, todo aquele envolvido na performance narrativa tem sempre a possibilidade de criar e de estilizar suas performances. Nas palavras de Pennycook (2010: 38), a criatividade seria "uma forma divergente do senso comum", seria recontextualizar o que já foi dito, tornar novo o que já foi repetido.

Compreender a narrativa como performance — perspectiva adotada por Bauman (1986), Threadgold (2005), Thornborrow e Coates (2005) e Moita Lopes (2006, 2009) — é entender que o narrador está envolvido na encenação da performance no momento de narrar ou na experiência de relatar a história (Thornborrow; Coates, 2005). O ato de envolver-se em uma performance identitária, numa narrativa encenada para alguém ou por alguém, realça a natureza coconstruída da linguagem. Na visão da narrativa como performance, sujeitos sociais podem ser reinventados e modificados. Assim, as práticas e normas sociais podem ser transformadas, já que a narrativa é uma performance discursiva ou um fazer pela linguagem. Os participantes constroem a vida social ao focalizar certas histórias, optar por alguns posicionamentos interacionais e ao interagir com outros.

As histórias que contamos podem ser reentextualizadas (Bauman; Briggs, 1990). Tais processos as tornam sempre originais (Threadgold, 2005). Ao recontar uma história, mudam-se a situação, o contexto, a plateia e a própria história (Thornborrow; Coates, 2005), o que torna cada narrativa singular. Um exemplo disso está no blog objeto desta pesquisa: ao contar sua descoberta como mulher preta, apesar das semelhanças com outras narrativas de negras, a participante, ao entextualizar sua pequena história, a torna singular, local e original. Para a comunidade negra, tal narrativa pode significar, segundo Coupland *et al.* (2005), um repositório de material cultural rico para os membros usarem e reusarem. Ao contar sua história, a participante se tornaria parte expressiva da prática que constitui a comunidade e o discurso. A narrativa da blogueira está permeada por textos ou discursos de outros sujeitos sociais que influenciaram sua história (Voloshinov, 1929/2017). Seu reconhecimento como negra pode propiciar uma identificação da comunidade, justamente por encenar performances discursivas entremeadas por atos de fala performativos compartilhados pelas participantes da comunidade.

Há dois aspectos para os quais os estudos de narrativa têm chamado a atenção: o tempo narrativo e o ponto de virada (Mishler, 2002). Quanto ao primeiro, o tempo narrativo, as histórias contadas podem ser reentextualizadas (Bauman; Briggs, 1990) em um tempo diferente do cronológico, que não necessariamente segue uma ordem linear. Segundo Moita Lopes (2010: s.p.), que ecoa Mishler (2002), os participantes de uma prática narrativa podem contá-la ou interpretá-la

> para além do tempo cronológico, refletindo sobre o que passou, dando outros fins para as narrativas e possibilitando, portanto, que elas sejam revisadas, com base em finais que já conhecem.

Já o ponto de virada é um construto que, segundo Mishler (2002), está ligado ao momento em que os narradores realinham o sentido de final e o reinterpretam.

Outro aspecto importante ao considerar a narrativa como performance é que, como tal, ela possibilita um quadro que, segundo Bauman e Briggs (1990), nos convida a uma reflexão crítica sobre os processos comunicativos. Além disso, os estudos da performance colocariam em questão as concepções dominantes de raça oriundas do Ocidente ou os efeitos semânticos da Modernidade nas práticas sociais, marcados também nos corpos.

Conceber as narrativas como performances locais possibilita romper com os paradigmas das grandes narrativas, desconstruir dicotomias e binarismos, ou seja, desafiar, queerizar as verdades cristalizadas e dolorosas vivenciadas por muitos sujeitos sociais, incluindo as mulheres negras. A visão de narrativa como performance propicia compreender as histórias como atos performativos, como práticas sociais contextualizadas, que possibilitam conhecer, desconstruir e reinventar a vida e as normas sociais, como nos mostra a história de Preta, a seguir.

Metodologia, contexto de pesquisa e construtos teórico-analíticos

Para atender às demandas da vida atual permeada pelas TIC, a etnografia precisa ser repensada e adaptada a contextos outros, como o ambiente online (Hines, 2000, 2020; Kozinets, 2010). Na perspectiva de Hines (2000, 2020), a etnografia virtual permitiria pesquisar as experiências no mundo online ou entender como ocorrem as interações mediadas pelas TIC. Em nossa investigação, por exemplo, um dos pesquisadores acompanhou as postagens da blogueira, os comentários de seguidores, assistiu aos vídeos, ouviu as músicas e leu as diversas narrativas de Preta ou de colaboradores por seis meses. Portanto, este estudo se caracteriza como etnográfico virtual.

As noções de presença, espaço e temporalidade são transportadas para o virtual, constituindo novas práticas sociais e interações que possibilitam compreender o mundo onlineoffline pelas histórias locais. Com base nesses aspectos, interessam-nos as "pequenas histórias". Por meio delas, visibilizamos histórias que, mesmo à margem, permitem aos sujeitos sociais se posicionarem nas narrativas que encenam e pelas quais apresentam o mundo onde vivem (Bamberg; Georgakopoulou, 2008; Bamberg, 2011).

Gerado no blog *Eu, Mulher Preta!*, o *corpus* foi composto por um conjunto de narrativas autobiográficas[6] produzidas pela autora do blog. Esse conjunto foi postado às 12h23min, em 29 de novembro de 2009. Optamos pela história intitulada "Tornando-se preta num segundo nascimento", porque ela relata o renascimento da blogueira como mulher negra. Contar sua própria história pode, algumas vezes, transformar o eu do narrador, recriá-lo ou reforçá-lo. A narrativa autobiográfica "faz mais que descrever um eu preexistente"; algumas vezes, o ato de narrar sua própria história pode mudar quem o narrador é (Wortham, 2001: 11).

Para analisar os posicionamentos interacionais e as performances narrativas, embasamo-nos no conceito de posicionamento interacional, também utilizado em outras áreas de conhecimento como a antropologia, a psicologia social etc. (Moita Lopes, 2009). A perspectiva de posicionamento interacional foi proposta por Wortham (2001: 9) para a análise de autobiografias, caso deste estudo. O posicionamento é um construto teórico que dá conta de como o narrador e a audiência, quando em processo de interação, assumem o 'papel' de alguém naquela posição. Narrador e audiência encenam performances identitárias de acordo com o posicionamento interacional que ocupam, e o ato de contar uma história pode posicionar audiência e narrador de várias maneiras.

[6] Até a escrita deste capítulo, havia cerca de 81 postagens no blog entre vídeos, entrevistas e narrativas.

Além das categorias apresentadas por Wortham (2001) e já discutidas no capítulo 1 e 3, consideramos ainda a modalização deôntica. Seguindo Bronckart (1999/2007), Machado (2009) indica que a modalização deôntica está relacionada ao valor social do que é dito: se os fatos narrados são apresentados como socialmente permitidos, desejáveis, necessários, obrigatórios etc.

Optamos pelo blog por ele ser isento de custo e restrições, sendo usado como um diário pessoal onde sujeitos sociais diversos contam suas histórias, compartilham imagens, vídeos e áudios relevantes para suas performances narrativas. É isso o que Preta faz em seu blog: "Trocar experiências e discutir sobre as questões raciais e de gênero e tantos os tipos de discriminação existentes nessa sociedade de opressores e oprimidos" (Preta, 2012). Nas imagens de pano de fundo, nas figuras presentes em suas narrativas, no layout do blog, nos vídeos, nas músicas e nos textos, a audiência projetada pode ser compreendida como sujeitos sociais interessados em questões de raça e gênero, mulheres e homens negros ou não negros interessados na temática proposta por Preta: pseudônimo da narradora paulistana que se descobriu negra depois dos 20 anos. Há, no entanto, uma predominância de temas abordados por Preta e parceiros que poderiam interessar mais às mulheres negras.

As duas performances de Preta no tempo narrativo

Esta análise é construída por duas performances narrativas distintas de Preta, uma de mulher preta e outra de mulher branca. A performance narrativa analisada é intitulada "Tornando-se preta num segundo nascimento". O título nos indica que a autora não se constituía como negra e, quando se percebe como tal, ela entende esse processo como um segundo nascimento e decide relatá-lo em seu blog. O posicionamento interacional de mulher preta para sua audiência projetada — interessada em discutir questões de raça e gênero — é indexicalizado por predicação e referência pelos índices lexicais "tornando-se Preta" e "segundo nascimento".

Nesta narrativa, os recursos semióticos de um texto multimodal[7] (Kress; Van Leeuwen, 1996) colaboram na construção dos sentidos mobilizados

[7] Os recursos multimodais empregados em todo o blog enfatizam o título *Eu, Mulher Preta* e o pseudônimo da blogueira, Preta. Além disso, eles também marcam e intensificam seu posicionamento interacional como mulher preta e a encenação de suas performances discursivas de

e no posicionamento interacional da narradora, antes e depois de sua reinvenção como mulher negra, para sua audiência (pessoas negras e não negras), algo que também se refletirá em suas performances narrativas de mulher "morena não tão clara" e de mulher preta.

O texto de Preta segue o tempo narrativo (Mishler, 2002), o que possibilita à blogueira revisar os eventos que viveu, retomá-los e recontá-los para além do tempo cronológico. O ponto de virada (Mishler, 2002) ocorre quando ela se percebe mulher negra e militante. Nesse ponto, ela realinha sua história, a reinterpreta de outra forma a partir dos 20 anos, relata sua transformação e indica seu posicionamento interacional antes de seu renascimento como negra. Ao narrar, Preta apresenta um posicionamento interacional de aproximação e valorização da negritude, contudo, ao relatar alguns fatos, indica já ter assumido um posicionamento de distanciamento da negritude. Seu posicionamento se refletiu e se reflete nas duas performances narrativas antagônicas encenadas: uma como mulher que busca se afastar do fato de ser negra, outra que tenta se aproximar da negritude; ou seja, na primeira ela se constituía como mulher "branc[a] meio suj[a]" e na segunda, como "mulher preta". A partir de todo esse realinhamento, Preta passa a contar suas dores, suas estratégias de sobrevivência, suas experiências com o racismo etc., como veremos a seguir.

Performance narrativa de mulher "branc[a] meio suj[a]"

Nessa performance, a narradora se posiciona interacionalmente de modo a se aproximar da mulher branca e se distanciar da negritude, fazendo uso de índices linguísticos como os verbos "olhava", "enxergava-me", "via" e "ajudava" no pretérito imperfeito para sinalizar uma ação inacabada:

> Quando me olhava no espelho não me via como me vejo hoje. Enxergava-me como gostaria de ser: de um branco meio sujo, uma morena não tão clara, morena escura talvez!? O cabelo alisado me ajudava no processo de alienação. Afinal, pelo menos os meus cabelos estariam no padrão.

---

aproximação e valorização de pessoas negras, projetadas ao longo da narrativa em análise. A narradora faz uso da natureza multimodal do blog para, por exemplo, cristalizar a negritude como a única possibilidade de ser mulher preta, enfatizando a dicotomia mulher branca *vs.* mulher negra, aspectos também observados na análise. Embora a multimodalidade seja um elemento constitutivo do blog, por razões de espaço, optamos por não perseguir a análise multimodal. Ver, no entanto, Moita Lopes (2009) assim como a Parte III deste volume.

A modalização deôntica "gostaria de ser" e "estariam no padrão" pode indicar um desejo da narradora de pertencer a outra raça. Pelo uso de predicações "branco meio sujo", "morena não tão clara" e "morena escura", Preta indexicaliza uma performance identitária de mulher branca e, ao mesmo tempo, de negação de sua cor da pele negra ao buscar clareá-la. O "cabelo alisado", outra predicação, também marcaria a constituição de Preta como branca, visto que ela compreende esse tipo de cabelo como parte de um processo de alienação, desconsiderando, assim, como propõe Costa de Paula (2011: 276), "que alisar é uma questão de beleza e não uma negação da raça". Pela predicação, Preta se distancia do corpo ébano que a marca.

> Queria ter nascido uma parda como são consideradas as minhas irmãs (afinal, antes um branco meio sujo do que do que preto ou preta: sujo, encardido, triste, perigoso, assustador, nefasto, escravo, individuo da raça negra...). Queria os olhos azuis ou verdes, queria o cabelo liso ou ondulado, queria a pele branca, rosada ou bronzeada do sol, o nariz fino e arrebitado...

A narradora encena uma performance narrativa de distanciamento da negritude, caracterizada pela predicação "branco meio sujo". Ela ainda introduz as irmãs como personagens que admira e com quem gostaria de se parecer, enfatizando o desejo de pertencer à outra raça pela modalidade deôntica ("queria ter nascido uma parda como são consideradas as minhas irmãs, afinal antes um branco meio sujo do que preto ou preta"). Os índices avaliativos e a predicação ao negro mobilizam discursos negativos "sujo", "perigoso", "assustador", "encardido", "escravo", "nefasto". Descrições negativas semelhantes eram encontradas na literatura da ciência da raça (Munanga, 1986).

Preta segue a dicotomia mulher branca *vs.* mulher negra, sendo que a primeira, indexicalizada em contraste com a segunda, é qualificada positivamente por predicação e referência a "olhos azuis ou verdes", "cabelo liso ou ondulado", "pele branca, rosada ou bronzeada do sol", "o nariz fino e arrebitado". A repetição da modalização deôntica "queria os olhos azuis, queria..." enfatiza o desejo da narradora: ser branca.

A blogueira retrata seu posicionamento interacional de distanciamento da negritude quando se percebe mulher preta, ou seja, após aceitar-se, constituir-se ou renascer como negra. O tempo narrativo e o ponto de virada (Mishler, 2002) possibilitam à narradora retomar sua história e contar ter assumido no passado posicionamentos interacionais que constituíram suas performances discursivas encenadas como "branc[a] meio suj[a]" ou "morena clara".

Performance narrativa de mulher preta

O ponto de virada na performance narrativa — sinalizado inicialmente pelo título e, ao longo da narrativa, por predicação, referência, índices avaliativos e modalidade epistêmica — permite a Preta criticar seu posicionamento de distanciamento da negritude e sua performance discursiva de "branc[a] meio suj[a]". A narradora identifica momentos de dor que viveu, justifica sua performance discursiva de mulher branca e encena performances essencializadas de mulher preta e militante. Preta reitera o posicionamento interacional de aproximação e valorização da negritude.

O processo em que se coconstrói como mulher negra, Preta relata, tem início após os 20 anos. Ela encena a performance de mulher negra ao se identificar como preta, recorrendo à cor, e não à raça, para se marcar como mulher de luta, de militância e engajada nos movimentos sociais em defesa das pessoas negras. O termo "preto" ou "preta" é repetido e retomado durante toda a narrativa, enquanto o item lexical "negro" é evitado. Isso nos remete à terminologia dos movimentos sociais citados que buscam ressignificar o termo "preto/preta", compreendido negativamente ao longo dos séculos.

O fato de a blogueira se perceber mulher preta após os 20 anos é compreendido por ela como algo muito desconfortável. Isso é perceptível porque ela menciona tal aspecto em momentos distintos de sua performance: "Eu por exemplo *tenho* 25 anos, mas apenas há 5 anos enxergo-me enquanto preta".

A modalização epistêmica "eu por exemplo tenho 25 anos, mas apenas há 5 anos enxergo-me enquanto preta" e o índice avaliativo "mas apenas" indexicalizam o desconforto de Preta em descobrir-se negra após os 20 anos e é também um julgamento de valor em relação a seu renascimento tardio. A performance discursiva como negra é indexicalizada por referência e predicação. Os índices linguísticos "tenho", "enxergo", "é", "sou", "alisa", verbos no presente do indicativo, marcam como a narradora se percebe após o renascimento:

> Não é simples passar a aceitar-se. Escurecer sua pele dizendo: "Não sou morena, sou preta", livrar-se da química tão impregnada no seu cabelo, adotar um

> black, uma trança, o cabelo natural de uma mulher preta. Estar preparada para os olhares, para os comentários: "Nossa porque você não alisa esse cabelo?", "Eu não teria essa coragem de deixar meu cabelo assim", "Preta? Mas você é moreninha. Falar preta é feio...

Os verbos no infinitivo "livrar-se", "passar", "aceitar-se", "escurecer-se", "adotar", "estar", "deixar" e "falar" indexicalizam os processos vivenciados pela narradora antes de seu renascimento como mulher preta. Chamam a atenção ainda as citações dos questionamentos dirigidos à blogueira em discurso direto. Por meio da citação, a narradora reentextualiza os discursos de outros sobre seu corpo ébano, ouvidos ao longo de sua vida. O mesmo desconforto é repetido em outros trechos na narrativa:

> É estranho como podemos passar uma vida inteira sem nos enxergarmos como realmente somos. Como pode (perguntarão alguns) alguém não perceber que nasceu com a pela escura, com o cabelo crespo, com o nariz largo, enfim... Como pode alguém não perceber que nasceu preto ou preta? E eu respondo: isso é totalmente aceitável nessa sociedade racista.
>
> Nasci: Agora sim uma mulher preta! E como foi estranho me olhar no espelho pela primeira vez, sem o véu da alienação... Uma imagem estranha refletia no espelho. Senti-me como um cego a enxergar pela primeira vez:
>
> — Então eu sou assim?

O constrangimento por ter-se compreendido preta tardiamente é marcado pelos índices avaliativos introduzidos pela pergunta "como pode (perguntarão alguns) alguém não perceber que nasceu com a pele escura...?", por meio de predicação "estranho", "cego", "véu de alienação" e pelo índice avaliativo "— Então eu sou assim?". Esse posicionamento interacional de aproximação e valorização da negritude colabora na encenação da performance identitária de Preta como uma mulher preta.

As características físicas são atributos trazidos pela blogueira para adjetivar seu corpo, sinalizados pelas predicações "a pele escura", "os cabelos crespos", "sem química no cabelo e o nariz largo". Segundo Costa de Paula (2010), o cabelo crespo *vs.* o cabelo liso, assim como as outras características físicas, sustentaria a lógica dicotômica racial que divide as mulheres negras entre as que assumem sua negritude e as que embranquecem. São apagadas as diversas outras possibilidades de ser negra.

Essa caracterização essencialista ressalta os processos de desconstrução de mulher branca "meio suja, encardida" e o de construção de mulher negra, propiciados pelo ponto de virada da narrativa. Preta não estava apenas encenando performances narrativas de mulher preta, ela estaria também aprendendo a ser negra (cf. Wilchins, 2004: 116). Contudo, com base nas teorias queer, é possível dizer que há uma normalização imposta ao corpo ébano das mulheres negras, desconsiderando outras possibilidades de elas se constituírem como tais, apagando também as mulheres que já têm seus corpos construídos diferentemente do padrão trazido pela blogueira. A essencialização da raça negra por meio de características físicas específicas contraria as propostas das teorias queer de compreender as subjetividades raciais como perpassadas por gênero, sexualidade, classe social etc. (Sommerville, 2000; Barnard, 2004; Wilchins, 2004), conforme discutido na introdução do livro com base na noção de interseccionalidade.

Para justificar as performances identitárias de mulher branca e distanciar-se do fardo de ser uma mulher negra, Preta reentextualiza, por meio da referência e da predicação "barbies magras", "de pele clara", "olhos azuis", "cabelos longos e lisos", discursos da mídia tradicional que colocariam as mulheres brancas em uma posição de destaque.

> Cresci num mundo de apresentadoras infantis loiras, de barbies (magras, de pele clara, olhos azuis, cabelos longos e lisos), de "contos de fadas" sem nenhuma princesa preta. Desenhos, revista, livros, televisão... Tudo, mostrando-me o quanto era ruim nascer preto ou preta.

No processo de construção da mulher preta, a narradora também aborda alguns sentimentos vivenciados ao longo do seu reconhecimento e inclui uma nova personagem, a mãe, que lhe despertava raiva:

> Raiva: da pele escura, do cabelo crespo, do nariz, da boca, do quadril largo, das características herdadas dos nossos pais. Por que nascer desse jeito?
> Passamos a nos odiar, odiar quem amamos e todos/as aqueles/as que são parecidos/as com a gente.
> Durante muito tempo odiei as pessoas erradas. Olhava para minha mãe e sentia raiva dela, por ter saído como ela.

Os sentimentos e discursos de raiva e ódio são indexicalizados por índices de referência e de predicação "raiva", "do cabelo crespo", "da pele escura", "do quadril largo", "das características herdadas dos nossos pais" e pela avaliação "por que nascer desse jeito?". As repetições tanto paralelísticas "do cabelo", "da pele", "do quadril" quanto dos itens lexicais "odiar" e "odiei" reforçam as marcas corporais que constituem Preta como negra e indicam o alto grau de rejeição de tais marcas por parte da blogueira antes de seu renascimento. Momentos de dor vivenciados desde a infância são mencionados:

> Ao entrar na escola percebi a dor cruel do racismo. Só quem é preto ou preta vai entender o significado de um apelido na escola (negrinha fedida, cabelo Bombril, macaca, safada...). Saber que você é xingada por conta da cor da sua pele.

Um deles é a consciência do racismo na escola. Esse contato é sinalizado pela predicação "negrinha fedida", "cabelo Bombril", "macaca", "safada". Ainda sobre a discriminação racial, a blogueira pontua:

> A dor do racismo é uma ferida que só dói quando a tocamos. Por isso é fácil entender por que muitos preferem não falar sobre o que sofre. Como é dolorido "o despertar". Sair dessa alienação é passar pelo processo do parto, nascer novamente. E foi isso que aconteceu comigo.

Em seu processo de coconstrução, Preta, como mulher negra e militante, retoma os discursos racistas e das grandes narrativas que silenciam pessoas negras. Ela relata os efeitos semânticos de tais discursos em sua vivência, sinalizados pelos índices de referência e de predicação "dor", "ferida", "dói", "sofre", "dolorido", "processo do parto", que enfatizam a intensidade de sua dor particular. Contudo, ecoam também a dor de outras negras e negros com experiências semelhantes e seus motivos para silenciarem.

Os xingamentos repetidos dentro e fora da sala de aula são atos de fala performativos que marcam os diversos corpos ébanos ao longo de suas vidas e são assimilados desde a infância por muitos negros e negras, que se coconstroem ou se constituem por tais discursos que escravizam. Outro ponto são as estratégias de reação ao racismo:

> No começo buscamos o auxílio da professora. E essa, muitas vezes não julga o racismo sofrido por uma criança algo relevante.

Posicionando-se interacionalmente como preta em relação a sua audiência projetada, a narradora, por meio de índices avaliativos "não", "julga", "sofrido"," muitas vezes" e de predicação "relevante", encena performances identitárias estratégicas para reagir às práticas racistas. Uma delas é a busca pelo auxílio da professora, personagem que não sabia lidar com a situação, o que reforça o despreparo de alguns docentes em desconstruir discursos racistas em sala de aula, como já indicado.

Além de retomar suas dores, a narradora cita a importância de estratégias para lidar com as decepções. Preta reentextualiza aqui uma frase encontrada na internet, atribuída a Veronica Shoffstall[8]. A citação e a modalização epistêmica indicam uma verdade e um julgamento:

> Com isso percebemos, decepcionados, que: "Não importa em quantos pedaços seu coração tenha se partido, o mundo não parará para que você o concerte". E dessa forma aprendemos que estamos sozinhos/as nessa luta e que precisaremos criar estratégias de defesa para sobreviver nessa sociedade que nos exclui. Aprendemos a nos tornarmos invisíveis: Sempre calados, de cabeça baixa, olhos para o chão, o corpo numa tentativa desesperadora de entrar em si mesmo encolhe-se, encurva-se, tornar-se nosso refúgio e também nosso castigo.

Outra performance discursiva estratégica para sobreviver ao racismo e ao despreparo de docentes na escola é encenar performances narrativas que evocam significados de invisibilidade. As pistas linguísticas "estamos sozinhos", "exclui" indexicalizam tais performances. Essa invisibilidade ainda é predicada *antagonicamente* por "refúgio" e "castigo" e pela referência a toda uma performance corporal "cabeça baixa", "olhos para o chão", "encolhe-se" para descrever o corpo ébano invisível.

Ao manter seu posicionamento interacional de mulher preta, a blogueira se envolve na performance de mulher preta e se aproxima ainda mais de sua audiência projetada[9] ao incluí-la explicitamente ao longo da narrativa pelas referências "nós", "nosso" e "nossa":

> Dessa forma vamos mutilando nosso corpo, nossa alma, nosso psicológico. Assimilando cada vez mais as características do opressor, a política do opressor, a cultura do opressor. Um desejo de quem sabe um dia torna-se a cópia do opressor.

Para essa audiência, que pode ter vivido experiências contíguas, Preta relata como os discursos de preconceito e de discriminação racial afetam os corpos negros, ou melhor, como os efeitos semânticos de tais discursos racistas podem afetar os corpos ébano. Alguns índices de re-

---

[8] Disponível em: https://bit.ly/3yW7yvv, acesso em: 11 jul. 2022.

[9] Os comentários dos seguidores do blog ratificam tanto o posicionamento interacional de proximidade à negritude quanto as performances discursivas de Preta ao longo da narrativa. Vale salientar que tais comentários não são foco desta investigação, já que a autorização para a pesquisa dizia respeito somente aos textos da blogueira.

ferência e de predicação empregados por Preta "opressor", "política do opressor", "cultura do opressor", "mutilando nosso corpo, nossa alma, nosso psicológico" permitem aproximá-la ainda mais de uma parte de sua audiência, especificamente aquela conhecedora ou participante de movimentos sociais em defesa do negro. A narradora utiliza uma terminologia e significados recorrentes em nossa sociedade, especificamente voltados para aqueles que participam de movimentos sociais em defesa do homem negro ou da mulher negra.

Enquanto seu posicionamento interacional próximo à negritude enfatiza sua performance discursiva de mulher negra e militante, Preta questiona os discursos de objeto sexual a que as negras são expostas:

> Queria estar no padrão, ser olhada e admirada e não tratada como pedaço de carne, como aquela que é boa como amante (afinal, as negras são historicamente boas de cama, boas amantes, desde da época da escravidão quando eram estupradas pelos seus senhores).

Ela recrimina as performances discursivas que, desde a escravização, transformaram mulheres negras em objetos sexuais. Isso pode ser percebido pela predicação "boas de cama", "boa como amante", "boas amantes" ou "pedaço de carne". A narradora, por meio da modalização deôntica "queria estar no padrão, ser olhada e admirada", sinaliza que desejaria ser tratada de forma diferente das negras, vistas como objeto sexual.

Na narrativa, Preta entextualiza discursos familiares a muitos negros e propagados pela democracia racial, segundo os quais é a pessoa negra quem vê racismo em tudo, indicando que é ela quem seria racista, por abordar a questão racial. Isso pode ser percebido pela modalidade epistêmica, sinalizando um julgamento, e pela citação que inicia este excerto:

> Às vezes escuto pessoas dizerem: 'Vocês negros é que veem racismo em tudo'. Hoje ao ouvir esse tipo de comentário respondo com a maior naturalidade: Sim, Eu que vejo racismo em tudo, afinal sou eu que sofro racismo todo o dia quando saio na rua, quando entro numa loja e a vendedora gruda em mim, quando vou a um salão qualquer e escuto a cabeleireira dizer que vai "dar um jeito no meu cabelo" como se meu cabelo já não fosse ajeitado com jeito crespo dele.

A blogueira enfatiza o racismo que sofre cotidianamente por ser negra e, de fato, viver tais experiências. A modalização epistêmica "afinal sou eu quem sofro racismo todo dia quando saio na rua, quando entro numa loja e a vendedora gruda em mim, quando vou a um salão" confere veracidade à performance da narradora. Por outro lado, observamos uma desqualificação do discurso de pessoas não negras, que desconheceriam ou seriam menos sensibilizadas às performances discursivas discriminatórias sofridas por pessoas negras.

Apesar de sua militância estar marcada em toda a narrativa, ela se torna mais explícita quando Preta aborda a especificidade dessa militância. Tal aspecto é destacado pelo índice avaliativo "jamais", indicando impossibilidade; pela modalização deôntica, sinalizando uma obrigação "enquanto mulher preta jamais poderei deixar de militar" e pelas pistas linguísticas que evocam discursos de luta política "debater", "lutarmos", "revoltar-nos":

> Enquanto mulher preta eu jamais poderei deixar de militar e debater sobre o racismo, pois esse baterá na minha porta todas as manhãs. Uma vez que saímos da caverna, que percebemos que a imagem projetada no fundo da caverna não era a realidade verdadeira, estamos condenados à dor da indignação, a revoltar-nos com as desigualdades dos nossos irmãos e irmãs, a lutarmos em nome de tantos outros/as que lutaram no passado.
>
> Ser preto ou preta é descobrir sua história, entender as lutas e as injustiças do passado, reafirmar sua identidade no presente, visando o futuro das novas gerações que muito ainda terão que lutar.

Além disso, a blogueira se aproxima da negritude ao se posicionar como militante, ao encenar performances de mulher preta e ao conceber o que é ser preta por meio das modalizações epistêmicas ("ser preto ou preta é descobrir sua história, entender as lutas e as injustiças do passado, reafirmar sua identidade no presente..."). Neste momento da sua narrativa, Preta enfatiza uma única possibilidade de se coconstruir como negra, apagando outras possibilidades.

A raça é o foco da história de Preta. O posicionamento interacional da blogueira de aproximação e valorização da negritude se reflete em suas performances discursivas de mulher negra encenadas ao longo da narrativa. Ela faz uso de referência, predicação, citação, índices avaliativos e modalizadores epistêmicos ou deônticos, indicados ao longo deste estudo. Na análise da narrativa, observamos uma série de entextualizações de discursos raciais que permeiam a sociedade na encenação de suas performances narrativas de mulher preta.

Em toda a narrativa, a blogueira, pelo emprego repetitivo do termo "preta", parece ressignificá-lo, atribuindo-lhe sentidos positivos, como, por exemplo, o pertencimento a um grupo militante. Essa ressignificação nos remete à do item lexical queer, que, à luz das teorias queer, passou a indexicalizar outros discursos — ver nota 10 da introdução. O essencialismo estratégico de raça — ver a questão da lógica suplementar na introdução —, observado ao longo da narrativa de Preta, pode tê-la ajudado a renascer e se coconstruir.

Durante a performance narrativa, Preta indicava estar aprendendo a ser de uma raça, ou seja, aprendendo a ser negra. Essas normalizações cristalizam binarismos e não nos possibilitariam compreender a constituição do sujeito social como perpassado e coconstruído por outros traços performativos como gênero, sexualidade, classe social, grau de escolaridade, entre outros, que o desessencializam. Tais naturalizações apagam os outros sujeitos sociais negros, homens e mulheres, que não se encaixam no padrão observado na performance narrativa da blogueira.

Força racial estratégica *vs.* o tempo do devir

Seguindo Goffman (1959/2004), pode-se dizer que as performances narrativas de Preta designam as atividades individuais da narradora, marcadas pela presença contínua de outros. Ela relata o renascimento da mulher negra, sufocada e supostamente influenciada por instituições como a mídia, a família, a escola e cujo desejo era encenar performances de uma "branc[a] meio suj[a]". Ela se distancia de tudo o que a remeteria à negritude.

Após o renascimento, observamos performances discursivas hegemônicas de negritude que também apresentam seus discursos marcados na pele escura, no quadril largo e no cabelo crespo. Apesar de ser possível dizer que a raça foi diluída no gênero, observamos na análise que se mantém a hegemonia da questão racial, o que, segundo Barnard (2004), não possibilitaria compreender a pessoa negra ou, no caso, Preta em sua plenitude, por não considerarmos outros traços que a performatizam.

A blogueira recupera e reentextualiza, nas estruturas capilares de sua performance narrativa, discursos hegemônicos e cristalizados baseados na ciência da raça e/ou democracia racial, propagados há séculos na sociedade brasileira. Ao posicionar-se como mulher preta ou *candace*, a narradora se compreende como um sujeito social que se reinventa a partir de um passado de mulher "branc[a] meio suj[a]".

Vivemos um momento sócio-histórico no Brasil em que os movimentos sociais buscam valorizar a negritude e o reconhecimento dela por pessoas negras, apesar das disputas racistas colocadas pelos movimentos da extrema direita. Nesse sentido, uma mulher negra pôde encenar em um blog sua performance narrativa, exercer a cidadania e lutar por seus direitos, desconstruindo verdades cristalizadas durante a Modernidade, ou a ocidentalização do mundo, quando muitas vozes foram apagadas e destruídas (Bauman, 1992, 2001; Venn, 2000; Santos, 2004; Rampton, 2006)[10].

A narrativa como performance de Preta é um instrumento relevante para conhecermos como a vida social é incorporada nas práticas (Threadgold, 2005). Com a pequena narrativa de Preta, podemos trazer à visibilidade histórias ainda marginalizadas e buscar entender como os sujeitos sociais se posicionam na narrativa e apresentam o mundo onde vivem (Bamberg; Georgakopoulou, 2008; Bamberg, 2011).

Aproveitando as novas possibilidades proporcionadas pela web 2.0, a blogueira transgride o silêncio imposto aos corpos ébano na Modernidade ao contar sua história de renascimento como mulher preta, reconhecer a dificuldade em se aceitar assim e observar os efeitos semânticos dos discursos da ciência da raça e/ou democracia racial em seu próprio corpo, em seu posicionamento interacional relativo a sua audiência e na encenação de suas performances discursivas.

Esse reinventar-se está permeado pelos discursos essencialistas de negritude, pela sedimentação das velhas dicotomias e por um acirramento do binarismo mulher negra *vs.* mulher branca, sendo a primeira considerada inferior à segunda pela sociedade, de modo que a mulher preta precisaria assumir-se, militar e encorajar suas pares a 'tirarem do armário', por assim dizer, sua identidade social de mulher negra específica. Essa mulher preta é compreendida como a única possibilidade

[10] Isso não quer dizer, porém, que o processo característico da chamada Modernidade, ou ocidentalização, tenha cessado. Por isso, muitos preferem se referir ao mundo contemporâneo como modernidade tardia ou recente. Vivemos tempos nos quais a dicotomia "nós *vs.* eles", caracterizada pela alterofobia, constitui as práticas tirânicas e fascistas que parecem reger a vida social em muitas partes do globo. Tais práticas podem ser entendidas como reação aos avanços relativos levados a efeito pelos movimentos sociais, característicos dessa Modernidade (ver introdução do volume).

de ser ou como tendo uma única história a ser contada. Temos aqui a criação de estereótipos, mencionada por Adichie (2009), que gera sofrimentos e sedimenta ainda mais as dicotomias raciais que as teorias queer buscam desnormalizar e desconstruir. Tais discursos são importantes para as lutas políticas, mas são também excludentes, visto que apagam as diversas possibilidades de subjetividades e reforçam os discursos binaristas, combatidos pelas compreensões queer.

Simultaneamente a seu reconhecimento como mulher preta, há a cristalização de uma única possibilidade de se constituir assim. A raça é valorizada como o único traço performativo. Mesmo quando mencionada a questão do gênero, ela está submetida à raça. Há uma sedimentação de discursos de valorização racial que impossibilita desnormalizar qualquer tipo de essência, seja de raça, gênero, sexualidade etc. A essencialização racial apaga outras possibilidades performativas de ser negra(o) no Brasil, um aspecto que pode ser prejudicial aos próprios corpos ébano, ao restringir suas performatividades em relação a quem podem ser. Temos, porém, de entender que a mobilização teórica do que foi chamado de lógica suplementar na introdução deste livro possibilita compreender a essencialização como força estratégica necessária para o renascimento de Preta. Esse é o tempo que Puar (2007) chamou de essencialista, como indicado na introdução.

No entanto, este capítulo também traz a questão racial como um traço performativo para o centro das discussões, tirando a raça da margem e fazendo-a teoricamente atravessar o gênero, a sexualidade etc. Embora o capítulo chame a atenção para a importância da luta política estratégica e fundamental em defesa da negritude, contribui também para o entendimento de que, nas práticas sociais, as pessoas negras podem encenar outras narrativas sobre quem são ou podem ser. Isso significa que as dicotomias hegemônicas de racialização precisam ser desnaturalizadas, porque ratificam os discursos de que a pessoa negra 'deve ficar no seu lugar'. Eis o perigo do que, na introdução do volume, foi referido como "discurso reverso", seguindo Foucault (1976/1988). Em outras palavras, tais dicotomias continuam mantendo muitos sujeitos sociais de corpo ébano na invisibilidade e dentro de limites muito óbvios e bem demarcados sobre quem são. Essa constitui a segunda parte da lógica suplementar com a qual operamos neste volume, referida por Puar (2007) como o tempo do devir.

Capítulo 5
As performances discursivo-identitárias de mulheres negras em uma comunidade nas redes sociais

Glenda Christina Valim de Melo e Luiz Paulo da Moita Lopes

Aqui não se trata apenas da questão de como o discurso fere os corpos, mas de como certas feridas estabelecem certos corpos nos limites de ontologias disponíveis, esquemas disponíveis de inteligibilidade. E ainda, como é que os seres abjetos acabam por se colocarem por meio dos e contra os discursos que procuraram repudiá-los?

J. Butler (2003: 153)

Este capítulo dá prosseguimento à investigação sobre performances identitárias encenadas por mulheres negras em comunidades das redes sociais. Novamente, tal opção se justifica porque, de acordo com os estudos de Venturi e Recaman (2009), as desigualdades entre brancas e negras estão em todos os campos da sociedade. Além disso, segundo Ribeiro (2009: 89), a perpetuação do machismo e do racismo produz diversos "estigmas de objeto sexual, serviçal e subserviência" sobre essas mulheres. Apesar disso, no campo dos estudos linguísticos aplicados brasileiro tem havido, em geral, pouco interesse em focalizar as questões raciais, ainda que se tenha tratado, com grande ênfase, das questões de discurso, gênero e sexualidade, como já mencionado no capítulo anterior.

Temos a urgente necessidade de abrir espaço para as vozes apagadas na Modernidade e tornar visíveis as mulheres negras (Venn, 2000; Santos, 2004). Vamos entendê-las aqui na perspectiva de Hall (1992/2006: 12), "como sujeito[s] [sem] uma identidade fixa, essencial ou permanente", com encenação de identidades contraditórias, em diferentes contextos e momentos e sem um Eu coerente, reinventado e socioculturalmente coconstruído pelo outro, pela linguagem e pela história.

A essa perspectiva de sujeito social, acrescentamos os pressupostos da linguística aplicada INdisciplinar proposta por Moita Lopes (2006/2016) e Pennycook (2006), pois, para entender as mudanças na nossa sociedade e na nossa vida social, é necessário reteorizar o sujeito social, considerando o corpo que o constrói no mundo social e não o apagando como tradicionalmente tem sido feito. Partimos de uma ótica em que os binarismos sobre a vida social são deixados de lado e novas sociabilidades são compreendidas como situadas na fronteira, sem identidades fixas e estanques, como propõem Moita Lopes e Bastos (2010). Nesse sentido, amparamo-nos nas teorias queer para compreender os Discursos de raça como perpassados pelo gênero, pela classe social, pela sexualidade etc.

Primeiro, apresentamos um breve histórico da questão racial, de modo a situar a pesquisa no Brasil; depois, introduzimos a problemática racial na perspectiva das teorias queer. A seguir, abordamos os construtos analíticos enquadre e alinhamento, propostos por Goffman (1998). Finalmente, empreendemos a análise de dados oriundos de uma comunidade de afinidade nas redes sociais, com o objetivo de estudar as performances identitárias encenadas por mulheres negras.

A história dos negros e das negras: breve retrospectiva

A história dos negros e das negras no Brasil é fruto da Modernidade, que almejava estabelecer verdades universais (Venn; 2000; Santos, 2004). Nela, deparamo-nos com a cristalização de binarismos que perpassam o cotidiano, inclusive nos dias atuais, em uma Modernidade persistente. É nesse contexto que compreendemos os discursos referentes às pessoas negras e às suas histórias. Para entendermos os efeitos de tais discursos hoje, precisamos nos ancorar na história, cujos fatos atestam a irrelevância dos corpos negros e os significados negativos a seu respeito ao longo dos séculos nas práticas sociais entre pessoas brancas e não brancas[1].

Diferentemente de outras diásporas negras, no Brasil encontramos sedimentado, desde a escravização, o discurso de convivência pacífica, harmoniosa e cordial entre brancos e negros. Para Henrique (2007: 2), a pesquisa de Freyre (1933/2005) colaborou para a construção de tal mito e, acrescentamos, do Discurso segundo o qual este país seria uma nação constituída por três raças: o índio, o negro e o branco, que conviveriam pacificamente, mesmo sob o poder oligárquico do senhor de engenho. Os escravizados viveriam uma situação paternal e fraternal com esse senhor, retratada em *Casa-grande & senzala* (1933), de Gilberto Freyre, que segundo Telles (2003: 50) influenciou toda a construção social e discursiva de miscigenação e da chamada democracia racial[2] no Brasil dos anos 1930 até o início dos anos 1990.

De acordo com Telles (2003) e Sodré (1999), com a propagação dos discursos de democracia racial durante o Regime Militar, especificamente entre 1967 e 1974, apagou-se o racismo e singularizaram-se as diferenças e as possibilidades de ser negro. Consequentemente, quem desconstruísse esse discurso e abordasse o racismo era acusado de racista. A respeito da produção de discursos, Foucault (2001/2010: 8) diz:

> Suponho que em toda sociedade a produção do discurso é ao mesmo tempo controlada, selecionada, organizada e redistribuída por certo número de procedimentos que têm por função conjurar seus poderes e perigos, dominar seu acontecimento aleatório, esquivar sua pesada e temível materialidade.

Os efeitos dos discursos de igualdade inverteram o discurso racista: a miscigenação seria a marca da ausência de preconceitos e dos efeitos sociodiscursivos citados por Sodré (1999). Segundo Telles (2003), há uma quebra de paradigma em relação aos discursos de democracia racial quando o racismo, com os quais as pessoas negras estão familiarizadas, é revelado pelo trabalho de Florestan Fernandes (1964). Nele, são divulgados academicamente os primeiros indícios da desigualdade racial e do racismo no Brasil. Com o país de volta à democracia nos anos 1980, os

---

[1] Termo utilizado para especificar outras raças além da negra.

[2] Veja Sodré (1999), Telles (2003) e Henrique (2007) para discussões sobre a democracia racial.

movimentos negros puderam denunciar o preconceito racial e exigir políticas públicas voltadas para negros e negras. O processo de desconstrução dos discursos citados torna-se mais evidente nos governos de Fernando Henrique Cardoso e de Luiz Inácio Lula da Silva, que reconhecem um Brasil permeado por um racismo, muitas vezes, explícito.

Esses atos de fala performativos da democracia racial foram assimilados por muitos brasileiros e reforçados a cada enunciação durante séculos. Entender a linguagem como ação é relevante em nossa discussão, porque é por meio dela que os corpos são constituídos nas práticas sociais, ou seja, o discurso é central na reinvenção do outro e de nós mesmos. Por meio da linguagem, compreendida como ação no mundo (performance), agimos nas práticas sociais e podemos nos reinventar (Pennycook, 2007).

Ao pensarmos a raça em contexto brasileiro, os atos de fala de democracia e igualdade racial são performativos, porque foram repetidos em contextos diversos, naturalizando e sedimentando o conceito de raça como o conhecemos. A repetição de tais atos de fala levaria à compreensão de que há igualdade racial no Brasil, de que as pessoas negras não seriam inferiores às não negras e de que as oportunidades seriam idênticas para todos e todas. Os efeitos discursivos dessas tentativas de escamotear a hegemonia racial branca e de controlar os negros e as negras têm gerado sofrimentos e dores.

Os discursos essencialistas típicos dos movimentos negros são estratégicos e necessários em situações diversas, como no combate ao racismo ou aos discursos de democracia racial. Contudo, se enfocarmos cuidadosamente os discursos antirracistas que celebram exclusivamente o 'ser negro consciente', ainda que tenham uma face contestatória às práticas e aos discursos racistas, entenderemos que, por vezes, eles podem igualmente ratificar a dicotomia modernista branco *vs.* negro, assim como o binarismo negro consciente *vs.* negro não consciente, por defenderem visões essencialistas e fixas de ambas as identidades. Assim, pensando na possibilidade de 'aliviar' esse sofrimento, parece-nos necessário questionar e desconstruir os paradigmas e os discursos raciais que propagam essencialismos normalizadores de qualquer natureza.

Embasamo-nos nas teorias queer para reinventar a condição do 'ser' negro, compreendendo-o como sujeito social fragmentado e construído discursivamente por gênero, sexualidade, classe social, pelo grau de escolaridade, raça etc. — e não exclusivamente pela última, como fazem os discursos modernistas. Nesse sentido, tais teorias podem nos trazer benefícios epistemológicos por compreenderem a raça como efeitos discursivos sobre os corpos, perpassada por outras categorizações presentes na tessitura do sujeito social.

Contexto e metodologia de pesquisa

No atual momento histórico, um espaço rico para discussões sobre a vida social em performance é a internet. Com a web 2.0 propiciando recursos de interatividade e acesso às redes sociais, grupos diversos se reúnem em comunidades nas redes para contestar, refletir e compartilhar informações ou experiências vivenciadas no mundo presencial ou virtual. Por meio dos novos letramentos digitais, muitos sujeitos sociais, incluindo negras e negros, deixam a invisibilidade para abordar os problemas que enfrentam, como discutido no capítulo 4, podendo se reconfigurarem. Na web 2.0, "a tela do computador deixa de ser somente um local onde se busca informação e passa a ser principalmente um lugar de construção, de disputa, de contestação de significados" (Moita Lopes, 2010: 398)[3], por exemplo, de temas tabus como sexualidade, aborto e raça.

Por isso, esta pesquisa foi realizada em uma comunidade nas redes sociais, CN[4], voltada para discutir temas sobre a população negra. Ela foi criada em 2004 por uma mulher negra e, além dela, há também outros quatro moderadores negros. No último acesso, 30 de outubro de 2012, havia aproximadamente 29.000 membros. A maioria dos participantes são negros e negras de diferentes classes sociais, estados brasileiros e graus de escolaridade.

A página segue determinado padrão. No canto esquerdo, há o nome da comunidade e uma imagem de uma máscara, remetendo às tribos africanas. No centro da página, chama-nos a atenção um poema que relata o reencontro com as origens africanas em arquivos envelhecidos. Toda a comunidade, em seus enunciados, subscreve a proposta, explícita na página, de discutir apenas temas voltados para a comunidade negra. Quanto aos fóruns, há uma grande diversidade de temas discutidos,

---

[3] É claro que a internet se presta também a usos antiéticos. Mas aqui nos interessa tornar visíveis práticas discursivas no mundo online que possam colaborar para a reinvenção social. Os usos de *fake news* são apenas um exemplo do que tem sido mobilizado nas redes sociais, inclusive por partidos políticos de extrema direita (ver Moita Lopes; Pinto, 2020).

[4] Alguns procedimentos éticos foram adotados: foi solicitada autorização para realizar a pesquisa aos membros da comunidade e a renomeamos com a sigla CN.

tais como: religião, África, igualdade racial, discussão de propagandas e reportagens diversas, política, cotas raciais, consciência negra, racismo etc. As discussões são, muitas vezes, acirradas.

Após observar a comunidade, a participação dos membros no fórum e ler comentários por três meses, mas sem efetivar a participação, iniciamos um fórum no dia 7 de julho de 2011. O título adotado foi "Mulheres negras brasileiras", conotando a ideia das diversas possibilidades de ser mulher, negra e brasileira. O texto inicial foi apresentado com o intuito de provocar reações nos membros e contar com sua participação:

> Sou novata nesta comunidade e tenho acompanhado as discussões por aqui. Tenho três aspectos que gostaria de apresentar:
>
> (1) À medida que a mulher negra estudaria e ascenderia socialmente, ela encontraria dificuldades para se colocar no mercado de trabalho, já que estaria disputando o mesmo espaço que a mulher não negra. Ocorre, então, uma luta constante para que ela se insira e se mantenha nesse mercado.
>
> (2) Além disso, essa mulher, ao sair da invisibilidade e ocupar cargos mais altos, teria que provar sua competência o tempo todo, nas situações mais diversas possíveis e com salários muitas vezes desiguais.
>
> (3) Quando essa mesma mulher ascende socialmente, é bem-sucedida depois de muito lutar, ela enfrentaria a solidão e seria excluída de relacionamentos com homens negros e não-negros. O que vocês pensam sobre isso? Abraços

O fórum, estudado por quinze meses, contou com a presença de quinze membros (seis negras e nove negros), todos ativos na comunidade. Neste capítulo, o enquadre analisado é de uma conversa online entre mulheres negras sobre trabalho, competência e relacionamentos afetivos, ou seja, o foco está na interação entre Nina, Lívia, Nara e a coautora deste capítulo, a pesquisadora Glenda Melo, como veremos na análise. Optamos por tal enquadre visto que nele há uma única participação masculina, não ratificada pelas participantes e que não influencia na coconstrução das performances identitárias dessas negras nesse ponto da interação.

Quanto à metodologia de pesquisa, nosso trabalho é de cunho etnográfico virtual. Uma das críticas à etnografia virtual é a ausência da presença física do pesquisador, mas para Hine (2000, 2020), as TIC trariam uma nova perspectiva de presença, temporalidade e espaço. Parece pertinente considerar o papel transformador da tecnologia, ou seja, o fato de que a interação, por meio dos recursos tecnológicos entre seres humanos, pode mudar as práticas sociais, mesmo que seja apenas no mundo online, já que não podemos prever os efeitos discursivos de tal interação (ou, na verdade, de qualquer outra). No entanto, como dito na introdução do livro, hoje as inter-relações entre as práticas online e offline são tamanhas que são referidas agora como onlineoffline.

Nosso instrumento de geração de dados foram mensagens trocadas entre as participantes citadas e a pesquisadora. Para a análise das performances identitárias construídas nas interações do fórum, embasamo-nos nos conceitos de alinhamento e enquadre de Goffman (1979/1998). Optamos por essas duas categorias interacionais por contribuírem para a compreensão das interações em ambientes virtuais e das performances discursivas construídas neste espaço. Tais construtos consideram as relações entre indivíduos em encontros que constroem, em sua essência interacional, as estruturas sociais, culturais e políticas. Entendendo a internet como espaço de interação, encontros, contestação e participação colaborativa, tal ambiente também pode ser visto como um lugar onde práticas sociais diversas colaboram para a constituição de tais estruturas, mencionadas pelo estudioso.

> Para Goffman, a experiência social é governada eminentemente por "enquadres" (*frames*), cuja relevância está exatamente em demonstrar que os eventos, ações, performances e os 'eus' não representam [*sic*] significados *per se*, mas dependem dos enquadres para coconstruírem e representarem [*sic*] significados culturais através da linguagem em uso (Rodrigues Junior, 2005: 127-128).

Nossa noção de enquadre, ou seja, de qual atividade estaria sendo realizada e quais sentidos são dados pelos falantes ao que dizem, nos permite analisar que performances identitárias são encenadas nos fóruns. Enquanto o alinhamento é compreendido por Goffman (1979/1998: 70) como

> a postura, a posição, a projeção do 'eu' de um participante na sua relação com o outro, consigo próprio e com o discurso em construção. *Footings* são introduzidos, negociados, ratificados (ou não), cossustentados e modificados na interação.

Toda mudança de posicionamento implica também uma mudança de alinhamento assumido pelos participantes dessa conversa escrita. O alinhamento expressaria como os sujeitos sociais recebem as elocuções na interação. Qualquer alteração de alinhamento ocasionaria uma mudança de enquadre dos eventos. Pelo *footing*, analisamos o posicionamento dos participantes na interação. Diferentemente da conversa oral, o fórum admite muitos participantes, que podem interagir pela leitura e pela escrita independentemente de sua localização no tempo e no espaço. Vale salientar que tanto alinhamento quanto enquadre foram observados com base nas pistas linguísticas que constituem as mensagens trocadas entre os participantes e que indexicalizam, assim, as performances identitárias.

A análise

Enfocamos, na análise, *posts* produzidos por cinco participantes: Nina, Lívia, Nara, Sérgio e Glenda (pesquisadora). A interação é iniciada pelo comentário de Glenda transcrito acima, em que ela se apresenta como uma mulher negra recém-chegada à comunidade. Ela também diz que acompanha as discussões, mas não explicita de quais delas tem participado. A seguir, há um questionamento aos membros sobre três temas, transformados em tópicos interacionais[5] pelas participantes: trabalho, competência no trabalho e relacionamentos afetivos.

Nos dois primeiros — trabalho e competência — são empregados verbos no futuro do pretérito "estudaria", "ascenderia", "encontraria" e "estaria" e o presente do subjuntivo "insira" e "mantenha", o que indexicalizaria discursos ou o enquadre interacional de hipótese. Encontramos no terceiro tópico interacional — relacionamentos afetivos — o presente do indicativo, relatando uma ação cotidiana, e o futuro do pretérito, reforçando o mesmo enquadre interacional de hipótese. Ao final da instrução, há uma clara interpelação às participantes, indicada pelo uso do pronome "vocês" e pelo verbo "achar".

No mesmo dia da postagem da instrução, as interações são iniciadas por duas participantes, Nina e Lívia, que cumprimentam a pesquisadora pelos temas sugeridos, concordando com as questões apresentadas e complementando com exemplos ou explicações. As duas participantes se engajam na discussão, defendendo a postura pró-negritude presente nos discursos da comunidade.

As participantes se identificam como mulheres, negras, solteiras e bem-sucedidas, o que é indicado pelo uso de pronomes pessoais como "nós"

---

[5] Moita Lopes (2010: 403), seguindo Brown e Yule (1986), compreende que "o tópico interacional é determinado pelo que chamam de 'arcabouço do tópico', ou seja, 'aqueles aspectos do contexto diretamente refletidos no texto e que precisam ser trazidos à tona para interpretar o texto; [tais aspectos] constituem o arcabouço contextual dentro do qual o tópico é construído, ou seja, o arcabouço do tópico' (Brown; Yule, 1986: 75)". Essa questão "envolve uma análise constante sobre por que o falante disse o que disse em uma situação particular de conversa" (*id.*, *ibid.*: 77).

ou "eu" como sujeito oculto ou claramente marcado no texto, além do emprego dos itens "a gente", "nos", "você". O uso do tempo verbal presente do indicativo "concordo", "estou", "sou", "tenho", "estão", "conheço", "é", "sei" etc. indexicaliza a expressão do cotidiano e a opinião das mulheres negras brasileiras nessa interação. Dos três temas sugeridos, os dois primeiros — trabalho e competência — são abordados, mas o terceiro — relacionamentos afetivos — foi o mais explorado pelas participantes.

Quanto aos tópicos interacionais sobre trabalho e competência, Nina, Lívia e Nara se alinham à pesquisadora e entre si. Todas refutam o estigma de "serviçal e subserviente", citado por Ribeiro (2009: 89) como característico das performances de negros(as) segundo a ciência da raça.

Excerto 1

1 **Participante Nina - 05/07/2011**
2 Oi Glenda, seja bem-vinda. \o/. Acho muito interessante esse assunto, porque as mulheres negras
3 são duplamente discriminadas, a gente sabe. Nessas discussões de ascensão negra e dificuldades
4 de trabalho, a gente deixa passar uma reflexão muito importante: Se estamos nos qualificando
5 profissionalmente, buscando altas escolaridades, por que nos imaginamos sempre como
6 empregad@s? Precisamos ter desejos empreendedores também, oras. Também somos capazes de
7 estarmos na chefia, abrir empreendimentos, e pressionar o Governo a dar suporte a
8 microempresários negras e negros. Então a mulher negra na chefia tem que ser vista por nós
9 como algo totalmente possível. Já imaginou, você vai procurar um emprego numa empresa e a
10 dona é uma mulher negra ? Maravilha, né ? Quanto à questão amorosa, geralmente as mulheres
11 negras com alta escolaridade se casam com brancos e tardiamente, mas a partir da
12 conscientização do homem negro, casais negros bem-sucedidos financeiramente será algo
13 corriqueiro. Cabe a nós nos valorizarmos e buscarmos o amor afrocentrado.

Ao tentar se alinhar à pesquisadora, Nina introduz uma reflexão e uma indagação, mencionando a responsabilidade da profissionalização das mulheres negras e colocando a questão como um problema que deve ser resolvido apenas por pessoas negras, sem considerar a influência de outras raças na constituição do sujeito social. Em relação à identificação e à política (Wilchins, 2004), Nina também aborda (l. 4-10) a importância de as mulheres negras se identificarem com outras negras bem-sucedidas ao procurarem emprego. Ainda operando nesse mesmo tópico interacional, vê-se que, no excerto 3, Nara se alinha a Nina ao mencioná-la para ratificar o que ela disse sobre a formação, os cargos de chefia e o empreendedorismo das mulheres negras. Nara introduz a questão do racismo e dos estereótipos diversos ao avaliar as performances das mulheres negras quanto ao mundo do trabalho e das relações amorosas.

Ao alinhar-se à pesquisadora, Nina encena performances identitárias indexicalizadas por pistas linguísticas que identificam o gênero, "mulheres" (l. 2), a raça, "negras" (l. 2), a classe social, "dona" (l. 10) e a sexualidade, "casam com brancos" (l. 11).

Interrompendo o enquadre principal, deparamo-nos com um microenquadre em que um homem negro (Sérgio) tenta desarticular o enquadre geral dessa conversa online entre quatro mulheres negras sobre trabalho e relacionamentos afetivos, denunciando racismo contra uma mulher negra:

Excerto 2

Participante Sérgio - 05/07/2011
Participe tb. Fale. Não fiquem só lendo.
Participante Sérgio - 05/07/2011
Racismo na UFSM - mande email
https://bit.ly/3zUrVtr

Primeiro, Sérgio sugere que outros membros participem da 'conversa', depois introduz outro tópico interacional por meio de um link que direciona para outro fórum da mesma comunidade. O tópico interacional é disputado e dirigido para uma ação de afrociberativismo. Nele, há uma mensagem solicitando que se encaminhe um e-mail de abaixo-assinado à Procuradoria Geral da República para investigar um caso de discriminação racial contra uma negra em um processo seletivo na área de bioética de uma universidade federal do sul do país.

Contudo, as participantes não ratificam o movimento interacional de Sérgio e retomam o enquadre central — conversas online de mulheres negras sobre o trabalho, competência e relacionamentos afetivos — e se realinham entre si, conforme os tópicos interacionais propostos pela pesquisadora e por elas. Isso pode ter ocorrido porque o participante introduz um tópico interacional não relacionado ao que Nina, Lívia e Nara abordavam. A retomada do enquadre da conversa online citado ocorre quando a participante Lívia manifesta sua concordância com a mensagem inicial da pesquisadora na linha 20:

Excerto 3

19 **Participante Lívia - 05/07/2011**
20 Concordo com tudo o que Glenda falou, os 3 itens. Conheço pelo menos umas 15 negras bem
21 sucedidas que estão sozinhas e eu sou uma delas. Teria opção de me casar com brancos ou então
22 com negros conscientes, porém, muito mais jovens que eu. Os mais velhos já são casados ou
23 querem brancas mesmo.
24 **Participante Nina - 05/07/2011**
25 Conhecem algum site de namoro afrocentrado? no site da revista Raça tinha algo do tipo, não sei
26 se tem ainda...quero entrar num...XD
27 **Participante Lívia -- 05/07/2011**
28 Nina, Podíamos abrir um site no estilo destes que existe por ai, era black porém... Já sabe, né?rs
29 **Participante Lívia- 05/07/2011**
30 Dá uma olhada nesta decepção...rs...
31 http://www.orkut.com.br/Main#Community?cmm=23746038
32 **Glenda Valim de Melo - 06/07/2011**
33 Olás, Obrigada pelas boas-vindas e espero que estejam bem. Gostei muito das respostas, acho
34 que é um problema que muitas mulheres negras enfrentam. Acho ótimo nos depararmos com
35 mulheres negras bem sucedidas, já temos mulheres empreendedoras e penso que pouca voz é
36 dada a negra que falamos aqui... o que acham? Quanto à solidão, concordo! Conheço várias que
37 são financeiramente independentes e tudo mais... e estão sozinhas... por que será que isso

38 acontece? abraços
39 **Participante Lívia- 07/07/2011**
40 Glenda, as mulheres bem sucedidas, em geral, ficam sozinhas. No caso das negras é ainda pior.
41 Em parte é por conta do machismo mesmo, pq uma parcela (nem todos) não aceitam que suas
42 mulheres ganhem mais que eles ou que trabalhem fora, entre tantas coisas. Por algum motivo,
43 eles se sentem diminuídos, sei lá. Já fiz a pergunta a alguns homens e eles disseram que sentem
44 medo de mulheres inteligentes...ha,ha,há Mas acho que a fala masculina seria muito bem vinda
45 aqui, não?Vamos ver se eles se pronunciam... he,he,he
46 **Participante - Nara- 07/07/2011**
47 achei o tópico mto interessante!
48 tb concordo com td o que foi colocado e isso é inclusive comprovado (ja vi a pesquisa, mas não
49 tenho a fonte pra postar): a maioria das mulheres solteiras maiores de 30 anos sao negras. e
50 mulher negra tem um caminho árduo pela frente. além de lutar por seu lugar ao sol como mulher,
51 precisa lutar contra o racismo e contra os milhares de estereótipos relacionado a sexualidade,
52 nacionalidade e confiança. e isso é fogo. na primeira etapa do processo, acho que já estamos nos
53 saindo bem. com melhores formações os cargos de chefia viram e eu acredito que mtas já
54 pensam empreendedoramente, como a n. disse. saber os relacionamentos, claro que ter um
55 parceiro é bacana, né? dormir e acordar junto td dia, ter alguém em que vc ama e confia, que
56 cuida de vc... mas nesse caso mais que ter independência financeira, devemos ter independência
57 sentimental. conheço mtas mulheres bem sucedidas que estão solteiras, mas tb conheço mtas
58 mulheres bem sucedidas que estão com parceiros que não valem o feijão que comem, como diria
59 minha avozinha! e isso é pior... nesse caso, fico com a máxima do antes só que mal
60 acompanhada.

Quanto ao tópico interacional "relacionamentos afetivos", deparamos com alinhamentos de concordância entre Lívia, Nara e Nina (p. ex., l. 2, 3, 10, 11, 40, 47, 48). Observamos também um alinhamento de cumplicidade e de brincadeira entre Nina e Lívia (l. 25-31). Nina e Lívia se alinham em cumplicidade ao discutirem a questão dos relacionamentos afetivos e exemplificarem o tema com base em suas próprias vivências ou nas de conhecidas (l. 20 e 21). Elas ainda apontam alguns motivos para tais mulheres estarem sozinhas. Ambas também introduzem o tópico interacional "casamento" e abordam a importância de conscientizar os homens negros e heterossexuais sobre a valorização de "amor afrocentrado" (l. 10-13, l. 21 e l. 22).

Para ambas, que se consideram negras conscientes, a possibilidade de se relacionar com homens de outras raças é refutada. Outro aspecto relevante é a questão da sexualidade. Há a concepção de que negros e negras teriam somente relacionamentos heteronormativos, desconsiderando que a sexualidade, assim como a raça, também é uma "invenção social" (Louro, 2000: 9), apagando a possibilidade de relacionamentos homoafetivos entre esses sujeitos sociais (ver, contudo, Moita Lopes, 2020). Encontramos aqui um padrão hegemônico quanto à sexualidade e aos relacionamentos, presente também na mensagem inicial da pesquisadora.

Ainda nesse alinhamento de cumplicidade entre Nina e Lívia, especificamente sobre os homens brancos citados por ambas, haveria a possibilidade de se casarem com eles, mas elas se posicionam contrariamente às performances de relacionamentos inter-raciais (l. 11, 12, 13, 21 e 22). Percebemos o reforço do binarismo branco *vs.* negro e também outra dicotomia negro consciente *vs.* negro não consciente. A segunda dicotomia se refere a negros que seriam conscientes de sua negritude e teriam um discurso político a favor dela.

Observamos um alinhamento de brincadeira entre Lívia e Nina, quando a segunda pergunta sobre um site de relacionamentos específico para negros e negras (l. 25-31). Nina cita um site da revista *Raça*, cujos leitores projetados são negros. Lívia, por sua vez, indica um link de uma agência de namoro, cujo nome envolve a palavra 'black', dando indícios de que seria voltada para negros. Lívia ainda classifica a comunidade de "decepção", sem justificativas para tal.

Observamos também a influência da linguagem informal da web 2.0 nas mensagens de todas as participantes. Elas fazem uso de símbolos:

- l. 6: empregad@s (não marcando o gênero da palavra ou marcando uma profissão específicas de mulheres negras);
- l. 45: “he, he, he” (risadas);
- além de abreviações: “td”, “tb”, “pq”, “vc” para as palavras: tudo, também, porque e você.

Notamos a influência do ambiente descontraído do fórum na linguagem das participantes, que ajuda a construir as performances identitárias informais que encenam.

No alinhamento entre Lívia e a pesquisadora sobre o tópico interacional “relacionamentos afetivos”, a primeira enfatiza que a situação é pior para as mulheres negras e sugere motivos para a solidão delas, tais como “o machismo” (l. 41), “o salário maior da mulher” (l. 42) e “o medo de mulheres inteligentes” (l. 44). Observamos que a participante encena performances identitárias contraditórias, ora mais essencialistas, ora menos. A primeira pode ser percebida quando Lívia valoriza apenas a questão racial ao dizer que “no caso das negras é ainda pior” (l. 40). Já a segunda é observada quando a participante pontua o “machismo” (gênero), “o salário maior da mulher” (classe social) como razões para a solidão das mulheres negras.

Ao final da mensagem de Lívia (l. 44-45), há um convite aos homens da comunidade para participarem. O convite explícito de Lívia desenvolveu um novo enquadre — conversa online entre negras e negros sobre mulheres negras no trabalho e relacionamentos afetivos — a partir da linha 61. Esse não é foco de análise neste capítulo, embora tenha sido projetado sobre a interação em seu desenvolvimento.

Durante a conversa online, a participante Nara reforça seu alinhamento de concordância com as outras participantes e com a pesquisadora, quando menciona uma pesquisa abordando o tema “mulheres negras e solidão” (l. 48). Entretanto, não se alinha com Nina e Lívia ao discutir o tópico interacional. Nara se posiciona de forma diferente sobre os relacionamentos, porque introduz a importância da independência sentimental, defendendo a postura do ‘antes só que mal acompanhada’ (l. 56-60). Nara não ratifica o discurso segundo o qual as negras devem se relacionar apenas com negros. Percebemos um alinhamento de discordância de Nara com Lívia e Nina no trecho a seguir, retirado de outro momento de interação cujo enquadre é mulheres e homens negros conversando sobre mulheres negras. Tal trecho dialoga com o apresentado no excerto 3 e constitui uma fala de Nara:

> **Nara:** me referi a namorar uma pessoa não-negra, pq sei que o histórico da comunidade é tender a apoiar os relacionamentos entre negros, o que eu super aprovo tb, desde que não joguem pedra em quem não escolheu o mesmo. lembra do post do MVbill que o povo reclamava de ele ser casado com uma branca? assim como já falaram de outros lideres negros na mesma situação... isso pra mim não diminui a consciência de ninguém, desde que a pessoa seja consciente de verdade e o MVBill no caso, é. daí ele vai fazer o que? divorciar pq a mulher é branca e procurar uma negra? aahh, o buraco é mais embaixo, né...

Em referência à questão do gênero e sexualidade, é necessário contestar a relação de poder que os binarismos expõem e os efeitos discursivos disso nas práticas sociais diversas (Butler, 1990/2003). Isso se observa na fala de Nara: ela traz à tona o fato de a comunidade não aprovar relacionamentos inter-raciais, discute os efeitos dessa norma — negros se relacionarem com negras — e se contrapõe à essencialização. Nara é a participante que interroga a postura essencialista adotada pelas outras.

Entre as três participantes, há uma compreensão de que os problemas vivenciados pelas negras são mais prementes por causa da questão racial, uma visão corroborada pelos estudos de Venturi e Recaman (2009), anteriormente indicados, incluindo tanto a vida no trabalho quanto a afetiva.

Discussão

A proposta de entender as performances identitárias de mulheres negras permeadas por sexualidade, gênero, raça, classe social e grau de escolaridade nos possibilita compreender que, ao longo da interação, as participantes oscilam entre uma postura que pode ser tomada como tendo um viés queer, principalmente Nara, e performances essencializadas, como observadas nas participações de Nina e Lívia. Considerando o contexto da pesquisa, a comunidade, sua política e seu objetivo, as participantes tenderiam a apresentar um discurso pró-negritude, com o olhar voltado apenas para a questão racial ao abordar os três tópicos interacionais discutidos no fórum. Contudo, quanto ao tópico interacional 'trabalho', as participantes circulam em discursos que interseccionam raça, gênero, classe social e grau de escolaridade. Elas questionam a lógica de que à raça negra são destinadas as carreiras invisíveis, ao comentarem que as negras precisariam ocupar outros cargos e serem empreendedoras.

Por outro lado, pelo fato de serem negras, essas mesmas mulheres teriam de lutar ainda mais por seus direitos e contra os preconceitos/estereótipos diversos, mostrando uma sobreposição da raça em relação aos outros traços de suas performances discursivo-identitárias. Ao mesmo tempo que Nara, Lívia e Nina se aproximam de uma posição mais queer, por encenarem performances identitárias que contestam os sentidos normatizados e cristalizados sobre as mulheres negras e o trabalho, elas também destacam a questão racial como central. Ao interagirem sobre o tópico "relacionamentos afetivos", as participantes encenam performances de mulheres negras, críticas, solteiras, bem-sucedidas, que, em sua maioria, apoiam relacionamentos afetivos apenas com homens negros conscientes. Notamos um posicionamento essencialista e político em defesa da valorização da mulher negra e do homem negro, vistos como sujeitos sociais unos e com identidades fixas. Identificamos também performances de mulheres negras bem-sucedidas, heterossexuais e que se casariam com homens negros conscientes, conforme encenado por Nina e Lívia (l. 25-31).

Uma análise que contempla apenas a raça isoladamente pode propiciar uma visão incompleta das mulheres negras (Wilchins, 2004: 115). Nara é a única a encenar performances discursivo-identitárias mais maleáveis, apoiando tanto relacionamentos inter-raciais quanto intrarraciais. Já Lívia e Nina encenam performances mais pró-negritude quando discutem o mesmo tópico. No contexto digital em que estão inseridas, ou seja, na comunidade CN, as participantes se movem, segundo hooks (1994: 130), "além das fronteiras", tendo o direito de encenar performances contestadoras e questionadoras, ao abordarem o machismo ou outras questões que coloquem as mulheres negras em situação de inferioridade diante de homens negros ou não negros. Essas participantes estão no mundo online, tendo suas vozes ouvidas e se tornando visíveis, sem terem seus discursos silenciados, como resultado da apropriação dos discursos de democracia racial.

Considerações finais

Por meio dos chamados novos letramentos digitais, os usuários de redes sociais podem contestar as lógicas que permeiam o contexto sócio-histórico em que vivem no mundo onlineoffline. A internet, especificamente a web 2.0, é um espaço onde nossas performances identitárias podem ser reinventadas ou reconfiguradas. No anonimato da rede, seus usuários podem desconstruir sentidos normatizados e se reinventarem[6]. Negras e negros podem abordar tópicos sem o risco de seus discursos serem deslegitimados ou desconsiderados. Apesar do reconhecimento da necessidade relativamente recente da iniciativa de ações afirmativas no Brasil, os discursos de democracia racial ainda permeiam as diversas interações a que brancos e não brancos estão expostos, considerando aquele(a) que discute raça como racista (Telles, 2003; Sodré, 1999).

Em tal quadro de performance discursivo-identitária, as participantes projetam na interação sentidos ora racializados e essencializados, ora mais próximos às propostas das teorias queer. No primeiro caso, a construção de sentidos está mais voltada para a valorização da raça em detrimento de outros traços identitários, especificamente, no tópico interacional referente aos relacionamentos afetivos. E no segundo caso, há uma compreensão de que as mulheres negras são constituídas por gênero, raça, sexualidade, classe social e grau de escolaridade, além de questionamentos quanto à normalização de que às mulheres negras caberiam apenas profissões subalternas e invisíveis. Tal compreensão se aproxima da teorização queer, que busca contestar as normalizações e essencializações identitárias. Essas performances podem ser entendidas como um avanço nas discussões raciais, porque questionam a regra da comunidade estudada de que seríamos construídos apenas pela raça.

No entanto, simultaneamente à sedimentação do binarismo negra *vs.* branca, vemos a construção discursiva de outra dicotomia: negra consciente *vs.* negra não consciente. Em se tratando dos negros, ao considerar apenas esses dois binarismos, estaríamos valorizando a raça como o traço identitário performativo único e supremo, desconsiderando gênero, sexualidade, classe social, grau de escolaridade e os diversos contextos em que vários negros e negras vivem no Brasil e nos quais são sempre outros. Em tal perspectiva, continua-se a operar com a visão de identidade homogênea e completa para esses corpos ébano, que em

[6] Isso não quer dizer, por outro lado, que em tais espaços online não possa haver cristalizações de sentidos. No entanto, o anonimato característico desses espaços e a grande circulação de textos e discuros discursos ali em operação possibilitam contestações e reinvenções sociais (Moita Lopes, 2010).

última análise é prejudicial aos próprios negros por manter intacto e incólume o binarismo branco *vs.* negro. Tal binarismo coloca o último em posição hierarquicamente inferior, normalização que as teorias queer desejam destruir.

Nosso estudo contribui para desconstruir os discursos de democracia racial solidificados em nossa sociedade, ao mesmo tempo que aponta para a necessidade de desnormalizar compreensões essencialistas sobre raça, assim como para a premência de chamar a atenção para os perigos que elas acarretam. No momento em que vivemos, temos de estrategicamente operar com uma lógica suplementar, apontada na introdução do volume. Por um lado, refutar brava e cotidianamente o racismo em todas as suas manifestações, inclusive as capilares; por outro lado, recusar as essencializações raciais que impossibilitam outros discursos sobre quem podemos ser.

Parte III

Práticas discursivas fílmicas e online

Preâmbulo
Teorias queer, narrativas e gênero/sexualidade

Clarissa Rodrigues Gonzalez e Luiz Paulo da Moita Lopes

Olhar para as práticas discursivas nas quais nos engajamos, seja no mundo offline ou online, permite-nos observar como as nossas performances são (re)negociadas e disponibilizadas. Tal olhar nos possibilita também entender como os meios de comunicação podem influenciar os posicionamentos que assumimos, posto que são um potente aparato formador de opinião (Fairclough, 1995), logo, possíveis propulsores de discursos orientadores. Nessa condição, o cinema, que será tematizado nos capítulos seguintes, pode ser compreendido em seu potencial pedagógico ao nos ensinar a desempenhar as performances identitárias que corresponderiam a nossa identidade de gênero, raça, *status* social etc.

Mais de cem anos depois da invenção do cinema[1], em 1990, Judith Butler lançava *Problemas de gênero: feminismo e a subversão da identidade*, livro que problematizaria as noções clássicas de construção identitária atreladas a formas preconcebidas de entender o gênero e a sexualidade. Para Butler (1990), o gênero e a sexualidade são construtos sociais que, pela reiteração de suas performances, passam a ser automatizados e revestidos de um caráter de essência que estabelece determinada forma de ser e agir, a heterossexual, como válida, ao mesmo passo que deslegitima as demais. Essas performances são aprendidas e reproduzidas

[1] Segundo Sadoul (1972), a data que se tem em conta como marco inicial das atividades cinematográficas é 28 de dezembro de 1895.

de tal forma que parecem naturais, estabelecendo uma relação causal e convergente entre gênero, sexualidade e desejo. Tal relação institui os caracteres sexuais exteriores do indivíduo como determinantes de sua identidade de gênero e orientadores de suas práticas sexuais. Uma vez identificado o sexo do indivíduo, prescreve-se a identidade de gênero que lhe corresponde e o sexo do seu objeto de desejo.

Fato é que ninguém nasce mulher ou homem (Beauvoir, 1972/1997). Simplesmente aprende-se a desempenhar performances de feminilidade ou masculinidade, ou seja, aprende-se a 'passar por'. E é precisamente o 'passar por' que delata o caráter performativo da identidade de gênero (Butler, 1990). São os discursos orientadores que se tornam hegemônicos em certo momento sócio-histórico que determinam as performances que homens e mulheres devem desempenhar.

Examinar a etimologia das palavras 'determinismo'[2] e 'biológico'[3], antes de nos aprofundar no tema, pode ser elucidativo. A palavra 'determinismo', derivada do latim 'terminare', significa terminar, limitar. Se a esse item lexical adicionamos o prefixo 'de', que indica movimento 'de um lugar ao outro' ou 'para fora', o determinismo consistiria em limitar movimentos, cercear o que se manifesta. Sintetiza-se, portanto, a ideia que o conceito 'determinismo biológico' encerra: limitar o que algumas performances poderiam manifestar/exteriorizar/por "para fora". Em outras palavras: o determinismo biológico imporia limites, restrições a diferentes formas de estudar/conhecer/conceber (*logia*) a vida (*bio*), estratégias de controle sobre aquilo que manifestamos e mecanismos estabilizadores de sentidos.

Assim como um conhecimento puro só existiria sob a forma de 'dogma' platônico, ou seja, como algo pertencente a uma instância superior à qual apenas poucos eleitos conseguem aceder, as performances de gênero e sexualidade igualmente pertenceriam à dimensão do inquestionável, ao se conceber a biologia como destino (Butler, 1990; Pennycook, 2007). As teorias queer põem em xeque a falácia do determinismo biológico, desconstruindo ideologias que nele se escoram para legitimar performances e, por conseguinte, 'identidades' heteronormativamente orientadas, produto de práticas ritualizadas que fazem com que certas formas de existir e agir pareçam 'naturais' e 'coerentes' (Butler, 1990).

[2] Disponível em: https://bit.ly/3lqNaL5, acesso em: 23 ago. 2022.
[3] Disponível em: https://bit.ly/3CgFFNk, acesso em: 23 ago. 2022.

Compreendidas como inerentes à condição humana, elas se convertem em algo contra o qual não cabem questionamentos, uma vez que diriam respeito a uma suposta 'essência' biológica compartilhada por todos os seres humanos. Tal naturalidade vincula o sexo ao gênero e ao desejo — tornando-os indissociáveis — e rege nossas performances como se uma suposta matriz heterossexual (Butler, 1990, 2004) as orientasse.

Ao contemplar o gênero como paródia ou estratégia para evidenciar a falácia da autenticidade — palavra cuja acepção mais usual e normatizada equivale à verdade —, Butler (1990) sinaliza que não há performance de gênero autêntica porque não existe uma matriz da qual se possam tirar cópias. Ou seja, não há uma performance primeira que inaugure significados, já que as performances são cópias de outras cópias. Não há nenhuma matriz nem verdade interior, anterior, que conecte sexo, gênero e desejo (Butler, 1990), fazendo-os convergir de forma heteronormativa. Por mais que as performances sejam balizadas por um "marco regulatório altamente rígido" (Butler, 1990/2007: 98), não são assujeitadas por tais restrições (Foucault, 1982/1995). Tanto podem reificar os sentidos que se cristalizaram por força da repetição quanto desafiá-los. Afinal, a instabilidade é constitutiva da natureza da performatividade, como apontado na introdução do livro.

O entendimento de que eles são os efeitos da repetição de uma prática regulatória que busca "uniformizar a identidade de gênero por meio da heterossexualidade compulsória" (Butler, 1990: 42) atesta que a biologia não é destino (Pennycook, 2007) e dirige o olhar para as relações de poder incidentes sobre estas convenções normativas (Foucault, 1976/1998). Por defenderem a desnaturalização e a desnormatização dos pressupostos que regem o gênero e a sexualidade, teóricos queer, como Butler (1990, 2004), Sedgwick (1990), Wilchins (2004) e Louro (2004), partem do preceito de que são as nossas performances que produzem e mantêm significados sobre o gênero e a sexualidade. Esses, reiteramos, materializam-se através dos discursos que os descrevem performativamente.

Como as performances são forjadas no devir, os significados sempre farão "*différance*"[4] (Derrida, 1972/1991), serão postergados (Derrida, 1972/1988) ou, em outras palavras, instáveis. Cada performance evoca, ao mesmo tempo, mesmidade e diferença (Pennycook, 2010), repetição

[4] Derrida usa os dois conceitos e, propositalmente, escreve "différance" em lugar de 'différence' (1991 [1972]: 33), para ressaltar a diferença provinda da repetição.

e inovação (Moita Lopes, 2006/2016). 'Repetição' é uma palavra-chave para entender o conceito de gênero elaborado por Butler (1990: 33):

> O gênero é a contínua estilização do corpo, um conjunto de atos repetidos no interior de um quadro regulatório altamente rígido que se cristaliza ao longo do tempo para produzir a aparência de uma substância, a aparência de uma forma natural de ser.

A definição butleriana de gênero e o texto fundacional de Austin (1962/1990) nos ajudam a entender como o gênero é performativo. A estilização da performance não permeia apenas o "faz de conta", nem debilita a linguagem[5] (Austin, 1962/1990). Ao contrário: segundo Derrida (1972/1988), é a repetição dessas performances, em maior ou menor medida estilizadas, que produz significados (Coupland; Garrett; Williams, 2005). Graças à repetição, gera-se inteligibilidade e isso viabiliza o convívio social. Como sinaliza Goffman (1959), a 'representação'[6] do eu, na vida cotidiana, requer o desempenho de diversas performances conforme a situação e o(s) interlocutor(es) que se interpõem.

Ao narrar(-se), o sujeito emerge. Tanto a linguagem quanto as identificações são produzidas na performance (Threadgold, 2005; Thornborrow; Coates, 2005).

Partimos da compreensão de que os significados emergem no e pelo discurso. Nada preexiste à significação discursiva (Moita Lopes, 2009; Pennycook, 2007). Como seres de performances, construímo-nos ao nos narrar e narrar o outro (Thornborrow; Coates, 2005). O ato de narrar tem força performativa: constrói as situações, os espaços e as personagens que descreve. Entender as narrativas como performance viabiliza compreender que o significado "nunca está pronto", que ele "pode ser outro" (Derrida, 1972/1988).

Em outras palavras, as narrativas têm potencial performativo porque o ato de narrar é perlocucionário, produz efeitos (Butler, 1997). Logo, o narrar também é constitutivo de quem somos, já que é produto de nossas performances e interações. O ato de narrar, além de constituir-nos, também nos projeta, já que pressupõe uma audiência que, ainda que

[5] Austin (1990 [1962]) chama o faz de conta de "estiolamento", ou seja, entende-o como algo que debilita a linguagem.

[6] Embora Goffman (1959) fale em representação, o processo através do qual o sujeito emerge a partir de suas performances narrativas em interações cotidianas é uma construção.

possa inexistir durante o ato em si, é idealizada (Thornborrow; Coates, 2005). Toda performance é para o outro (Coupland; Garrett; Williams, 2005). O olhar do outro nos coconstrói. Portanto, toda narrativa, além de ser coconstruída, também é coperformada (Bauman; Briggs, 1990; Thornborrow; Coates, 2005).

Dito isso, faz-se necessário atentar para os efeitos políticos e para os jogos de poder que perpassam a prática narrativa (Bauman; Briggs, 1990). O sujeito se nomeia ao mesmo tempo que nomeia o mundo. Logo, a agência é uma qualidade inalienável do sujeito discursivo-performativo. Entender as narrativas como performance abre possibilidades de agenciamento, já que tal proposta não se limita a descrever espaços; também os instaura (Threadgold, 2005). Os discursos que eclodem na mídia não se limitam a retratar a realidade, mas a constroem.

Por isso, Bauman e Briggs (1990) afirmam: a performance convida a uma reflexão crítica sobre os processos comunicativos, incita olhar para as disputas e negociações em pauta quando nos comunicamos e, consequentemente, para os discursos que orientam nossas práticas — discursivas, mas não só — ora sendo acatados, ora contestados; às vezes, ressignificados. Fato é que, para validar nossas performances, precisamos narrá-las. Isso supõe que (nos) narramos ao existir e para existir socialmente. Por isso, a compreensão da performance deve ser social (Thornborrow; Coates, 2005). Logo, para entender como a performance é socioculturalmente construída, torna-se necessário estranhá-la (Pinto, 2013). No caso que nos ocupa, é importante estranhar o gênero e a sexualidade, tal como propõem as teorias queer.

Para compreender os jogos de linguagem nos quais estamos imersos, faz-se necessário estar atento ao inesperado (Blommaert, 2012), focar no desvio, no dissonante à norma. Interessam-nos as rupturas, não o ordinário. As narrativas do cinema de Almodóvar, ao encenarem performances transgêneras que fogem daquelas a que comumente assistimos nas telas de cinema, abrem brechas à transgressão de normatividades que regem o gênero e a sexualidade, ao mesmo tempo que chamam a atenção para as multiplicidades queer (ver introdução do volume).

Por estar entre os dois polos cristalizados (homem x mulher), a pessoa transgênera pode não se tornar inteligível com base nas normas de senso comum, ou nas palavras de Butler (2004), pode não ser considerada humana ou ter uma vida 'legítima'.

> O humano se concebe de forma diferente dependendo de sua raça e da visibilidade de dita raça; de sua morfologia, na medida em que se reconhece dita morfologia; de seu sexo e da verificação perceptiva de dito sexo; de sua etnicidade e da categorização de dita etnicidade. Certos humanos são reconhecidos como menos que humanos e esta forma de reconhecimento com emendas não conduz a uma vida viável (Butler, 2004: 2).

São os discursos predominantes e os interesses a eles subjacentes em determinado momento sócio-histórico que fazem com que se legitimem certos regimes de verdade que, por sua vez, deslegitimam certos estilos de vida, tarefa realizada por instituições como a igreja, o direito e a medicina (Foucault, 1976/1998), sempre incumbidas de definir as práticas consideradas aceitáveis e as inaceitáveis.

*

A Modernidade e seu ideal positivista, ancorado num estruturalismo de viés representacional que esquematiza os saberes delimitando rígidas barreiras entre eles (Moita Lopes, 2006/2016), distanciam-se das práticas para manter imaculado seu ideal cientificista e puro, blindando o que institui como conhecimento legítimo das 'contaminações' do uso e do entorno sociocultural (Bauman; Briggs, 2003). Como resultado, estabelecem-se padronizações assépticas e hegemônicas, bem como deslegitimações do que delas difere. Pondo em xeque essa herança moderna, as teorias queer se ocupam de desconstruir o que tais padronizações convertem em norma. Partindo sobretudo de duas noções foucaultianas: uma delas diz respeito à maneira como Foucault (1969/2008) concebe o Discurso — conjunto de práticas que constituem o que descrevem — enquanto a outra remete à forma como os regimes de saber-poder-ser estão indelevelmente imbricados (Foucault, 1969/2008, 1972/1984).

Não por acaso, o combate à noção de heteronormatividade compulsória (Butler, 1990; Wilchins, 2004) ganha centralidade nas teorias queer. As prerrogativas heteronormativas e o que delas advém imobilizam o sujeito (inclusive sociolinguisticamente) e enclausuram-no em determinada 'espécie' (Foucault, 1976/1999), ao rotularem algumas de suas práticas. O ato de nomear teria o poder de produzir subjetividades, de constituir o que descreve: quando se atrela determinada categoria 'identitária' a alguém, a engrenagem performativa, que se abastece da repetição, é capaz de fazer com que esse ato adquira materialidade subjetivante e produza efeitos estigmatizantes. Nesse movimento taxonômico, institui-se um mecanismo de controle incumbido de catalogar as mais diversas práticas, legitimando algumas e não outras, instaurando e mantendo desigualdades (Bauman; Briggs, 2003).

Se consideramos o significativo peso da sexualidade na projeção de uma 'identidade social', na determinação de uma 'espécie', na conformação de um tipo reconhecível de sujeito (Foucault, 1976/1999; Wortham, 2005), não é difícil constatar que certas práticas afetivo-sexuais podem adquirir mais destaque que outras. Junto à designação de gênero e a interseções de raça e classe social, elas definirão como o sujeito passa a existir socialmente e tendem a prevalecer em processos de categorização identitária. O efeito performativo da linguagem cria corpos abjetos e delimita quem vive à margem.

É o dizer-fazer-ser que converte a pessoa transgênera em uma 'aberração' por não se encaixar num dos extremos do binarismo de gênero. Feminino e masculino, ao serem assim nomeados, instituem-se como dois polos opostos e excludentes, prescrevendo performances a serem desempenhadas de acordo com certas características anatômicas.

Para fugir desse esquema excludente, heteronormativamente instaurado e mantido, o qual só reconhece como legítimas certas performances e, por conseguinte, certas 'identidades', o pensamento pós-estruturalista, em especial o de viés foucaultiano, fonte de inspiração para as teorias queer, sugere operar com uma concepção pós-identitária de sujeito (Butler, 1999; Preciado, 2003/2011). Há autores(as) que optaram por radicalizar e abdicar do conceito de 'identidade', sempre cerceador do indivíduo. Cameron e Kulick (2003: 14), por exemplo, apostam na noção de "sujeitos desejantes". Em contrapartida, Bucholtz e Hall (2004), entre outros, argumentam não ser possível renunciar à noção de 'identidade', uma vez que, em nossas práticas sociais, nós a produzimos de forma incessante: projetamos uma 'identidade' ao nos posicionarmos ante qualquer interlocutor e evento, ao mesmo tempo que atribuímos uma 'identidade' às pessoas com quem interagimos. Elas, igualmente, projetam suas 'identidades' sobre nós e nos constroem de acordo com os efeitos de sentido que nossas práticas 'identitárias' produzem nelas.

O debate sobre o essencialismo estratégico, já focalizado na introdução do volume e recuperado no capítulo 8, também evidencia o quão difícil resultaria prescindir da 'identidade'. Para Bucholtz e Hall (2004), não se trata de negá-la, mas de reconsiderar o que se entende por 'identidade': em lugar de concebê-la como instância que prefigura o sujeito e lhe atribui determinado *modus operandi*, as autoras sugerem contemplar a 'identidade' como fruto dos regimes semióticos localmente mobilizados nas interações. As 'identidades', percebidas como moventes e em constante reconfiguração, são projetadas e negociadas, preservadas ou ressignificadas em práticas situadas.

Espaços de interação que se multiplicam desde o advento da web 2.0, por exemplo, criam brechas para novas performances identitárias, bem como novas formas de criar inteligibilidade sobre o mundo social. Partindo desse preceito, espaços de sociabilidade como as redes sociais, que convidam intensamente à prática discursiva, deixam ver como seus participantes assumem posicionamentos interacionais. Nessas interações, dão-se a conhecer práticas discursivas que podem desestabilizar performances de gênero e sexualidade já sedimentadas. Logo, processos sociointeracionais desmistificam a ideia de que há identidades já prontas. Elas são negociadas e moldadas na prática discursiva. Evidencia-se assim a insustentabilidade da dicotomia de gênero, apoiada na sedimentação de discursos sobre uma suposta essência 'corpóreo-generaficante' para legitimar a heteronormatividade (Butler, 1990) como verdade, ignorando o caráter instável e plural dos gêneros e das sexualidades.

Ao interagir, inevitavelmente nos posicionamos (Goffman, 1979/2002) e nos projetamos 'identitariamente'. Tais posicionamentos, balizados pela ordem moral (Bergman, 1998) do contexto que os compreende, são assumidos tendo em vista a maneira como interpretamos dada situação e a fachada que desejamos projetar (Goffman, 1967 / 2011), ou seja, a imagem social que desejamos construir para nós mesmos ou para um grupo, para um coletivo ao qual pertençamos (Goffman, 1967/2011; Ostermann, 2003) — lembrando que ela pode ser ratificada ou não por quem interage conosco (Goffman, 1979/2002).

Somos seres de contexto (Moita Lopes, 2006/2016) e as performances discursivo-identitárias que desempenhamos em nossas práticas interacionais fazem com que, ininterruptamente, produzamos 'identidades' para nós e para os outros. Concomitantemente, somos encapsulados pelas 'identidades' que projetam sobre nós e encapsulamos nossa(o) interlocutor(a) na 'identidade' que sobre ela(e) projetamos.

Reiteramos que a 'identidade' é constantemente ressignificada e renegociada na interação, estando em sintonia com as múltiplas semioses em jogo, por sua vez, atreladas às ordens morais que atravessam nossas performances e à forma como valoramos certas formas de existir/estar no mundo e de performar a 'identidade'. Nesse sentido, as 'identidades' devem ser entendidas como

> produtos/efeitos de performances corporais e linguísticas que repetem, reiteram ou subvertem discursos[7] dominantes que trancafiam as posições de sujeito em binarismos, como homem/mulher, hetero/homo (Borba, 2015: 91).

Tal teorização implode o determinismo biológico e a heteronormatividade. Portanto, conceber as 'identidades' como performance supõe dar vazão à ideia de que toda e qualquer 'identidade' é forjada nas múltiplas semioses que permeiam as práticas sociodiscursivas nas quais nos engajamos (Hall, 2013). Tais semioses podem liberar o sujeito de seguir executando determinadas performances ritualizadas de gênero e sexualidade ou atá-lo a elas. Em nossas práticas situadas, podemos questionar ou revalidar certos regimes de verdade que nos orientam.

Em face dessa visão de que as 'identidades' são produzidas/negociadas na prática social, não podemos ignorar as relações de poder que envolvem a construção 'identitária', uma vez que

> o que caracteriza [...] o poder que analisamos aqui é que ele coloca em jogo relações entre indivíduos (ou entre grupos). Pois não devemos nos enganar: se falamos do poder das leis, das instituições ou das ideologias, se falamos de estruturas ou mecanismos de poder, é apenas na medida em que supomos que alguns exercem poder sobre outros (Foucault, 2010: 240).

Se entendemos a 'identidade' como produto de semioses advindas de nossa práxis enquanto sujeitos sociais (Bucholtz; Hall, 2004; Hall, 2013), dos nossos posicionamentos (Goffman, 1979/2002), da forma como produzimos sentido acerca do que performamos — e do que performam para nós — nas nossas interações, logramos nos desgarrar da carga essencializante que a noção de 'identidade' arrasta, tornando-a operacionalmente dinâmica e capaz de captar as relações de poder/controle que envolvem sua negociação, bem como seus usos e efeitos, sejam eles essencialistas ou estratégicos.

---

[7] Nesta citação, respeitamos a forma como o autor escreveu a palavra 'discurso', mantendo-a com a inicial em minúscula.

Capítulo 6

Performance narrativa multimodal de Agrado em *Tudo sobre minha mãe*

desarticulando a autenticidade de gênero

Clarissa Rodrigues Gonzalez e Luiz Paulo da Moita Lopes

> *"Quem subverte e desafia a fronteira apela, por vezes, para o exagero e para ironia a fim de tornar evidente a arbitrariedade das divisões, dos limites e das separações."*
>
> Louro (2004: 19)

Se a fronteira é uma zona de produção de subjetividades e de atravessamentos (Louro, 2004), o corpo, em suas fronteiras interseccionadas por raça, gênero, sexualidade, classe social etc., converte-se num espaço de negociações e disputas. Ao dirigirmos o olhar para as fronteiras corpóreo-discursivas que permeiam as performances narrativas de personagens transgêneras em obras cinematográficas, percebemos como elas, muitas vezes, são iconizadas ou apagadas[1] (Irvine; Gal, 2000).

[1] Irvine e Gal (2001) identificam que uma das estratégias às quais se recorre para marcar práticas e sociabilidades que não ecoam performances hegemônicas é iconizá-las, ou seja, construí-las com recurso a estereótipos e caricaturas. Outra estratégia é a do apagamento, que consiste em ignorá-las por completo ou desconsiderar alguns de seus matizes.

Interessa-nos aqui estudar como a personagem Agrado, do filme *Tudo sobre minha mãe* (1999), em seu monólogo crucial para a trama, constrói-se narrativamente, driblando estereótipos e ressignificando discursos reificados. Para isso, apoiamo-nos na noção de narrativa como performance e numa concepção performativa da linguagem. Para dar conta dos recursos semióticos que a personagem mobiliza na cena em questão, efetuamos uma análise multimodal, a qual nos permite ir além da dimensão verbal. Recorremos também às teorias queer para enfocar a sexualidade em nossa pesquisa.

O cinema de Almodóvar tem sido bastante estudado nas ciências humanas: há um número considerável de dissertações e teses que lhe dão protagonismo. Entre elas, destacamos duas que focam em personagens transgêneras: *Ni todas las chicas son chicas: alteridade e gênero no cinema de Pedro Almodóvar* (Lima, 2003) e *Instigando o olhar: as identificações queer nos filmes de Pedro Almodóvar (1999-2004)* (Gallina, 2008). No que concerne aos estudos linguísticos, a filmografia do cineasta também inspirou pesquisas que a analisam sob os mais diversos enfoques: por exemplo, Veloso (2010) aborda a privação e os efeitos do silenciamento social de subjetividades à margem da sociedade de consumo com base em fragmentos de *Tudo sobre minha mãe*; Silva (2011) estuda como personagens femininas de três filmes de Almodóvar formulam pedidos recorrendo a diferentes estratégias em seus atos de fala; Santos (2012), que já se debruçara sobre filmes de Almodóvar em sua dissertação, novamente os contempla em sua tese doutoral, na qual relaciona cinema, literatura e novas tecnologias ao problematizar noções de autoria na obra do cineasta; e Moita Lopes (2021) relata três tipos de reportabilidade para a narrativa fílmica no curta *A Voz Humana de Almodóvar* (2020).

O diferencial deste capítulo é trazer para os estudos linguísticos a perspectiva queer (Butler, 1990, 2004; Wilchins, 2004), combinando-a com uma análise multimodal e um instrumental teórico-analítico caros à vertente INdisciplinar da linguística aplicada (Moita Lopes, 2006/2016). Para operacionalizar nossa proposta, sinalizamos alguns dos aspectos semióticos que conformam a performance narrativa de Agrado, recorrendo a três das pistas indexicais elencadas por Wortham (2001), à noção de posicionamento (Davies; Harré, 1999) e aos construtos de reciclagem, reenquadramento e retransposição (Tannen, 2006). Essas ferramentas nos auxiliam na tarefa de apontar os discursos que Agrado entextualiza ao proferir seu monólogo e as ordens de indexicalidade que ela mobiliza (Blommaert, 2005).

Optamos por uma análise multimodal porque, num momento em que a profusão de textos — sejam eles literários, teatrais, cinematográficos, informativos e/ou lúdicos (como games e interações online) — desconhece precedentes, não podemos deixar de considerar os múltiplos aspectos semióticos que permeiam nossas performances (Blommaert, 2012, 2014). Esse tipo de análise ganha relevância quando o objeto em questão é um trecho de narrativa fílmica, para a qual convergem diversos desses meios semióticos (Kress; Van Leeuwen, 2001).

Tal como já o fizeram Cameron e Kulick (2003), o que nos interessa é olhar para a forma como a sexualidade é discursivamente performatizada num fragmento de filme. Para dar conta disso, num primeiro momento, vamos esclarecer a noção de narrativa como performance e localizar alguns princípios das teorizações queer que nos orientam, de modo a situar o leitor na fundamentação teórico-analítica proposta, mostrando a pertinência de dirigir o olhar para o potencial pedagógico das narrativas cinematográficas e para os efeitos discursivos que elas podem suscitar. Interessam-nos, particularmente, estranhamentos e abalos em categorias estanques (Moita Lopes, 2006/2016, 2013) que as contranarrativas[2] podem gerar, caso do monólogo de Agrado, que não só questiona o modelo binário-excludente que define como e por quem determinadas performances de gênero e sexualidade devem ser encenadas, mas também aponta, em meio à repetição, a possibilidade de transgressão, valendo-se assim da performatividade (Butler, 1990, 2004; Pennycook, 2007) para desmantelar padrões socioidentitários (ver nota 11 da "Introdução").

O cinema heteronormativo e o cinema de Almodóvar

> *"Todos os filmes que eu vi eram heterossexuais. Eu tive de fazer essa tradução. Eu tive de traduzir isso para a minha vida ao invés de ver ali minha vida."*
>
> Harvey Fierstein (roteirista estadunidense).

O desejo de reconhecimento reivindicado por Fierstein no documentário *O outro lado de Hollywood*[3] (1991), em geral, é negado a transgê-

---

[2] Contranarrativa é aquela que se apresenta como alternativa à narrativa dominante. Bamberg e Andrews (2004) a compreendem como forma de resistência.

[3] *O outro lado de Hollywood* ("The Celluloid Closet"). Dir.: Rob Epstein, Jeffrey Friedman, EUA, 1996, 102min.

neros (Butler, 2004) dentro e fora das narrativas fílmicas. Quando tal desejo, bem como o sentimento de pertencimento social (Thornborrow; Coates, 2005), não é satisfeito, esses sujeitos são iconizados ou apagados (Irvine; Gal, 2000). Essas lacunas podem reduzir a 'alteridade' a uma mercadoria exótica (Duchêne; Heller, 2012) ou nem isso. O cinema dos grandes estúdios estadunidenses não se limitou a iconizar ou apagar performances de transgêneros, também ajudou a construir e sedimentar performances heteronormativas, além de exportá-las.

Não por acaso, ao se debruçarem sobre as conexões entre linguagem e sexualidade, Cameron e Kulick (2003) recorrem ao cinema. Como eles, muitos autores reconhecem a importância de contemplarmos os textos midiáticos nos estudos linguísticos (Fairclough, 1995; Kress; Van Leeuwen, 2001; Thornborrow; Coates, 2005; Moita Lopes, 2009).

No campo da análise crítica e multimodal do discurso, Fairclough (1995) salienta o quão importante é olhar para o impacto dos meios de comunicação de massa na vida social, mas não se ocupa da contrapartida, ou seja, de como o público incide na mídia. Outros autores entendem que todos os textos, não só os midiáticos, prestam-se a saciar demandas de audiências previamente projetadas (Warner, 2002). Também há quem questione a eficácia dessa noção por entender que o público não é um mero receptor e que as respostas sociais são sempre produtivas (Braga, 2006), ainda que possam resultar difusas e imprevisíveis. Enquanto linguagem, o cinema tem um inegável potencial performativo. Se, por um lado, os discursos hegemônicos, coproduzidos por audiências e meios, legitimaram algumas performances e deslegitimaram outras, também houve questionamentos.

Por dar voz — e tela — a personagens que geralmente inexistem ou são caricaturados, fetichizados em narrativas fílmicas tradicionais de grande circulação internacional[4] responsáveis por moldar um *modus vivendi* e um *modus operandi*, é que o cinema de Almodóvar ganha relevância como contranarrativa (Bamberg; Andrews, 2004). Ao saciar um desejo de reconhecimento e, consequentemente, ao alavancar o sentimento de pertencimento social, o cineasta dota de inteligibilidade as perfor-

[4] Em *O silêncio dos inocentes* (1991), por exemplo, um dos antagonistas, perfilado como cruel e doentio, sequestra mulheres para retirar suas peles e com elas vestir-se, transexualizar-se. Tal associação entre ato criminoso e transexualidade foi recorrente no cinema e duramente criticada por movimentos sociais LGBTI+. Por sua vez, *Meninos não choram* (1999), baseado numa história verídica, reconstitui com sensibilidade parte da trajetória de Brandon Teena e seu trágico desenlace: ele é estuprado e posteriormente assassinado por supostos amigos quando eles descobrem que sua genitália não era a que eles imaginavam.

mances de transgêneras, como sucede com Agrado em *Tudo sobre minha mãe*. Almodóvar a resgata do gueto, da subsistência às margens dos grandes estúdios estadunidenses para as telas de cinema. O filme ganha relevância precisamente por Agrado não entextualizar performances de senso comum que estigmatizam transgêneros, atribuindo-lhes patologias, perfilando-os como vítimas, tratando-os como caricaturas ou imprimindo-lhes tom jocoso.

Instrumental teórico-analítico

Nosso percurso analítico vai do micro para o macro (Blommaert, 2012; Pinto; Fabrício, 2013), de forma a identificar como os signos são socioculturalmente cristalizados ou desconstruídos. Essa é uma tarefa que encontra um importante auxílio na combinação do conceito de entextualização com o de ordens de indexicalidade. Essas ferramentas nos ajudarão a deslocar o foco de análise para as pequenas mudanças operadas pela contranarrativa mobilizada por Agrado, que desestabiliza noções hegemônicas de gênero e sexualidade.

Blommaert (2012, 2014) sugere que abarquemos analiticamente os aspectos multimodais do discurso, tal como Kress e Van Leeuwen (2001) haviam previamente sugerido. Essa abordagem torna-se a melhor opção sempre que o objeto a ser analisado extravasar a dimensão monomodal — ou meramente verbal — do discurso e abranger os diversos recursos semióticos que os textos imagéticos — estáticos ou dinâmicos — transportam. Os autores inclusive sugerem essa abordagem quando a pesquisa envolver obras fílmicas (Kress; Van Leeuwen, 2001). Assim, abraçamos o desafio de operacionalizar os conceitos de entextualização e ordens de indexicalidade em uma análise multimodal.

A entextualização (Bauman; Briggs, 1990; Silverstein; Urban, 1996) alude à circulação de signos associados em textos e à sua capacidade de ressignificação ao se precipitarem em novos contextos. Nessa dinâmica, um signo, ao arrastar sua história de uso, pode apontar para diferentes discursos orientadores dependendo do processo de contextualização no qual se precipita (Silverstein; Urban, 1996). Esses discursos orientadores, produtores de normatividades, instauram o que Silverstein (2003) chama de "ordens indexicais", que abarcam os repertórios de signos dos quais lançamos mão para criar efeitos de significados. Esses repertórios obedecem a sentidos convencionais usados por grupos socioculturalmente definidos (Blommaert, 2005: 73-74). Tais repertórios podem, porém, ser diferentemente valorados, o que transparece na forma de hierarquizar certos signos em nossas enunciações. Isso se dá porque as indexicalidades podem sugerir prestígio ou não, emoção ou não, pertencimento ou não, assim como outras formas de hierarquia. Precisamente para dar conta dessa maneira diferenciada de indexicalizar sentidos é que Blommaert (2005: 74) cria o conceito de "ordens de indexicalidade"[5], que ele compara com o conceito foucaultiano de "ordens do discurso". O objetivo de Blommaert é sinalizar como certos signos apontam para os regimes "que evocam questões de pertencimento e controle, permitindo e ativando julgamentos, inclusões e exclusões, sanções positivas e negativas etc." (Blommaert, 2005: 74).

Para auxiliar-nos na indicação das ordens de indexicalidade a que Agrado submete os discursos que entextualiza em sua performance narrativa, identificamos alguns dos índices que nela despontam. Tais índices também nos auxiliam na tarefa de identificar como Almodóvar, enquanto roteirista-diretor, posiciona a personagem na narrativa.

De forma complementar, usamos os construtos de reciclagem, reenquadramento e retransposição (Tannen, 2006). Enquanto a reciclagem dá conta da repetição de um item lexical, o reenquadramento sinaliza uma mudança na maneira de enquadrar a situação. Já a retransposição, numa tradução do original *rekeying* sugerida por Fabrício (2014), "trata de uma mudança no tom e teor da interação" (Tannen, 2006, p. 597). E para marcar como Agrado transita entre o evento narrativo e o evento narrado, empregamos o construto teórico-analítico descritor metapragmático, que segundo Wortham (2001) evidencia o caráter reflexivo das narrativas autobiográficas. Pela significativa incidência de referências, que dizem respeito à maneira como nomeamos as coisas no mundo, e pela importância de algumas predicações, que sinalizam a forma como as qualificamos, também optamos por incluir essas duas pistas indexicais como categorias analíticas, ambas igualmente elencadas por Wortham (2001).

Transcrição e análise

Rose (2000/2002: 350) sugere um método para a análise de imagens em movimento que dê conta tanto do "aspecto visual da história" quan-

[5] Ver também o capítulo 3, no qual as noções de ordem indexical e ordem de indexicalidade são discutidas.

to da "transcrição[6] do material verbal". Dada a importância de definir unidades de análise, optamos por usar o plano, aquilo que fica compreendido entre um corte e outro do conteúdo captado pela câmera e posteriormente editado. Como a autora salienta outros aspectos que podem ser relevantes, decidimos incluir uma dimensão a mais: a sonora. Somada às dimensões visual e verbal, ela nos permite não só focar como Agrado enuncia seu monólogo, mas também as reações do público que a assiste no teatro, coperformando a cena[7].

Esclarecemos a seguir a terminologia[8] adotada ao referir os enquadramentos, movimentos e recursos cinematográficos:

(1) **Foco seletivo**: efeito de mostrar alguns dos elementos enquadrados em foco, enquanto outros aparecem desfocados.
(2) ***Off***: áudio de falante que não aparece em quadro.
(3) **Contrapicado**: câmera posicionada de baixo para cima, situada abaixo do nível dos olhos das personagens enquadradas.
(4) ***Close***: câmera enquadra o rosto de uma personagem ou um detalhe do cenário, figurino.
(5) **Plano frontal**: câmera, à altura dos olhos, mostra a pessoa em linha reta, de frente.
(6) **Plano americano**: câmera enquadra personagem(ns) da cabeça aos joelhos.
(7) **Plano médio**: câmera enquadra personagem(ns) da cabeça à cintura.
(8) **Plano geral**: câmera enquadra ambiente e personagens em ângulo visual aberto.
(9) **Plano subjetivo**: enquadramento que assume o ponto de vista de uma das personagens.
(10) ***Travelling***: movimento de câmera que percorre uma trajetória sobre trilhos.

Quanto às convenções de transcrição, adaptamos as sugestões de Bucholtz (2000) — ver anexo.

---

[6] Seguindo tais recomendações, optamos por manter o monólogo em 'espanhol'. Na análise, operamos com a tradução dos termos selecionados. No anexo a este capítulo, consta a versão completa do monólogo traduzida para o português com as marcas de transcrição adaptadas, feitas em busca duma 'certa equivalência' com o texto 'original'. Não é necessário dizer que toda transcrição envolve determinada compreensão do que se transcreve.

[7] Cena analisada. Disponível em: https://bit.ly/3lrBTtN, acesso em 22 ago. 2022.

[8] Adaptado de Aumont *et al.* (1994/1995).

Transcrição

Plano	Dimensão visual	Dimensão verbal	Dimensão sonora
1	*Travelling*: cortina vermelha. Câmera gira e mostra perfil de Agrado em *close* e contraluz. Ao fundo, o público.	–	Ouvem-se passos.
2	Plano subjetivo de Agrado: vê-se o público desde o palco. Luz se acende. Clarão.	–	Burburinho (público) Ruído do interruptor.
3	Plano geral/*Travelling* mostra a plateia de costas e Agrado de frente e em pé. O movimento avança em direção ao palco, onde ela se encontra, iluminada por um canhão de luz. O movimento se conclui quando a câmera a enquadra em plano médio. Agrado fala movendo com as mãos.	Por causas ajenas a su volunTAD (.) dos de las actrices que diariamente triunfan sobre este escenario (.) hoy no pueden estar aqui (.) °pobrecillas° ? Así que se suspende la función (.) ? A los que quieran se les devolverá el dinero de la entrada >pero< a los que no tengan NADA mejor QUE HACER_(.) y pa una vez que venís al teatro = es una pena que os vayáis (.)	Voz: Agrado.
4	Contrapicado: Sentados, ator e contrarregra, com caneta, prancheta e fone, observam Agrado.	–	Burburinho (público).
5	Plano médio frontal: Agrado desabotoa a blusa.	Si os quedáis= Yo PROMETO entreteneros<contando> la historia de mi vida (.)	Voz: Agrado.
6	Plano geral: algumas pessoas se levantam.	Adiós, lo siento, ¿eh?	*Off* de Agrado dirigido aos que se vão.
7	Plano médio frontal: Agrado gira a cabeça para um lado e para o outro. Agrado sorri. Move a cabeça de um lado para o outro. Gesticula.	Si les aburro = hagan como que roncan, así Yo me cosco enseguida y PARA NADA herís mi sensibilidad, ¿eh? ¡DE VERDADE! <Me llaman la Agrado> porque TODA MÍ VIDA sólo he pretendido hacerle la vida agradable a los demás (.)	Voz: Agrado. [Grrrrr] Risos da plateia.
8	Plano geral: plateia observa Agrado.	–	Burburinho (público).
9	*Close*: Agrado levanta o dedo indicador esquerdo. Gira as duas mãos e olha para seu próprio corpo.	?Además de agradable Soy MUY AUTÉNTICA <Miren qué cuerpo>	Voz: Agrado.

10	Plano geral: plateia observa e ri. Três espectadores comentam algo, um deles faz biquinho.	–	Risos da plateia. Burburinho (público).
11	*Close* frontal: Agrado se projeta levemente para a frente. Sinaliza com o dedo o procedimento que fez. Levanta o dedo indicador esquerdo, sinaliza uma pausa. Toca o nariz com o dedo indicador direito. Com a mão esquerda, simula lançar algo. Com a direita, aponta para o nariz. Faz gesto de quem se rende. Indica que não com a mão. Sinaliza que tem mais a contar. Com a mão esquerda, faz o número dois. Faz gesto similar ao sinal da cruz. Gesticula com as mãos. Arregala levemente os olhos, dirigindo o olhar para a direita.	Todo hecho a medida (.) RASgado de ojos <ochenta mil> (.) Nariz, <doscientas> ? tiradas a la basura porque un año después me la pusieron así: de otro palizón Ya sé que me da mucha personalidad = PERO si llego a saberlo no me la toco <Continuo> TEtas Dos Porque no soy ningún monstruo.. Setenta cada una = pero estas las tengo ya <superamortizás> SILICONA en –	Voz: Agrado. Risos da plateia.
12	Plano geral: Espectador (que fez biquinho) a interrompe.	¿Dó:nde?	Voz: espectador. Risos da plateia.
13	*Close*: com o dedo médio, Agrado toca os lábios. Toca a testa. Leva as mãos às bochechas. Desce a mão esquerda em direção às cadeiras. Desce a mão direita em direção às nádegas. Com as mãos, indica mais ou menos. Apoia a mão direita acima do peito. Toca a mandíbula e olha para a esquerda. Olha para a direita. Gesticula com a mão esquerda. Olha para um lado e para o outro. Levanta a mão direita. Continua gesticulando. Levanta o dedo indicador esquerdo. Olha para a direita. Olha para a esquerda e continua gesticulando. Com a mão direita, indica mais ou menos. Gesticula com a mão esquerda. Gesticula com as duas mãos, olha para a esquerda.	Labios Frente Pómulos Caderas Y culo >El litro cuesta unas cien mil< así que echar las cuentas porque YO ya las he perdio (.) Limadura de mandíbula <setenta y cinco mil> Depilación definitiva a laser – >porque la mujer también viene del mono< >bueno< ¡tanto o más que el hombre! Sesenta mil por sesión = Depende de lo barbuda que una sea = lo normal es de 2 a 4 sesiones.. PE:RO si eres folclórica necesitas más CLARO (.)	Voz: Agrado. Risos da plateia. Risos da plateia. Risos da plateia.
14	Plano geral da plateia.	–	Aplausos e risos.

15	*Close* frontal do rosto de Agrado. Ela olha para um lado e para o outro. Arregala os olhos. Move a cabeça. Olha para cima.	bueno, lo que les estaba diciendo = que cuesta MUCHO ser auténtica, señora (.) y en estas cosas no hay que ser rácana PORQUE (.) <UNA es más auténtica cuanto más se parece a lo que ha soñado de sí misma>	Voz: Agrado.
16	Contrapicado: contrarregra e ator aplaudem e sorriem.	–	Aplausos.
17	Plano aberto da plateia, que aplaude.	–	Aplausos e assovios.

O monólogo tem início transcorridos 73 minutos de filme. Encaixa-se entre duas cenas dramáticas no desenlace da trama. Cumpre, assim, uma função atenuante. Narrativamente, situa-se num momento em que os destinos de algumas personagens começam a se delinear, encaminhando a trama para o desfecho. Se nos guiarmos pelas categorias labovianas (1972), diremos que o monólogo é encaixado entre a complicação e a avaliação[9]. Funciona como uma pausa, sinalizando a passagem do tempo na trama principal. Justifica-se sua inserção por dar conta do ápice a que chegam os contratempos envolvendo duas atrizes que, no filme, encenariam uma obra teatral. Como elas não se encontram em condições de subir ao palco, e o público já ocupa seus assentos no teatro, Agrado dirige-se à plateia para explicar o acontecido.

Segundo Manzano (2010: 213), o monólogo de Agrado entextualiza um acontecimento verídico. Lola Membrives, atriz argentina, quando informada de que uma falha no sistema elétrico do teatro a impediria de encenar seu espetáculo, decide, iluminada por uma vela, cumprimentar o público e dar-lhes uma satisfação. Uma vez ali, começa a contar sua história de vida. Conhecido por entextualizar fatos 'reais' ao produzir suas narrativas ficcionais[10], Almodóvar novamente lança mão desse recurso em *Tudo sobre minha mãe*. Totalizando 2 minutos e 22 segundos,

[9] Segundo Labov (1972), os elementos que compõem a narrativa são: resumo (sumário), orientação (localização das personagens em termos de espaço e tempo), complicação (introdução do conflito ao redor do qual a trama gira), avaliação (balanço que as personagens fazem da complicação), resolução (solução dada à complicação) e coda (fechamento).

[10] Em *A lei do desejo* (1987), por exemplo, Almodóvar entextualiza um episódio vivido pela atriz María Félix. Quando um repórter lhe perguntou se ela era lésbica, sua resposta foi: se todos os homens fossem como ele, ela o seria. No filme, Tina, personagem de Carmen Maura, entextualiza tal episódio.

o monólogo de Agrado, assim como o de Lola Membrives, é construído como uma narrativa (auto)biográfica (Wortham, 2001). Agrado o oferta por meio das referências à "história da minha vida".

Narrativas (auto)biográficas são recorrentes em análises no campo dos estudos linguísticos e geralmente são empreendidas pelo próprio narrador-pesquisador (p. ex., Oliveira, 2014; Pinheiro, 2014) ou ganham o tom confessional de um relato feito a um terceiro (Langellier, 2001). Outro diferencial reside em contemplar uma 'narrativa autobiográfica' numa obra de ficção. Isso seria possível? Sim, afinal, toda narrativa, marcadamente autobiográfica ou não, é sempre ficcional.

Agrado conta à plateia sua história de vida de maneira similar à de Rhea, sujeito de estudo de Langellier (2001), e à de Preta, 'personagem' de Melo e Moita Lopes no capítulo 4 deste livro: ambas se constroem ao confessarem a terceiros suas 'verdades'. Escrito por Almodóvar, o texto enunciado por Agrado converte um no *alter ego* da outra. Juntos, eles coperformam uma narrativa, ao mesmo tempo, (auto)biográfica e ficcional.

Se partirmos do preceito de que toda narrativa é ficção, de que toda performance é um 'passar por' (Derrida, 1972/1988; Butler, 1990), compreenderemos que a narrativa autobiográfica também o é. Ela, inclusive, chama a atenção para o potencial performativo do ato de narrar. Agrado, por exemplo, se constrói corpóreo-discursivamente ao enunciar sua performance narrativa. Devemos salientar, contudo, que se trata duma performance produto de múltiplas interações:

— entre o roteirista-diretor e a atriz, que performativamente moldam-na;
— entre Agrado e os membros da plateia teatral, que a coperformam;
— desses com os espectadores do filme, que a coconstroem.

Convém olhar como a performance narrativa de Agrado é edificada, ressaltando como ela transita entre o evento narrativo e o evento narrado[11], além de constatar que a composição audiovisual, ao mesmo tempo que a empodera como narradora e protagonista, converte o espaço cênico em um entorno verossímil para a realização de sua performance. O aparato semiótico que a envolve aponta para múltiplos significados[12], já que a indexicalização não se dá apenas verbalmente (Kress; Van Leeuwen, 2001; ver introdução do volume). Por isso, o foco

[11] Segundo Bauman (1986), o evento narrativo relaciona-se com tudo o que envolve o ato de narrar, já o evento narrado é a história que se conta.

[12] A leitura feita aqui é apenas uma entre outras tantas possíveis.

de nossa atenção deve estar, multimodalmente, no evento narrado e no evento narrativo (Bauman, 1986), bem como nos efeitos que eles produzem (Moita Lopes, 2009).

O monólogo começa envolto em certo suspense: escutam-se passos, e a câmera enfoca apenas a cortina vermelha do teatro, sem que qualquer personagem seja mostrada. A cor vermelha toma a tela por inteiro, já que a cortina é enquadrada em plano fechado — segundo Sánchez-Alarcón (2008), tal cor é relevante por pontuar "momentos de dor e paixão na obra de Almodóvar". A cortina permanece em cena como pano de fundo para Agrado enunciar seu monólogo e indexicaliza um 'faz de conta'.

Passado esse primeiro momento de orientação (Labov, 1972), a câmera assume o ponto de vista do espectador: desde a plateia, observa-se de longe (plano geral) Agrado no centro do palco. O canhão de luz a destaca. Suas primeiras palavras reenquadram a narrativa: enquanto ela explica que o espetáculo foi cancelado, a câmera gradualmente avança em direção a ela. Almodóvar se vale de recursos da linguagem cinematográfica para aproximá-la do público do teatro e, consequentemente, do público do filme. Depois de ela oferecer às pessoas presentes a possibilidade de escolher entre a devolução do dinheiro do ingresso ou a permanência ali para escutar sua história de vida, a câmera se detém. Os enquadramentos, agora estáticos, passam a mostrá-la em planos mais fechados, especialmente *closes*. Isso lhe confere autoridade (Rose, 2000/2002) e evita que outros elementos distraiam o espectador.

Em sua produção monológico-discursiva, a personagem sofre apenas uma breve interrupção: um espectador pergunta "o:nde?" quando ela começa a enumerar os implantes de silicone que fez. O alongamento da vogal indexicaliza ironia e cumpre tripla função dramática: opera uma breve retransposição humorística, respaldada pelos risos da audiência; dá gancho para Agrado enumerar a série de implantes feitos, evidenciando o *status* performativo-construcionista das performances de gênero; e sinaliza que o público teatral coperforma entusiasticamente a cena.

Multimodalmente empoderada, Agrado não divide o enquadramento com nenhuma outra personagem. O fato de seus planos serem intercalados com imagens da plateia serve para sinalizar as reações de seus membros: atenção, aceitação, cumplicidade, risos. Tais recursos semióticos posicionam Agrado como protagonista de sua performance narrativa, construída de modo assertivo, distanciando-se de qualquer entrave de assujeitamento (Foucault, 1976/2002). Se inicialmente prevalece um enquadre profissional, já que Agrado se dirige ao público como representante da companhia teatral, logo sua performance é reenquadrada em chave de retransposição confessional. A câmera acompanha essa mudança: se antes a enquadrava de corpo inteiro, mantendo distância, logo a aproxima do público por meio de planos médios e *closes*.

"Se eu entediar vocês = finjam que roncam." Ao fazer essa proposta, Agrado evidencia seu canal de diálogo com o público, valendo-se metapragmaticamente (ver introdução do volume) de um recurso preliminar à enunciação do evento narrado. Para sinalizar o reenquadramento de sua performance como relato autobiográfico, numa retransposição humorística, ela emite um som de ronco. Os risos da plateia indicam a aceitação do pacto proposto. Mesmo não verbalizada, a aceitação é multimodal e facilmente identificável pela reação da audiência, que a observa, expectante.

No entanto, o monólogo, coperformado com a plateia que assiste Agrado no teatro, aponta para ordens de indexicalidade opostas: enquanto ela se dispõe a compartilhar com o público sua história de vida — através da referência "se vocês ficarem=" e de um descritor metapragmático que ela enuncia enfaticamente "PROMETO" —, alguns membros da plateia se negam a escutá-la e optam por abandonar o teatro. Talvez rechacem o convite por conta da expectativa frustrada: a peça que iriam ver fora cancelada. Talvez o rechaço se dê pela entextualização de performances de ojeriza à alteridade, especialmente a transgêneros. Em contrapartida, a atitude de Agrado indexicaliza, por meio de um discurso catártico-confessional, o desejo de desconstruir prefigurações identitárias. Muitos ativistas LGBTI+ fazem da visibilidade sua bandeira política por acreditarem que o acesso à 'normalização' social pressupõe dar-se a conhecer — ver, contudo, a seção "Negatividade queer" na introdução do volume. Butler (2004), numa referência a Hegel, afirma que a inteligibilidade social perpassa o desejo de reconhecimento. Wilchins (2004), por sua vez, sugere contemplar a alteridade com base na singularidade e na pluralidade.

Ciente de que toda performance projeta um público e também um contrapúblico (Warner, 2002), Agrado não se surpreende quando alguns membros da plateia declinam de seu convite. Limita-se a despedir-se por meio da indexicalização de significados de despedida: "Adeus. Sinto muito, hein?". Mantendo o tom da voz neutro, sem efetuar qualquer retransposição, Agrado não indexicaliza sentidos de pesar em relação à saída das pessoas do teatro, tampouco desperdiça a oportunidade que as circunstâncias lhe brindam de dar-se a conhecer aos que no teatro permanecem. Parece saber o quão importante é desestabilizar uma ordem indexical heteronormativa que a contempla como abjeção por não se encaixar numa lógica binário-excludente que, antes mesmo do nascimento, generifica o indivíduo (Butler, 1990, 2004). Para o senso comum, os entrelugares da sexualidade entram numa ordem de indexicalidade que os subvaloriza. Por identificar que uma das atitudes que contribuem para isso é tomar a biologia como destino, Agrado se vale de sua performance narrativa para mostrar que a anatomia não deve aprisionar-nos e enumera as cirurgias plásticas e implantes de silicone que realizou.

Em meio à repetição, a performatividade abre brechas para inovações. Para realizar performances de feminilidade, basta 'passar por' mulher, algo que qualquer pessoa, independentemente de seus caracteres sexuais, pode fazê-lo. Enquanto inicia sua narrativa autobiográfica, Agrado desabotoa parcialmente a blusa. Tal movimento tanto indexicaliza sentidos sobre sua predisposição a executar uma performance narrativa sem pudores, quanto entextualiza performances de sedução, hegemonicamente atribuídas às mulheres. Paradoxalmente, seu figurino não remete àqueles com que comumente personagens transgêneras são construídas em narrativas fílmicas tradicionais. Ela traja uma calça preta e uma blusa de manga comprida lilás. Nesse aspecto, não entextualiza performances hegemônicas que estereotipam mulheres trans como exageradamente femininas e sensuais, não só na atuação, mas também na vestimenta.

O evento narrado começa quando Agrado se põe a contar a trajetória que empreendeu para habitar outro corpo, ou seja, a narrativa de como ela construiu, corpóreo-discursivamente, o que hoje é. Usando majoritariamente referências como pistas indexicais, Agrado se apresenta explicando por que a chamam assim: "<Me conhecem como Agrado> porque durante TODA A MINHA VIDA tudo o que quis foi tornar a vida dos outros agradável (.)". Tais pistas a posicionam como alguém para quem o outro torna-se relevante, a ponto de ela esmerar-se em agradá-lo. Não se trata de um esforço pontual, mas de um processo contínuo, evidenciado pela ênfase dada aos signos ("toda a minha vida"). Nessa espécie de 'segundo batismo', identificamos um movimento com vistas à aceitação. Soma-se a isso o fato de que, ao autonomear-se Agrado, ela potencializa os efeitos performativos dessa referência, dando conta de esclarecer suas intenções, ao mesmo tempo que evoca o desejo de agradar e a promessa de esforçar-se por consegui-lo.

Quando enumera suas intervenções protético-cirúrgicas por meio das referências “SILICONE nos lábios, testa, bochechas, quadris, bunda”, Agrado, além de acentuar a referência a “silicone” , aponta, uma a uma, as partes do corpo que vai mencionando. Não deve passar despercebido que, ao fazê-lo, ela entextualiza a rotina de práticas que envolve a adaptação corpórea imperativa para muitas pessoas transgêneras. Entrando numa ordem de indexicalidade que relativiza os impactos dessas mudanças anatômicas, valorando-as positivamente apesar do alto preço, ela desvia o assunto para a questão meramente econômica, novamente empregando, majoritariamente, referências: “>O litro custa sessenta mil< façam as contas porque EU já me perdi (.)”. Ela chega a acelerar a fala ao indicar o preço do litro, o que indexicaliza seu desdém pelas cifras: o importante é alcançar o resultado desejado. Tais pistas indexicalizam discursos de orgulho do corpo que construiu, colocando-o numa ordem de indexicalidade que valora positivamente o resultado, ao dizer que ele foi “feito sob medida”. Ao dizer isso, Agrado muda sutilmente a inflexão, operando uma retransposição exclamativa indexicalizadora de significados de orgulho.

Ao referir-se à plástica realizada no nariz, Agrado levanta o dedo indicador e sinaliza, chamando multimodalmente a atenção para os efeitos do ato de violência que sofrera. Evitando se vitimizar, promove um reenquadramento: minimiza os efeitos da porrada que estragou sua plástica, realizada um ano antes. Opera também uma retransposição em chave de humor, ressaltada pelo tom usado e pelo emprego majoritário de referências predicativas que ironizam o incidente: “Já sei que me dá muita personalidade, = MAS se eu soubesse não teria operado”. Ela absorve o acontecimento, desvalorizando ordens de indexicalidade que estabelecem um padrão de beleza que prima pela perfeição das formas. Quanto à retransposição, ela não indexicaliza resignação. Pelo contrário: o discurso de Agrado denuncia um histórico de transfobia contra pessoas transgêneras prostitutas[13], ainda mais expostas a possíveis represálias. Isso se deve, em grande parte, aos discursos de senso comum que as

[13] Informação complementar: cenas prévias da narrativa fílmica nos informam que Agrado, antes de trabalhar no teatro, prostituía-se.

submetem a ordens de indexicalidade que as desvalorizam duplamente: além de serem transgêneras, por se dedicarem à prostituição.

Depois da pausa para explicar a porrada no nariz, Agrado usa o descritor metapragmático "contínuo" para retornar ao evento narrado e seguir listando suas cirurgias. Ao afirmar ter feito implante nos dois seios, "porque não sou nenhum monstro", ela entextualiza discursos de senso comum que tratam performances corpóreas diferentes das instituídas pelo padrão hegemônico como ignóbeis, ratificando ordens de indexicalidade que desqualificam performances de enfermidade e defeitos físico-mentais (Foucault, 1976/2002).

Porém, não basta ostentar um par de seios: é necessário livrar-se de alguns atributos que indexicalizam sentidos de masculinidade. Por isso, ela fez redução de mandíbula e depilação definitiva. Supostamente, o queixo pronunciado e a abundância de pelos no corpo tornariam sua performance menos feminina. Sob essa lógica excludente operam os binarismos de gênero: devemos localizar-nos num extremo ou em outro. Eis também um exemplo de como sociolinguisticamente o discurso inscreve o gênero no corpo (Butler, 1990). Em tom divertido, Agrado opera mais uma retransposição ao justificar por que se depila: ">Porque as mulheres também vêm do macaco< Tanto ou mais que os homens!".

Em seguida, Agrado produz novo reenquadramento, recorrendo outra vez a um descritor metapragmático para saltar do evento narrativo para o evento narrado: "Bem, o que eu estava dizendo". Nesta ocasião, entretanto, o descritor também funciona como gancho para a coda (Labov, 1972) de seu monólogo. Depois de enumerar o que fez e quanto gastou para construir seu corpo, ou seja, a 'carcaça' que ratifica sua performance de gênero, ela sentencia, por meio de uma predicação avaliativa, que "nessas coisas não se pode economizar". Provavelmente, não se refira somente ao investimento econômico, mas também — e sobretudo — à adaptação anatômica e sociocultural que esse trânsito enseja, já que, como ela referencia e predica, "custa MUITO ser autêntica". A reciclagem da predicação "autêntica", mencionada anteriormente no início do evento narrado, fecha o ciclo narrativo: "UMA pessoa é tanto mais autêntica quanto mais se assemelha àquilo que sonhou para si". Para Agrado, a autenticidade é uma qualidade reflexiva: o que importa é ser autêntica — verdadeira — consigo mesma. O corpo é um canal e, como o discurso, pode ser moldado, negado, adaptado, reescrito. Respaldada pelos aplausos da plateia, Agrado conclui seu monólogo sinalizando que a autenticidade é um dizer/fazer performativo, que produz efeitos sobre quem somos, realçando o caráter paródico do gênero (Butler, 1990).

'Autenticidade' como coragem de tornar-se o que se deseja

Entender as narrativas como performances pode ser um ato político que abriga uma crítica à Modernidade excludente. Já que as micropolíticas podem ressoar em escalas macro (Pinto; Fabrício, 2013), fazemos pesquisa com o interesse ideológico-político de privilegiar "microrresistências e possibilidades de agenciamento" (Pinto; Fabrício, 2013: 11). Com tal propósito, debruçamo-nos sobre a performance narrativa da personagem Agrado no filme *Tudo sobre minha mãe*, por a contemplarmos como uma contranarrativa às tendências cinematográficas hegemônicas que iconicizam ou apagam performances de transgêneros. Reconhecemos, assim, a importância de fazer circular também na academia textos midiáticos que dão voz — no caso, um monólogo — e corpo — multimodalmente empoderado — a performances que desestabilizam narrativas canônicas sobre o gênero e a sexualidade.

Com o objetivo de identificar as pistas que apontam para essas desestabilizações, recorremos a Wortham (2001) e verificamos o uso predominante de referências na construção do que Agrado chama de "a história de [sua] vida". De grande importância para o evento narrado, destacamos a predicação "autêntica", duas vezes reciclada. Essas reciclagens servem para ressignificar a predicação em lugar de usá-la como sinônimo de 'original', 'verdadeira'. Os descritores metapragmáticos, por sua vez, auxiliam Agrado no trânsito entre o evento narrativo e o evento narrado, evidenciando — e ratificando — nossa visão da narrativa como performance. Isso é reforçado pelos reenquadramentos e retransposições (Tannen, 2006) que geralmente acompanham esses descritores, sinalizando metapragmaticamente como ela se posiciona enquanto narradora e protagonista ao entextualizar discursos orientadores e submetê-los a ordens de indexicalidade que, em algumas ocasiões, legitimam performances de senso comum — subvalorização de assimetrias corpóreas, como não possuir dois seios — e, em outras, questionam-nas — o melhor exemplo talvez seja conceber 'autenticidade' como a coragem de tornar-se o que se deseja.

Pelo fato de a entextualização (Bauman; Briggs, 1990; Silverstein; Urban, 1996) evidenciar a capacidade reflexiva da linguagem (ver a introdução do volume), identificamos que o monólogo de Agrado mobiliza significados mais amplos, que superam a mera interação *in situ*. Isso se dá porque o cinema, enquanto narrativa, se converte numa "arena reflexiva" (Bauman, 1986: 189) de onde emergem múltiplos significados sensíveis aos processos de entextualização e, consequentemente, ideologias conflitantes suscetíveis a serem, indexicalmente, sinalizadas.

Nossa pesquisa acerca dos usos performativos da linguagem no cinema faz ecoar, nos estudos linguísticos, contranarrativas críticas que promovem fissuras em significados modernistas cristalizados sobre o gênero e a sexualidade. Gostaríamos de ver nossos esforços expandidos em outras direções, suscitando pesquisas que identifiquem o impacto discursivo de performances de ampla circulação na mídia em interações espaçotemporalmente demarcadas, para assim continuar dando conta da produção discursiva que tais obras inspiram em suas contínuas reentextualizações. Esse estudo pretende incentivar, em termos de contribuição social, a identificação de obras — ou de fragmentos— que, ao transitarem na mídia, colaboram para a desconstrução de conceitos arraigados que servem para manter desigualdades e hierarquizar as performances de gênero e de sexualidade como mais ou menos legítimas em determinado contexto sócio-histórico.

Assim, ao vermos a linguagem cinematográfica, a partir de seu potencial performativo, criar o que descreve, filmes como o de Almodóvar podem colaborar para desconstruir discursos heteronormativos, familiarizar-nos com performances alteritárias e permitir considerá-las em suas singularidades e pluralidades (Wilchins, 2004). Só assim será possível desarticular equívocos como a autenticidade de gênero.

Anexo: tradução do texto

Por causas alheias à sua vonTAde (.)
duas das atrizes que triunfam diariamente neste palco (.)
hoje não podem estar aqui (.)
°Coitadinhas°
? Assim, o espetáculo será cancelado...
? Aos que queiram, devolveremos o dinheiro da entrada

>Mas< os que não tenham NADA melhor PARA FAZER (.)
e uma vez que vieram ao teatro =
é uma pena irem embora (.)
Se ficarem =
eu prometo divertir vocês <contando> a história da minha vida (.)
Adeus, SINTO muito, hein?
Se eu entediar vocês =
finjam que roncam=
Assim [ronc]
eu capto rápido e, DE FORMA ALGUMA, vocês ferem os meus sentimentos, ok?
SÉRIO!
<Me conhecem como Agrado>
porque durante TODA A MINHA vida tudo o que quis foi tornar a vida dos outros agradável (.)
?Além de agradável
sou MUITO AUTÊNTICA
<Olhem só que corpo>
Feito sob medida (.)
PUxado de olhos <oitenta mil>
Nariz <duzentos>
? Jogados fora porque um ano depois me bateram e ele ficou assi:m
Já sei que me dá muita personalidade =
MAS se eu soubesse não teria operado [risos]
<Continuo>
PEItos?
Dois
porque não sou nenhum monstro (.)
Setenta em cada um =
Mas estes já estão super <amortizados>
? Silicone em —
O:nde? [pergunta espectador]
Lábios
Testa
Bochechas
Quadris
Bunda
>O litro custa uns cem mil<

Façam as contas porque EU já me perdi (.)
Redução de mandíbula <setenta e cinco mil>
Depilação definitiva a laser –
>Porque a mulher também vem do macaco<
Bem, tanto ou mais que os homens!
sessenta mil por sessão =
Depende da quantidade de pelo que a pessoa tenha =
O normal é de duas a quatro sessões
MA:S se você é peluda[14]
vai precisar de mais, CLARO (.)
Bem, o que eu estava dizendo =
Custa MUITO ser autêntica, senhora.
E nessas coisas não se pode ser tacanha PORQUE
<UMA pessoa é tanto mais autêntica quanto mais se assemelha àquilo que sonhou para si>

---

[14] O adjetivo utilizado por Agrado é *folclórica*, que poderia ser traduzido literalmente como "pitoresca". Optamos por "peluda", a fim de manter a inteligibilidade do fragmento sem nos estender muito.

Capítulo 7

Posicionamentos interacionais mobilizados por *Tudo sobre minha mãe* na rede social Filmow

Clarissa Rodrigues Gonzalez e Luiz Paulo da Moita Lopes

"A transgressão não está em discursos inflamados,
mas no próprio corpo do protagonista.
Sua afronta não precisa de palavras."

Denilson Lopes (2006: 387)

Introdução

Este capítulo analisa como os participantes de uma rede social se posicionam interacionalmente diante das performances discursivo-identitárias de duas personagens do filme *Tudo sobre minha mãe*, Lola e Agrado, ambas transgêneras[1]. Interessa-nos identificar se o filme, como artefato cultural, inspira posicionamentos que colaborem para romper com noções de senso comum acerca de gênero e sexualidade.

Poucos cineastas cederam a tela a personagens transgêneras, e um número ainda mais reduzido o fez sem mostrá-las desempenhando performances impregnadas pela "universalização dos valores do homem

[1] Entendemos transgênero/transgeneridade (do 'inglês' *transgender/transgenderism*) como termos que abrangem as "pessoas que vivem como ou se identificam com outro gênero, mas podem não ter se submetido a tratamentos hormonais ou operações de redesignação de gênero" (Butler, 2004: 6).

euro-norte-americano, adulto, heterossexual e branco" (Lopes, 2006: 379) que o cinema comercial instaurou e propagou. O cinema pecou ou por omissão ou pela reprodução de um único ponto de vista. E se uma indústria como a cultural cala ou neutraliza a voz de certos grupos sociais, seja por seu gênero, sua práxis, classe social ou etnia, sentencia-os a sofrer os efeitos das práticas sociais hegemônicas, marginaliza-os e/ou caricaturiza-os. Porém, o poder constitutivo de práticas hegemônicas é mobilizador de resistência (Foucault, 1976/1998), e pessoas transgêneras encontraram na cinematografia de Pedro Almodóvar uma brecha singular para adentrar as narrativas fílmicas.

Por não reproduzirem discursos hegemônicos no que tange ao gênero e à sexualidade, os filmes de Almodóvar se prestam a questionar os alicerces de uma visão essencializada e dicotômica da sexualidade e do gênero. Não é de estranhar que tenham inspirado textos acadêmicos das mais diferentes áreas (psicanálise, educação, comunicação, antropologia), ainda que predominem textos interdisciplinares em diálogo com os estudos de gênero (p. ex., Cañizal, 1996; Maluf, 2002; Dias, 2010; Gallina, 2010). No campo brasileiro dos estudos da linguagem, recentemente a transgeneridade passou a gozar de maior atenção (Borba; Ostermann, 2007; Borba, 2011, 2014) e são muitas as publicações acadêmicas sobre personagens transgêneras nas obras de Almodóvar, sendo que a maioria delas geralmente se vincula a áreas do conhecimento distintas dos estudos linguísticos. Porém, é notável que os textos cinematográficos tenham suscitado tanto interesse de linguistas preocupados com linguagem e sexualidade: Cameron e Kulick (2003), por exemplo, frequentemente ilustram seus pontos de vista recorrendo a exemplos do uso da linguagem no cinema, como já apontado no capítulo anterior.

Esta pesquisa, inserida no campo do socioconstrucionismo discursivo e da visão performativa da linguagem (Austin, 1962/1990; Moita Lopes, 2003; Pennycook, 2007, 2010), lança um olhar sobre as performances discursivo-identitárias de personagens transgêneras, de forma a identificar os posicionamentos interacionais (Davies; Harré, 1990) que elas inspiram em participantes do Filmow. Para isso, baseia-se na análise das pistas indexicais (Wortham, 2001) identificadas na produção discursiva dos membros dessa comunidade de prática (Wenger, 1998). O arcabouço de sustentação teórica ampara-se nas teorias queer (Butler, 1990; Weeks, 1998; Wilchins, 2004) e em autores que alertam para a importância de nos livrarmos das heranças da Modernidade (Bauman; Briggs, 2003; Moita Lopes, 2006/2016, 2013), rechaçando uma visão pré-configurada da construção identitária no discurso (Pinto, 2013), escorada no positivismo, para produzir verdades universalizantes (cf. "Introdução").

A contribuição desta pesquisa para os estudos linguísticos reside em aumentar o foco de atenção em torno da transgeneridade no campo da linguagem, em mirar as práticas discursivo-interacionais nas redes sociais a partir de uma perspectiva queer e performativa, além de entender que o cinema, enquanto linguagem, também é performativo, já que constitui os sujeitos que alega descrever. A ruptura operada por Almodóvar ganha, assim, transcendência. Em lugar de construir personagens transgêneras como reféns de sua anatomia, como sujeitos sociopsicologicamente abalados, o cineasta lhes dá a possibilidade de agência ao libertá-las de tal estigma. Mostra que a performatividade alberga em si a possibilidade de transformação. Entender o efeito performativo da linguagem é fundamental para compreender como operam os mecanismos que tornam alguns corpos inabitáveis e algumas vidas não vivíveis (Butler, 2004, 2015).

Neste capítulo, primeiramente apresentamos as teorias de gênero como performance e a visão performativa da linguagem, a fim de fundamentar teoricamente a pesquisa. A seguir, nos centramos no filme *Tudo sobre minha mãe* (1999). Uma vez introduzidos os temas aqui contemplados, detalhamos o instrumental teórico-analítico a ser empregado para, em seguida, empreender a análise.

Tudo sobre minha mãe

Em uma busca rápida na internet, digitando apenas o título do filme, constatam-se múltiplas reentextualizações (Silverstein; Urban, 1996) da obra de Almodóvar mais de vinte anos depois de sua estreia[2], bem como sua intensa trajetória textual (Blommaert, 2005), o que, entre outros motivos, ratifica a decisão de escolhê-lo como um artefato cultural fundamental para estudar os significados que as performances discursivo-identitárias de transgeneridade podem suscitar.

Talvez nenhum cineasta tenha dado tamanha visibilidade às pessoas transgêneras quanto Almodóvar. Em alguns de seus filmes, elas têm presença marcante: *A lei do desejo*, *De salto alto*, *Má educação* etc. Em *Tudo sobre minha mãe*, não é diferente. Apesar dos problemas enfren-

[2] O filme estreou na Espanha no dia 8 de abril de 1999; no Brasil, em 8 de outubro do mesmo ano (disponível em: https://imdb.to/3nTnR74; acesso em: 5 set. 2022).

tados pelas personagens Lola e Agrado (a primeira tem a saúde fragilizada pela dependência de drogas e pelo HIV, já a segunda foi vítima de violência física), elas não entram em nenhum embate identitário — tópico reincidente em obras cinematográficas que abordaram previamente a transgeneridade — tampouco têm sua sexualidade aniquilada ou são motivo de chacota. Lola e Agrado são dois seres fronteiriços que burlam rótulos delimitadores de prefiguração identitária e de práticas sociais — e sexuais — prescritas pelo sistema binário de classificação de gênero e sexualidade.

Os mais importantes esforços dedicados a decifrar o autor e suas obras apontam que um dos méritos de Almodóvar reside em não enquadrar o desejo em parâmetros prefixados (Vidal, 1998; Smith, 1992, 2002; Strauss, 2000). *Tudo sobre minha mãe*, por exemplo, conta com duas personagens transgêneras de suma importância para a narrativa.

Lola é mãe/pai do filho esperado por Rosa, uma freira soropositiva, e do filho adolescente de Manuela, recém-falecido. Hoje, Lola tem um par de seios maiores que os da ex-mulher e cultiva os mesmos vícios de outrora: sexo e drogas. Agrado, por sua vez, depois de um passado como caminhoneiro e prostituta, não ecoa performances hegemônicas de transgeneridade: abandonou o trabalho nas ruas para converter-se em assistente da atriz Huma Rojo e, apesar da violência sofrida, não desempenha performances de vítima. Agrado moldou sua performance discursivo-identitária para alcançar o que entende por autenticidade: empreender os meios necessários para transformar-se naquilo que deseja ser, como vimos no capítulo 6. Lola tampouco desempenha performances hegemônicas de transgeneridade. Ela mostra que o desejo sexual não tem motivo para ser congruente com sua nova identidade de gênero, posterior à redesignação parcialmente realizada. Depois de implantar silicone nos seios e passar a usar roupas e adereços tipificados como femininos, Lola, que Gutiérrez-Albilla (2012) classifica como mãe queer, continua desempenhando performances de masculinidade.

A relevância narrativa de Lola e Agrado tem ainda respaldo multimodal: Agrado profere um monólogo olhando nos olhos do espectador (dimensão visual e textual) e, junto com Lola, ambas são retratadas em *closes* e planos de abertura média (dimensão visual). Tal dimensão multimodal lhes confere voz e autoridade, como já discutido no capítulo 6.

Afinal, essa abordagem singular da transgeneridade ganha transcendência se considerarmos que o cinema comercial, majoritariamente, relegou às personagens transgêneras papéis acessórios, quando não as transformou em vítimas de sua condição ou as patologizou, tirando-lhes inteligibilidade social (Butler, 2004), protagonismo e agência. Nesse sentido, a visibilidade e a humanidade que Almodóvar lhes confere fazem com que elas sejam reconhecidas como atores sociais que transitam pela esfera pública, transcendendo os limites de guetos e de armários (Sedgwick, 1990). E, à medida que as desidentifica (Muñoz, 1999), desessencializando as identidades transgêneras, o cineasta ressignifica o conceito de autenticidade. Pouco importam os regimes de verdade (Foucault, 1976/1998) incidentes sobre os corpos e as práticas das personagens transgêneras, se suas formas 'femininas' são 'reais' ou não. Em determinado momento do filme, Agrado afirma: "As únicas coisas verdadeiras que tenho são os sentimentos e os litros de silicone, que pesam muito". Pesam porque, como a própria Agrado sentencia em outro momento, "custa muito ser autêntica".

Enquanto Agrado indica que a identidade de gênero é artificialmente construída, Lola é andrógina e mostra que essa identidade pode oscilar. Pedro Almodóvar não exacerba nem reduz a sexualidade de Lola e Agrado de modo a diferenciá-las das demais personagens. Além disso, embora Agrado funcione como contraponto cômico do filme, ela não é retratada em tom zombeteiro: Almodóvar a torna cúmplice do público. Tal movimento lhe permite abordar a transgeneridade em sua complexidade, sem tratá-la com pudores ou como produto exótico, sem torná-la digerível para uma audiência desejosa de seguir assistindo performances de sexualidade hegemônica e heteronormativa que caricaturam a alteridade. O cineasta põe abaixo noções estruturalistas acerca do gênero e da sexualidade, reivindicando seu caráter performativo (Butler, 1990).

O gênero em *Tudo sobre minha mãe* é performado, imitado, plural e instável. A feminilidade e a masculinidade são performativas. A transgeneridade é, ao mesmo tempo, a presença e a ausência de identidades polarizadas (Vidal, 1998). Lola e Agrado evidenciam que todos performatizam o gênero que abraçam. Assim, Almodóvar sinaliza que a autenticidade está no núcleo do conceito de identidade, que não diz respeito à natureza, à biologia, e sim à possibilidade de ser fiel aos próprios desejos e aspirações[3]. Essa ode ao performativo torna-se evidente

[3] É claro que essa posição não implica uma visão voluntarista (podemos ser quem quisermos no mundo social), uma vez que temos de dar conta das práticas sociais e das alteridades que nos impõem limites e regras.

quando, concluída a narrativa, o cineasta dedica o filme àquelas(es) que atuam[4] ou performam suas vidas como mulheres. Não sem motivo é um filme sobre pessoas transgêneras femininas dedicado às mulheres: o gênero é sempre performativo, não há original, é sempre cópia da cópia; não é mais do que a repetição reiterada e estilizada das normas que o gere (Butler, 1990).

Instrumental teórico-analítico

Para interpretar a produção de sentido que permeia as práticas interacionais acerca de *Tudo sobre minha mãe* na rede social Filmow, optamos pelas pistas indexicais (Wortham, 2001), que possibilitam entender os posicionamentos interacionais dos participantes (Davies; Harré, 1990). As pistas indexicais apontam para os significados que emergem no aqui e agora das interações e para os sócio-historicamente consolidados — os Discursos — que comparecem nas entrelinhas do que foi dito (Moita Lopes, 2003, 2006).

Essas pistas chamam a atenção para o fato de que, quando nos pronunciamos, também evocamos outras vozes (Volóchinov, 1929/2017). Em nossas práticas discursivas, refletimos sobre o que dizemos e somos. Ao falar, estamos nos construindo identitariamente e também ao outro. Segundo Moita Lopes (2006b: 296), "as identidades sociais com as quais um indivíduo se identifica ou é identificado dependem dos posicionamentos que ele ocupou/ocupará nas práticas narrativas em que está envolvido". Essas ferramentas, portanto, complementam-se e, associadas, prestam recorrente auxílio às pesquisas que envolvem práticas discursivas porque auxiliam na interpretação da coerência discursiva e dos significados que os signos indexam, sinalizando o posicionamento dos falantes em relação aos seus interlocutores, a terceiros e às questões debatidas.

Apesar de Wortham (2001) ter desenvolvido seu instrumental analítico para ampliar as categorias de análise em narrativas autobiográficas, seguindo conceitos previamente fixados por Volóchinov (1929/2017), como os de vozes e ventriloquismo, as pistas indexicais também têm sido utilizadas nas pesquisas sobre práticas interacionais variadas, realizadas

[4] Dedicatória: "Para Bette Davis, Gena Rowlands, Romy Schneider... a todas as atrizes que interpretaram atrizes, a todas as mulheres que atuam, aos homens que atuam e se convertem em mulheres e a todas as pessoas que querem ser mães. À minha mãe".

em ambientes virtuais ou não (Guimarães, 2009; Oliveira, 2014). Com a ascensão das redes sociais, as pesquisas com *corpus* de dados gerado virtualmente têm emprestado métodos de pesquisa do mundo offline (Hine, 2000), entre outros originalmente desenhados para fins diversos.

Enfim, as pistas indexicais de Wortham (2001: 10) "podem ser utilizadas em análises de posicionamentos interacionais em qualquer narrativa particular". Neste capítulo, usaremos as cinco pistas previstas pelo autor, já definidas no capítulo 3: referência e predicação; descritor metapragmático; citação; índice avaliativo e modalizador epistêmico (Wortham, 2001: 70-75).

Contexto

Os participantes têm entre 15 e 43 anos. Há internautas das cinco regiões do Brasil. O comentário mais antigo, de um total de 725 postagens analisadas, data de 2012 e o mais recente foi realizado na semana anterior às impressões de tela, postadas às 7h32min do dia 8 de abril de 2014. O *corpus* de análise, extraído da rede social Filmow, centra-se em três excertos. O critério de seleção destacou as interações sobre gênero e sexualidade, privilegiando comentários acerca das personagens transgêneras.

O acesso ao Filmow se dá através do site http://filmow.com ou por aplicativo. Após efetuar o log-in, a/o usuária/o é encaminhada/o à interface inicial, onde figuram em destaque as estreias da semana e os filmes em cartaz, além de informações sobre profissionais e gêneros cinematográficos. Ao entrar no perfil de um filme, há a opção de marcar 'já vi' ou 'quero ver', além da possibilidade de avaliá-lo, indicá-lo, adicioná-lo a uma lista ou marcá-lo como favorito. Os perfis fornecem três subopções no menu: ficha técnica, comentários e notícias. Navegando pelo Filmow, os internautas entextualizam filmes e dão continuidade a sua trajetória textual (Blommaert, 2005).

Por sua dinâmica de funcionamento, após a publicação de uma entrada com título e sinopse, os participantes podem introduzir comentários no perfil do filme. Essa é a oportunidade de observar como as/os usuárias/os do Filmow expressam gostos e inquietações, posicionando-se interacionalmente em relação aos temas que o filme aborda, às personagens e às situações que elas vivenciam na trama, possibilitando estudos de performances discursivo-identitárias. Neste capítulo, dedicamo-nos a empreender uma análise contextual de como tais posicionamentos interacionais são sinalizados por pistas indexicais.

Análise

Se é na interação que os posicionamentos são negociados (Wortham, 2001), então as práticas discursivas que permeiam os letramentos digitais constituem um campo frutífero para empreender a análise aqui proposta. Pinheiro (2011: 3-4) alerta para a necessidade de "apurar o olhar para novos espaços virtuais de criação de sentido". Inclusive porque neles comparecem certos tipos de dinâmicas interacionais, que, segundo Bourriaud (2006), definem uma "estética relacional", ou seja, uma nova forma de relacionar-se mediada pela web 2.0. Esse novo ethos, "produto de novos modos de agir na construção de conhecimento, significados, valores e ideologias" (Moita Lopes, 2012: 204), pode levar a reinventar o sujeito social e a questionar certos discursos orientadores.

Centramo-nos, a seguir, na análise dos excertos, com foco nos posicionamentos interacionais em relação ao filme, e não entre os participantes. Os excertos, apesar de contarem com tópicos interacionais reincidentes (Brown; Yule, 1983; ver também a nota 5 no capítulo 5), não se caracterizam por debates diretos — excetuando os últimos comentários do terceiro excerto. Por termos optado por apresentar impressões de tela, as postagens não sofreram qualquer correção ortogramatical. Os excertos estão dispostos em ordem cronológica inversa, indo das publicações mais recentes às mais antigas.

Excerto 1

Luciano

7 meses atrás

Almodóvar tem esse poder de pegar uma história deveras incomum e conseguir transmiti-la para o público da maneira mais natural possível, demonstrando enorme sensibilidade e grande domínio sobre a linguagem cinematográfica. O diretor consegue fazer o espectador imergir em seu universo particular ao passo que retrata a complexidade do universo feminino de uma maneira nunca feita antes. Seus personagens, seja homem ou mulher, são todos femininos (com exceção de Esteban), todos muito bem interpretados e todos têm grande importância no ambiente criado por Almodóvar, que mais uma vez é caracterizado por suas cores fortes, músicas latinas e pela excentricidade do roteiro. Belíssima homenagem às mulheres, a todas elas, seja mãe ou não, ou mesmo nem tendo nascido mulher.
Almodóvar, o nosso Agrado do cinema.

6 0 responder

Gil

7 meses atrás

Melhor filme de Almodóvar.

0 0 responder

Brenda

7 meses atrás

Entrelaçando sentimentos...

0 0 responder

Carla

7 meses atrás

Se eu disser que me apaixonei pelo (a) Lola serei apedrejada?

Lindo, lindo. De tirar o fôlego.

2 0 responder

Vítor

7 meses atrás

Muito bacana, e envolvente. Os diálogos são sérios e interpretações magníficas. Penélope Cruz em início de carreira novinha, e aquele traveco Agrado roubou a cena abeça. Um dos melhores filmes do Almodovar

1 0 responder

No primeiro excerto, todas/os se posicionam favoravelmente aos temas do filme — performances de transgeneridade e personagens transgêneras —, ainda que um participante use um índice avaliativo pejorativo para referir-se a Agrado.

No primeiro comentário, o descritor metapragmático "transmiti-la", remete à história do filme, predicada como "incomum". As referências "domínio" e "sensibilidade" são acompanhadas de um modalizador epistêmico "deveras", demonstrando o grau de certeza e a forma como o participante descreve suas impressões. Depois, Luciano usa a mesma referência "universo" com duas predicações diferentes "particular" e "feminino". Novamente recorre a um modalizador epistêmico "de uma maneira nunca feita antes" para, hiperbolicamente, referir-se à capacidade do diretor em lidar com certos temas: imersão em um universo particular e feminilidade. Se o primeiro tópico discursivo gira ao redor da história e das habilidades do diretor, o seguinte tópico focaliza as personagens. O participante repete a predicação "feminino", dessa vez para qualificar a referência "personagens". Especifica que "seja homem, seja mulher, são todos femininos (com exceção de Esteban)". Seu posicionamento mostra-se favorável aos discursos que o filme mobiliza no que tange à natureza subversiva do gênero, que não pode ser facilmente encaixado em parâmetros previamente dados e essencializados (Wilchins, 2004; Moita Lopes, 2009), numa clara menção às personagens transgêneras. Em seguida, Luciano usa a referência "ambiente" como gancho para mudar o tópico discursivo, listando, por meio de referências e predicações, três características reincidentes nas obras de Almodóvar: "Cores fortes", "músicas latinas" e "excentricidade do roteiro".

O comentário predica o filme como uma "belíssima homenagem às mulheres". E especifica: "A todas elas, seja mãe ou não, ou mesmo nem tendo nascido mulher". Não há muita diferença entre as que nascem mulheres e as que vêm a sê-lo *a posteriori*: todas elas aprendem a realizar performances condizentes com o que se institucionalizou como 'performances de mulher'. Eis aí uma questão fundamentalmente cronológica: algumas começam a desempenhar tais performances desde que seu sexo é identificado, designando-lhes sua identidade de gênero, enquanto outras só começam a empreendê-las quando decidem subverter o chamado imperativo biológico. Luciano, dessa maneira, alinha-se com um dos mais importantes pilares de sustentação das teorias queer: o gênero é performativo (Butler, 1990; Weeks, 1998; Wilchins, 2004; Moita Lopes; 2003, 2009). Em seguida, ele transforma o nome próprio da personagem Agrado em um substantivo comum, mantendo a letra inicial em maiúscula, para fazer uma valoração final positiva: "Almodóvar, o nosso Agrado de cinema".

Em seu post, Gil posiciona-se como fã: "Melhor filme de Almodóvar". Suas escolhas lexicais apontam para o fato de ele ter visto outros filmes do cineasta, o que lhe permite compará-los e predicar *Tudo sobre minha mãe* como o melhor deles. Brenda, num posicionamento inconclusivo, predica o filme como um lugar de "entrelaça[r] sentimentos".

O comentário seguinte, da Carla, sinaliza um posicionamento questionador acerca de uma possível punição social caso a participante se declare apaixonada por uma transgênera, mobilizando discursos de ordem jurídico-religiosa: "Apedrejamento". Seu posicionamento questiona a igreja: por que certas formas de ser — e amar — devem ser punidas? As escolhas lexicais de Carla mostram seu cuidado em usar ambos os artigos definidos no feminino e no masculino ao referir-se a Lola. Dessa maneira, ela se alinha a uma concepção queer do gênero, evitando encaixar o sujeito em uma categoria ou outra. Tal movimento desestabiliza os discursos orientadores da Modernidade, em sua insistência em guiar nossas práticas ao sinalizar que a dificuldade de criar inteligibilidade sobre o corpo transgênero se deve ao fato de não haver uma categoria que o abarque (Wilchins, 2004), em outras palavras, pela inviabilidade de ser enquadrada numa performance de gênero, a pessoa transgênera carece de reconhecimento (Butler, 2004). Percebe-se assim a urgência de o gênero, assim como de a teorização sobre a linguagem, se libertar de uma concepção sistêmica, internalista, que desconsidera as práticas nas quais o gênero, bem como outros sentidos, é continuamente ressignificado — o que é chamado na introdução de uma ideologia externalista.

O comentário de Vítor começa com uma predicação avaliativa do filme: à intensidade implicada em "muito', somam-se dois qualificativos enaltecedores: "Bacana" e "envolvente". Os diálogos e as interpretações recebem o mesmo predicado "magnífico", dando continuidade aos elogios proferidos. Depois, Vítor usa um índice avaliativo de teor pejorativo, "traveco", para referir-se a Agrado quando a avalia positivamente, já que a personagem "roubou a cena". Esse posicionamento é contraditório: a simpatia que ele nutre pela personagem não encontra paralelo na maneira como a referencia.

Excerto 2

Maria

9 meses atrás

O meu eu travesti só aumentou depois desse filme, digo película.

5 0 responder

Emília

10 meses atrás

Esse filme realmente Agrado (duplo sentido)! ♥

16 0 responder

Marcelo

10 meses atrás

Obviamente uma película que trata da força da feminilidade.

Uma mulher e abandonada por seu marido porque ele se transformou num "ser" igual a ela. Um ser forte, que se relaciona com uma freira e a engravida, mas também lhe contamina com sua doença. Ambos teriam destinos cruéis. A atriz acostumada com o sucesso e que só vê felicidade ao lado de outra mulher, porém esta prefere drogas e doravante se casaria com um homem. Um homem que se transforma em mulher para ganhar sua vida, para sofrer na mão dos homens, mas ao final se aposenta do seu trabalho e começa um novo. É seu auge no teatro. O filme também rodeia a peça "Um Bonde Chamado Desejo" ou "Uma Rua Chamada Pecado", onde, vejam só, constam duas das personagens femininas mais fortes, emblemáticas, estudadas e admiradas de todo mundo.

Todas juntas, todas sorrindo e sofrendo. Todas mães e amigas uma das outras. As vezes vejo filmes onde mães perdem seus filhos e tem atitudes "ok, fazer o quê?". A cena em que Manoela corre até seu filho atropelado é uma das mais verossímeis que já vi. Triste, contudo bem feita.

Esse filme como não poderia deixar de ter, possui um trabalho magnífico, excelentes atuações e um roteiro excêntrico, no melhor estilo Almodóvar.

13 0 responder

Nessa sequência, todos os comentários remetem explicitamente às personagens transgêneras. Maria faz alusão a um "eu travesti", evocando noções identitárias. O predicador avaliativo "travesti" descreve os efeitos de sentido provocados pelo filme. Seu comentário ressalta como um artefato cultural pode mobilizar práticas não referendadas pelos discursos hegemônicos e, por isso, inspirar posicionamentos marcados por um tom confessional, já que desafiam certos tipos de discursos autorizados (Foucault, 1976/1998).

Emília, à semelhança do que fez Luciano no excerto anterior, apropria-se do nome da personagem Agrado e o transforma em verbo para avaliar positivamente o filme: "Esse filme realmente Agrado". Seu posicionamento metalinguístico ignora propositalmente a falha na concordância verbal e a opção de conservar a inicial maiúscula do nome próprio destaca sua intenção principal: identificar a personagem dentro do jogo de palavras. O uso da exclamação e o emprego de um recurso semiótico (símbolo em forma de coração) ratificam sua valoração positiva. Ela também lança mão do modalizador epistêmico "realmente" para magnificar sua valoração favorável. Já o pedido para que a leitura considere um "duplo sentido" explicita o caráter lúdico-reflexivo da linguagem. Isso chama a atenção para a forma como o discurso é organizado e para o recurso metapragmático da linguagem, já que, segundo Bauman e Briggs (1990: 73): "Sua forma e seu significado indexam uma ampla gama de tipos de discurso e convidam a uma reflexão crítica sobre os processos de comunicação".

Marcelo inicia o terceiro comentário com as referências "força da feminilidade" para explicar do que o filme trata. Logo, centra-se em Lola e a predica como "forte", esclarecendo por que Manuela fora abandonada pelo marido: "Se transformou num ser igual a ela". Essa asserção deixa antever discursos heteronormativos baseados na anatomia para designar a identidade de gênero e a sexualidade, apagando as identidades (trans)lésbicas por não conceber que Lola e Manuela pudessem permanecer juntas mesmo depois da redesignação de gênero parcial empreendida por Lola. Em seguida, o participante incorre num posicionamento contraditório: relata as performances de masculinidade de Lola ("se relaciona com uma freira e a engravida"), sem se dar conta de que essas performances demonstram não haver convergência entre sexo, desejo e gênero (Butler, 1990). A prefiguração linguística recai sobre a prefiguração identitária (Pinto, 2013). A dificuldade de Marcelo em classificar as performances de Lola como masculinas ou femininas se reflete na maneira como ele a referencia: utiliza o termo "ser", desprovido de marcação de gênero.

O participante ainda incorre num juízo de valor ao usar um índice avaliativo para sentenciar que Lola "contamina" uma freira "com sua doença". Quando o foco é Huma, Marcelo enfatiza a homossexualidade da personagem, escolhendo esse aspecto para descrevê-la como uma mulher que "só vê felicidade ao lado de outra mulher". Como indica Foucault (1976/1998), a homossexualidade aqui deixa de ser considerada uma prática e passa a designar uma espécie. Em seguida, Marcelo se detém na descrição de Agrado: "Um homem que se transforma em mulher para ganhar a vida". Não é o caso: Agrado conta que, antes de dedicar-se à prostituição, era caminhoneiro, mas em momento algum afirma que sua transição fora motivada por questões de sobrevivência. Em seu monólogo, Agrado explicita que busca a autenticidade e por isso se submeteu a cirurgias plásticas e a implantes de silicone: "Uma pessoa é tanto mais autêntica quanto mais se assemelha àquilo que sonhou para si"[5]. Ao dizer isso, não equipara 'autenticidade' a 'originalidade'.

[5] Fala da personagem Agrado.

Tal entendimento nos permite ratificar o pressuposto de que todo gênero deve ser sempre concebido como paródia (Butler, 1990), não só a transgeneridade[6]. Todas as performances, inclusive as de masculinidade e feminilidade, são paródias, ou seja, cópias da cópia, produto de um movimento iterável que carece de modelo paradigmático que instaure uma matriz[7]. Dessa forma, a noção de autenticidade deve ser desvinculada do "modelo da identidade para aderir ao movimento da paródia" (Ferraz, 2002: 105).

Quando Marcelo cita a peça *Um bonde chamado desejo/Uma rua chamada pecado*[8], sua entextualização remete àquela feita por Almodóvar, evidenciando uma das características mais proeminentes da sociedade contemporânea: a alta reflexividade percebida na intensa circulação de textos (Giddens, 1991), constantemente entextualizados num movimento contínuo de retroalimentação devido aos processos de hipersemiotização que vivemos (Chouliaraki; Fairclough, 1999). O participante cita a obra de Tennessee Williams e menciona suas fortes personagens femininas, assim como as do filme de Almodóvar. Estabelece, dessa maneira, um elo a mais entre peça e filme, sugerindo que não foi por acaso que o cineasta a entextualizou. Essa intenção é evidenciada pelo uso da modalização epistêmica "vejam só", que abre um canal de diálogo com uma audiência projetada, além de posicionar o participante no evento narrado.

Marcelo afirma também que, às vezes, vê filmes em que "as mães perdem seus filhos e tem atitudes 'ok, fazer o quê?'". Tal posicionamento é contraditório porque vai de encontro a uma das questões centrais do filme: o desespero de Manuela por só dar sentido à sua existência depois de perder o filho. Quiçá falte uma conjunção adversativa para explicitar que, diferentemente de outros filmes, *Tudo sobre minha mãe* não relativiza a dor da perda de um filho. Marcelo, no entanto, valora positivamente a cena do atropelamento, qualificando-a de "bem feita e triste". Depois, conclui seu comentário predicando o trabalho da equipe artística como "magnífico", as atuações como "excelentes" e o roteiro como "excêntrico, no melhor estilo Almodóvar". Essa última predicação

[6] Entendemos a transgeneridade, em sentido amplo, como o termo que descreve as performances de gênero que se encontram *in-between*, que não podem ser polarizadas como masculinas ou femininas.

[7] Precisamente por não haver uma matriz que prescreva uma identidade de gênero consoante com nossos caracteres sexuais exteriores, Butler (1990) e Rich (1980/1990) chamaram a atenção para a falácia da matriz heterossexual.

[8] A mesma obra consta com dois títulos diferentes em suas versões brasileiras.

também funciona como modalizador epistêmico ao indicar a familiaridade do participante com a obra de Almodóvar. O predicativo "excêntrico" é valorado como positivo, como algo que se espera do cineasta.

Excerto 3

Alessandro

1 ano atrás

Inconformado por ter ignorado esse filme até hoje, mas ao mesmo tempo feliz por poder estar vendo esta obra pela primeira vez. Pedro Almodóvar fez dessa joia um espetáculo dedicado à sensibilidade feminina, sem recorrer a estereótipos. Em cena vemos mulheres fortes e humanas, sejam elas no sexo ou na essência (Agrado & Lola).
A trama pode ser comparada a uma novela, só que a forma bem orquestrada, o domínio sobre cada personagem, a dose de drama levemente salpicada por pontuais toques de humor, faz do trabalho de Almodóvar uma jornada deliciosa. A forma como o autor trata temas como, perdas, morte, raiva, homossexualidade é autentica e em nenhum momento soa forçada, é como se ele conhecesse cada uma daquelas pessoas e transpusesse para a tela suas historias.

5 0 responder

Raul

1 ano atrás

"Uma pessoa é tanto mais autêntica quanto mais se parece com aquilo que ela sempre sonhou para si mesma".

9 0 responder

Joyce e Pedro (respectivamente)

1 ano atrás

Nunca vi sucessivas tragédias em tão pouco tempo. O mundo gira e como gira. Almodóvar retrata tragicamente esse "bang bang" da vida. Incrível. Filme absurdamente incrível. Queria saber em que mundo mulheres têm relações sexuais com travestis e ficam grávidas, porque no meu mundo... Isso é totalmente louco. Preciso rever para entender algumas coisas que ficaram não tão claras assim para mim. Mas em suma, é um filme esplendoroso. Recomendo muito!

0 0 responder

1 resposta

1 ano atrás

Em que mundo a aliens,viagens no tempo,seres imortais,naves espacias que fazem a velocidade da luz,armas de fogo com mais de trinta munições,piranhas que vivem em águas salgadas,enfim só encontramos isso no mundo cinematográfico,graças aos deuses.

1 0 responder

Esse excerto registra maior teor interacional entre participantes, contendo um comentário-resposta. O primeiro comentário da sequência, feito por Alessandro, tem início com um lamento introduzido pela autopredicação "inconformado", sendo demarcado pelo modalizador epistêmico "ter ignorado esse filme até hoje". Em seguida, o participante predica o filme como "joia" e o referencia como "um espetáculo dedicado à sensibilidade feminina, sem recorrer a estereótipos". Ele se posiciona de maneira favorável a discursos que não apelam para homogeneizações, caricaturizações. Depois, menciona dois tipos de "mulheres", predicando essa referência: "Em cena vemos mulheres fortes e humanas, sejam elas no sexo ou na essência (Agrado & Lola)". Mesmo que o termo 'essência' possa gerar uma interpretação equivocada, por remeter à noção de gênero atrelado à substância (Butler, 1990), e mesmo que Alessandro distinga as mulheres biológicas das que têm de adequar seu corpo à sua identidade de gênero, ele considera Agrado e Lola mulheres, evitando referir-se a elas com índices avaliativos de teor pejorativo.

Na continuação, Alessandro modaliza epistemicamente seu enunciado ao afirmar que a trama é similar à de uma novela, com a ressalva de "ser bem orquestrada". Também posiciona Almodóvar como bom conhecedor de seus personagens, já que os domina. Menciona a forma de o cineasta tratar de temas como "perdas, morte, raiva" e só se detém para fornecer alguma explicação quando cita a homossexualidade: "É autêntica e em nenhum momento soa forçada". A predicação "autêntica" resgata um adjetivo dito por Agrado num momento crucial do filme, quando ela enuncia seu monólogo. Esse movimento é um recurso a que muitos(as) participantes recorrem, tendo visto que optam por citar palavras, frases e obras entextualizadas pelo filme. Alessandro conclui com uma predicação, fornecendo um argumento à sua afirmação sobre o quão bem Almodóvar conhece suas personagens: "É como se ele conhecesse cada uma daquelas pessoas e transpusesse para a tela suas histórias".

Raul cita o fragmento final do monólogo proferido por Agrado, entextualizando-o. Já Joyce, que faz um comentário respondido por Pedro, assume posicionamentos contraditórios. Num primeiro momento, ela recorre a referências e à modalização epistêmica ao mencionar que "nunca" viu "sucessivas tragédias em tão pouco tempo" e predica o filme como "absurdamente incrível". Na avaliação de Joyce, Almodóvar retrata tragicamente o que ela chama de "bang bang da vida" (marcador metapragmático). Em seguida, ela questiona a verossimilhança da obra: "Em que mundo mulheres têm relações sexuais com travestis e ficam grávidas?". Ao introduzir a sentença com a modalização epistêmica "em que mundo", Joyce chama a atenção para o fato de aquilo não ter cabimento.

Em um posicionamento reflexivo, a participante reconhece que precisa rever o filme para entender certas questões. No entanto, valora o filme de maneira positiva e o recomenda. Pedro intervém e responde ao questionamento de Joyce, argumentando: há coisas que só são possíveis em narrativas cinematográficas. Para posicionar-se como conhecedor do tópico argumentativo, enumera uma série de exemplos, iniciando a sentença com o mesmo modalizador epistêmico de Joyce: "Em que mundo [há] aliens, viagens no tempo, seres imortais...". Percebe-se aqui a dificuldade de as/os participantes encararem performances de transgeneridade que fujam aos parâmetros transnormativos[9] (Wilchins, 2004).

Em termos gerais, os posicionamentos interacionais são permeados por grande quantidade de predicações, itens avaliativos, modalizações epistêmicas e uma quantidade razoável de citações. Entre as referências, destacamos Agrado e Almodóvar. Em suas postagens, as/os participantes demonstram, majoritariamente, simpatia por ambos. A estratégia do cineasta de construir Agrado em chave de humor consegue aproximá-la do público. O fato de haver outra personagem transgênera, Lola, atuando como contraponto dramático aponta para a diversidade de performances de transgeneridade possíveis, alertando para o perigo da universalização performativa e da prefiguração identitária. No entanto, mesmo que a maioria das/dos participantes valorem Lola e Agrado de forma positiva, uma parte se refere a elas com termo pejorativo "traveco" ou parece não entender o mundo social em performance, ou seja, os discursos transgressores performatizados que o filme faz circular.

Efeitos da fuga às performances hegemônicas de transgeneridade

Compreender como os participantes do Filmow, um artefato cultural formador — e refletor — de opinião, posicionam-se discursivamente, enquanto consumidores de cinema, ante as performances de transgeneridade construídas em *Tudo sobre minha mãe* permitiu-nos identifi-

[9] Trata-se da normatividade que delineia como a pessoa transgênera deve 'ser' e agir, incluindo suas práticas sexuais, vestimenta, profissões etc.

car como, ao fazê-lo, tais participantes também se constroem em termos 'identitários' ao referendarem — ou não — discursos de sexualidade anti-hegemônica, bem como discursos questionadores da biologia como verdade e de uma ordem jurídico-religiosa punitiva.

Ao pôr em cena duas personagens transgêneras sem estereotipá-las, vitimizá-las ou patologizá-las, como fizeram alguns filmes de grande bilheteria[10], *Tudo sobre minha mãe* constrói performances de transgeneridade que fogem às que o chamado cinema comercial forjou, questionando os "clichês das representações de gênero e orientação sexual", como Lopes (2006: 381) reivindica. O filme sinaliza ser possível fugir das performances hegemônicas de transgeneridade — caso do estigma da prostituição que recai sobre muitas transgêneras[11], inclusive Agrado — e que não há qualquer relação causal e convergente entre desejo, sexo e gênero — Lola empreende um realinhamento parcial de gênero que não acarreta mudanças na expressão do desejo sexual.

As/os participantes que comentaram a obra de Almodóvar no Filmow, majoritariamente, posicionaram-se de maneira favorável aos temas relacionados com as performances de transgeneridade, embora nem sempre reproduzissem os discursos de sexualidade anti-hegemônica contemplados no filme. Inclusive não chegavam a um acordo na hora de referenciar e predicar as personagens transgêneras. Vítor se refere a Agrado no masculino; Alessandro se refere a Lola e a Agrado no feminino; Carla emprega ambos os artigos definidos, alternados, ao referir-se a Lola; enquanto Marcelo opta por um substantivo sobrecomum "ser". Se, por um lado, tal dificuldade nos alerta para as amarras de uma gramática que não mais serve à vida social, por outro, aponta a necessidade de novas ideologias linguísticas que venham alterar a estrutura do chamado português padrão (Moita Lopes, 2013, 2021).

Essa dificuldade evidencia o quanto a corporalidade (Maluf, 2002; Louro, 2004) ganha transcendência na percepção das performances de transgeneridade e como tais performances se impregnam de transnormatividade: Joyce tacha o filme de incongruente porque nele há mulhe-

---

[10] *Vestida para matar* (1980) e *Silêncio dos inocentes* (1991), por exemplo, contam com personagens transgêneros *serial killers*. Ver nota 11 do capítulo 6.

[11] Segundo uma reportagem publicada pelo jornal espanhol *La Razón*, 80% das pessoas transgêneras se dedica à prostituição (https://bit.ly/3ze7PXF). Para que travestis e transexuais possam estudar e se profissionalizar sem recorrer à prostituição, a prefeitura da cidade de São Paulo, através do Transcidadania, oferece uma bolsa a essa população mediante a inscrição na EJA ou em outros cursos oferecidos pelo programa (https://glo.bo/3CcaK4U, *O Globo*, 9/1/2015).

res que se envolvem sexualmente com uma transgênera. Tal posicionamento deixa antever discursos essencialistas, ignorando a pluralidade transidentitária (Wilchins, 2004), além de evidenciar o quão impregnados de 'verdade biológica' estão os discursos em circulação. De todo modo, essa mesma participante que julga inconcebível a relação entre uma mulher e uma transgênera afirma, num posicionamento reflexivo posterior, que precisa rever o filme "para entender algumas coisas".

O efeito performativo de enunciar performances de transgeneridade que fogem ao senso comum desestabiliza a (hetero/homo/trans)normatividade. Por isso, ganha relevância o monólogo de Agrado dirigido à plateia, analisado no capítulo 6. Ao dar-lhe voz, Almodóvar promove um deslocamento. *Tudo sobre minha mãe* se converte, assim, em um espaço de compreensão sobre a negociação discursiva de 'identidade(s)' e interstícios do desejo pulsante que ignora ataduras. Se não chega a sensibilizar as/os participantes do Filmow, consegue chamar a atenção para as fissuras discursivo-identitárias do sistema binário de classificação de gênero, que é incapaz de referendar a multiplicidade de práticas generificadas vividas contemporaneamente. Pelos comentários analisados, além daqueles aqui incluídos, a maioria das/dos participantes do Filmow parecem compreender tais fissuras.

Discursivamente esvaziada no filme, a noção de matriz heterossexual (Rich, 1980/1990; Butler, 1990) é posta em xeque pela emergência de teorias que desafiam a aparência de essência de que se revestem o gênero e a sexualidade (Butler, 1990). As/os participantes da rede social, porém, nem sempre se dão conta disso. Os itens lexicais mais repetidos nos posicionamentos analisados são "travesti" e "feminino", bem como seus respectivos derivados "traveco", "feminilidade". Isso indica que, para as/os participantes do Filmow, as performances de transgeneridade equivalem às de travestismo, como se só elas fossem paródias, não referendando, dessa maneira, o pressuposto queer, que proclama como paródica e, portanto, instável toda e qualquer performance de gênero.

O cinema e o gênero, por legitimarem certos discursos orientadores, operam de maneira similar: ambos se escoram na iterabilidade performativa para legitimar os regimes de verdade (Foucault, 1976/1998) que mantêm as hierarquias que lhes convêm. Tanto que se convertem em poderosas armas para referendar algumas performances e deslegitimar outras, deixando, porém, brechas para rupturas, já que a performatividade abarca, em meio à repetição, a possibilidade de transformação (ver nota 11 da introdução do volume).

A análise aqui realizada, apenas uma entre muitas possíveis, pode auxiliar na compreensão do diálogo entre os artefatos culturais e os (re)posicionamentos interacionais mobilizados em redes sociais, possibilitando desestabilizações de discursos sedimentados. Se "a linguagem é algo que na sua enunciação muda o mundo" (Cameron; Kulick, 2003: 285; ver também a epígrafe na introdução do volume), as performances discursivo-identitárias de Lola e Agrado contribuem, de alguma maneira, para que as/os participantes do Filmow exponham, revejam, questionem suas próprias performances discursivo-identitárias. Investigações desse tipo podem mobilizar discursos para os quais as pessoas transgêneras têm vidas tão legítimas, vivíveis e corpos tão habitáveis quanto quaisquer outros (Butler, 2004, 2015).

Capítulo 8
Reflexividade metapragmática sobre o cinema de Almodóvar

Clarissa Rodrigues Gonzalez e Luiz Paulo da Moita Lopes

Pedro Almodóvar é um dos cineastas em atividade mais debatidos dentro e fora da academia. Sua obra tem motivado diversas reflexões sobre as pragmáticas e metapragmáticas envolvendo performances de gênero e sexualidade que fogem a padrões heteronormativos. No campo dos estudos da linguagem, há investigadores que recentemente debruçaram-se sobre seus filmes (Felippe, 2004; Veloso, 2012; Moita Lopes, 2021), como estamos fazendo nesta parte do livro. Neste capítulo, focamos como as situações e as personagens criadas por Almodóvar são metapragmaticamente enquadradas e avaliadas em uma postagem que predica o cineasta como "pedagogo da realidade LGBT" e nos comentários dessa postagem, publicada no site espanhol *Dos Manzanas*, voltado para audiências LGBTI+.

Considerando três das principais bandeiras levantadas por esse coletivo — a igualdade de direitos, a normalização social e a visibilidade de todas as sociabilidades que compõem a sigla LGBT+[1] —, trataremos de identificar indexicalmente os Discursos (Gee, 2004) que os participantes entextualizam ao julgarem situações e personagens das narrativas fílmicas, bem como as opiniões dos demais participantes a respeito. Além disso, enfo-

[1] Na interação analisada, de 2009, usa-se a sigla espanhola LGTB, que equivale à brasileira LGBT, de maneira que optamos por mantê-la assim nas postagens analisadas. Ver também nota 1 da introdução ao volume.

camos como, ao fazê-lo, os participantes, muitas vezes, estabelecem uma comparação entre dois níveis escalares: o da ficção cinematográfica e o das experiências que vivenciam, refletindo metapragmaticamente sobre ambos. Isso nos dá instrumentos para avaliar os efeitos de tal reflexividade, tendo como referência a mencionada pedagogia LGBT almodovariana.

Se compreendemos a metapragmática (ver a introdução ao volume) como uma reflexão sobre a pragmática ou para além dela, percebemos a relação indissolúvel entre pragmática e metapragmática e a interseção desta noção com a de reflexividade. Usualmente definida como forma de enquadrar a realidade ou de elaborar instruções para enquadrá-la conforme desejado, a metapragmática aponta para como nos posicionamos no mundo enquanto sujeitos sociais, evidenciando os Discursos que nos guiam. Por isso, há autores que tecem analogias entre a metapragmática e a ideologia, entre a metapragmática e os processos de contextualização (p. ex., Silva; Pereira; Alencar, 2014). Neste capítulo, também a contemplaremos sob esse prisma, destacando seu caráter reflexivo e indexical.

Blommaert e Rampton (2011: 10), ao problematizarem o conhecimento compartilhado e seus atravessamentos indexicais, conectam a reflexividade metrapragmática com “a forma como as pessoas entendem a própria comunicação e a dos outros”. A ação metarreflexiva — especialmente no que tange à forma de enquadrar socioculturalmente dada situação e à leitura que se deseja que os outros façam dela, bem como a relação entre linguagem e prática semiótica — é um dos principais focos de interesse da sociolinguística e da antropologia linguística na contemporaneidade, tendo grande influência no tipo de linguística aplicada INdisciplinar que constitui este livro.

Para essas duas áreas do conhecimento, o agir no mundo se dá em um campo sensível, permeado por índices que localizam nossas ações dentro de um arcabouço sociocultural, que conecta tal agir (pragmática) com o entendimento local/translocal produzido sobre ele (metapragmática). Mais do que apontar para o que fazemos (pragmática), essa reflexividade evidencia como o fazemos metapragmaticamente (Silva; Pereira; Alencar, 2014). É importante ressaltar que nos distanciamos de uma sociolinguística mais tradicional, que privilegia padrões, usos tácitos da linguagem e variedades linguísticas (ver Blommaert; Rampton, 2011; Moita Lopes, 2006/2016: 230-232; e a “Introdução” do livro). Apostamos em uma vertente da sociolinguística que entende a linguagem como prática social (Gee, 1990; Moita Lopes, 2006/2016, 2013a) e assumimos o desafio de analisar uma interação online registrada em outro tempo (2009), país (Espanha) e idioma ('castelhano'), o que nos leva a operar em meio aos atravessamentos linguísticos, históricos e culturais característicos dos novos tempos globalizados. Outro diferencial que ofertamos são os diálogos 'INdisciplinares' (Moita Lopes, 2006/2016; ver também introdução do volume) entre áreas do conhecimento, como sociolinguística, antropologia linguística, pragmática e comunicação audiovisual, tendo como pano de fundo o ativismo LGBTI+.

Por se apoiarem em reivindicações que essencializam as 'identidades' correspondentes às letras da sigla, há vertentes do ativismo LGBTI+ que diferem da nossa aposta político-epistemológica. Entendemos o gênero como performance e não como essência. Para fundamentar teoricamente essa discussão, recorremos às teorias queer[2] e ao conceito de 'identidade'[3] do qual já nos valemos na "Introdução" e em outros capítulos deste livro.

Neste capítulo, será necessário versarmos sobre o 'essencialismo estratégico' (Spivak, 1988), ou seja, sobre a possibilidade de fazer uso apenas político e pontual das 'identidades' em jogo (Butler, 1990), com o propósito de debater essa alternativa em face do que tem lugar na interação. A seguir, apresentamos o site em que a interação analisada ocorreu (*Dos Manzanas*), especificamos o instrumental teórico-analítico a ser empregado — indexicalidade, entextualização e escalas — e efetuamos a análise.

Esse desenho de investigação nos permitirá identificar como os participantes, ao se posicionarem na interação sobre as performances de gênero e sexualidade dos personagens das narrativas fílmicas contempladas, avaliam a pedagogia almodovariana, bem como seus efeitos em suas práticas. Nosso desenho de investigação tem por função sinalizar o exercício de reflexividade metapragmática levado a cabo pelos participantes.

Essencialismo estratégico e ativismo LGBT

> *O sexo (os órgãos chamados 'sexuais', as práticas sexuais e também os códigos de masculinidade e de feminilidade, as identidades sexuais normais e desviantes) entra no cálculo do poder, fazendo*

[2] Butler (1990, 1999, 2004), Preciado (2003/2011) e Wilchins (2004). Ver discussão sobre as teorias queer na introdução e no preâmbulo à Parte III.

[3] Butler (1990) e Hall (2013). Ver discussão sobre a 'identidade' como performance no preâmbulo à Parte III.

dos discursos sobre o sexo e das tecnologias de normalização das identidades sexuais um agente de controle da vida.

P. Preciado (2003/ 2011: 11).

Para nos esquivar às estratégias de captura postas em prática pelos agentes de controle e evitar o risco de naturalizar performances discursivo-identitárias, apostamos em uma noção pós-identitária de sujeito (Butler, 1999; Borba, 2015) e concebemos operar com 'identidades' essencializadas somente se esse for o último recurso disponível para obter ganhos políticos (Spivak, 1988; Butler, 1990), para defender quem sofre os efeitos materiais mais avassaladores das práticas heteronormativas. Essa é uma questão amplamente discutida ao longo deste volume.

O "essencialismo estratégico" contempla a possibilidade de nos valermos de certas categorias 'identitárias' para fazer uso político e pontual delas (Spivak, 1988), especialmente quando o que está em jogo é a conquista de direitos sociais e a condenação de atos de violência perpetrados contra sociabilidades não normativas. Não se pretende que tal uso seja extensivo ou prescritivo, tampouco se trata de atribuir fixidez essencializante às 'identidades', dado que elas são forjadas e negociadas nas interações. Nos limitaríamos a evocar a 'identidade' para combater a exclusão e a violência ou para conquistar os direitos e as garantias de cidadania àqueles que não se enquadram em padrões heteronormativos.

Quando propomos 'queerizar' o conceito de 'identidade' — entendendo-o como fruto de semioses situadas, dos efeitos de sentido interacionalmente produzidos em diálogo com os Discursos, os regimes de verdade e as ordens morais que norteiam nossas práticas e perpassam a forma como valoramos socioculturalmente nossas experiências —, pode parecer contraditório defender qualquer tipo de essencialismo. No entanto, como os recursos semióticos são disponibilizados e acessados de forma assimétrica (Blommaert, 2005), certas hierarquizações ganham materialidade e, por conseguinte, determinadas formas de saber-poder-ser se sobrepõem a outras. Logo, haverá situações em que certos sujeitos, por uma questão de sobrevivência, quiçá não tenham outra alternativa além de se escorarem na 'identidade' e dela fazerem uso estratégico, uma vez que, para existirem socialmente, precisam se tornar inteligíveis (Butler, 1990), ou seja, necessitam se tornar tipos reconhecíveis de sujeitos (Foucault, 1976/1999; Wortham, 2005). E isso só ocorre, como sinaliza Butler (1990, 2004), a partir do momento em que o indivíduo é generificado — lembrando que, para gozar de certos privilégios sociais, deve-se seguir a cartilha heteronormativa.

Miskolci (2011) nos recorda: a expressão “essencialismo estratégico” foi cunhada por Spivak, mas Foucault (1976/1999) previra a possibilidade de fazer uso tático e pontual da ‘identidade’ ou de reivindicar em circunstâncias específicas certo essencialismo como parte de uma estratégia política em oposição à forma como a heteronormatividade impõe socialmente certas performances de gênero e sexualidade como as únicas legítimas.

Muitas lutas do movimento social LGBTI+ são travadas em nome da ‘identidade’, porque em certas ocasiões isso é necessário para certas vozes se fazerem escutar, especialmente as vozes de sujeitos que não seguem, em suas performances de gênero e sexualidade, preceitos heteronormativos. Portanto, ainda que nos orientemos por uma forma de contemplar o gênero e a sexualidade que questiona e desconstrói prefigurações ‘identitárias’ (Pinto, 2013), é útil fazer uso político e estratégico de alguns essencialismos (Butler, 1990) em momentos-chave. Nesse sentido, cabe reler a lógica suplementar discutida na introdução do livro.

Dos Manzanas[4]

O *Dos Manzanas* (lit. “duas maçãs”), em seu espaço no Facebook, define-se como:

> Um site que pretende seguir de perto as principais notícias relacionadas a lésbicas, gays, transexuais e bissexuais, assim como outras da atualidade política, social e cultural. Tudo isso com a participação dos leitores como eixo de discussão, debate e reflexão.

O site, atualizado com frequência diária, conta com oito itens no menu principal: España, Derechos, Política, Internacional, Activismo, Sociedad, Cultura/Ocio e Secciones. O texto que motivou a interação online a ser analisada foi publicado na seção Opinião, dentro do submenu Cine (Cinema), localizado na aba Cultura/Lazer, e foi assinado por um autor, aqui mantido em anonimato, que colaborou com o *Dos Manzanas* entre 2009 e 2013, geralmente cobrindo temas culturais.

---

[4] O nome do site alude a uma declaração perniciosa de Ana Botella em 2005: “As maçãs não são peras. Se somamos uma maçã e uma pera, nunca teremos duas maçãs”. Casada com o ex-presidente espanhol Aznar, Ana Botella, que posteriormente assumiria a prefeitura de Madri, num posicionamento contrário à aprovação da lei que permitiria uniões civis entre pessoas do mesmo sexo na Espanha, comparou inadvertidamente combinações de frutas com relacionamentos homoafetivos. Fonte: *Jornal Público* (disponível em: https://bit.ly/3tKJkzT; acesso em: 31 ago. 2022).

Em atividade desde novembro de 2005, o *Dos Manzanas* conta com páginas na web e em redes sociais (Facebook, Twitter, Instagram, Google+, YouTube, Flickr). Selecionamos a postagem "Pedro Almodóvar, pedagogo da realidade LGBT", publicada no dia 28 de abril de 2009, bem como alguns dos comentários sobre ela. O primeiro foi publicado 2 horas e 24 minutos depois de o texto ter sido lançado e o último, de um total de 28 comentários, foi registrado no dia 30 de abril de 2009, às 11h44min (horário peninsular espanhol). Dada a considerável extensão das postagens, fizemos um recorte que privilegiou o texto que motivou a interação, bem como os comentários sobre ele.

O instrumental teórico-analítico — entextualização, indexicalidade e escalas — foi apresentado na introdução do volume e ao longo do livro (ver índice). Usamos tal instrumental para compreender como os participantes refletem metapragmaticamente sobre a pedagogia de Almodóvar e avaliam se ela projeta uma fachada favorável para o coletivo LGBTI+. Seguimos Goffman (1967/ 2011: 13), que define fachada ou face/trabalho de face como "o valor social positivo que uma pessoa efetivamente reivindica para si [...] [aqui ampliamos para a comunidade LGBTI+]. Uma imagem [do coletivo] delineada em termos sociais aprovados".

Pedagogia almodovariana e fachada LGBTI+ sob análise

Dividimos em dois excertos a postagem que incitou uma discussão online sobre a pedagogia almodovariana no site *Dos Manzanas*. Privilegiamos a reflexividade metapragmática, que subjaz à visão das/dos participantes sobre o cinema de Almodóvar, e a forma como esse cinema afeta não só as/os participantes, em suas práticas discursivo-identitárias, mas também o coletivo LGBT como um todo.

Excerto 1: **Pedro Almodóvar, pedagogo de la realidad LGTB**

por Roberto 28/04/2009 | 8:01 Publicado en Cine, Opinión 28

Compártelo:

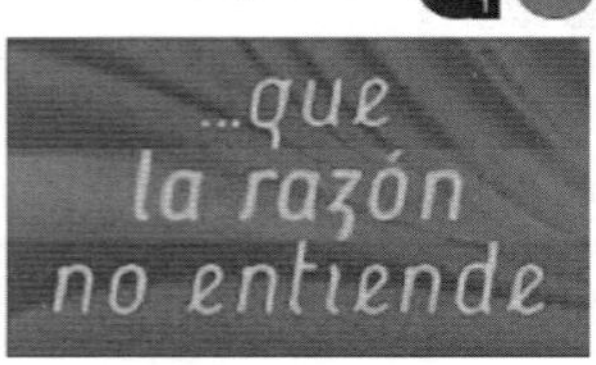

'Yo es que tuve un novio que tenía putas... De hecho estuve a punto de ponerme las tetas en Casablanca, ya tenía hasta número y todo'. En ese momento los comensales de al lado, en el restaurante en el que compartíamos mesa mi amigo Pablo -el autor del comentario-, mi amigo José , mi marido y yo, descendieron el volumen de su conversación en un intento de escuchar que Pablo se encargó de satisfacer usando el

tono que cualquier hetero usaría para hablar de fútbol. En ese momento me pasó por la cabeza que aquel era otro 'momento Almodóvar', de los muchos que, sin buscarlo, he protagonizado en mi vida. Y es que el manchego ha convertido en materia cinematográfica situaciones, gestos, actitudes que forman parte de la realidad diversa que vivimos día a día en la comunidad LGTB.

Desde el incalificable Mcnamara haciendo de sí mismo hasta la mujer transexual magistralmente interpretada por Carmen Maura en *'La ley del Deseo'*; desde la monja lesbiana de '*Entre tinieblas*' hasta el juez heterosexual que coquetea con el transformismo y el fetichismo en '*Tacones Lejanos*', sus personajes LGTB han hecho visibles las múltiples formas de la diversidad sexual. Y además lo ha hecho con valentía, sin eludir cuestiones espinosas como la pareja dentista pederasta/hijo chapero de '*Qué he hecho yo para merecer esto*'. Visibles al público en general, que crecía en número a medida que aumentaba el prestigio y la repercusión de su cine, pero también a nosotros mismos. Nosotros, los LGTB, hemos sido los primeros beneficiarios de esta pedagogía, porque es evidente que algunas cosas necesitaban una cierta explicación.

Cuando la dictadura franquista agonizaba, mi amigo Pablo se echó '*un novio que tenía putas*'. No se sentía mujer, pero como le gustaban los hombres y los únicos LGTB con los que se había sentido identificado alguna vez eran los travestis (mucho más que con los 'respetables' clientes de éstas o con su propio novio, por muy bueno que fuera en la cama), su confusión resulta razonable. En una época en que a los homosexuales no se les puertas que se abrían difícilmente podían volver a cerrarse. Hoy en día, a pesar de las dificultades con las que nos seguimos encontrando, los LGTB tenemos muchos más referentes en los que reconocernos. Estos referentes -unos más acertados y otros menos- proceden en su mayoría de los medios de comunicación (la educación, por desgracia, aún no ha asumido plenamente su responsabilidad en este asunto). Y sin duda alguna, uno de los que más certeramente ha mostrado estos modelos en el cine ha sido nuestro Pedro Almodóvar.

Más de una vez me he preguntado qué habría sido de mi amigo Pablo si, contrariamente a su verdadera identidad de género, se hubiera puesto las tetas. Y se me ha pasado por la cabeza el personaje interpretado por Toni Cantó en '*Todo sobre mi madre*'. Vaya por delante que conozco la diferencia entre orientación sexual e identidad de género. Sé que hay mujeres transexuales que se sienten atraídas por otras mujeres. A lo mejor este es el caso de Lola. Pero también es posible que fuera simplemente, un hombre confundido. '*Nos pusimos las tetas juntas*', dice la Agrado, pero es evidente que no han corrido la misma suerte. Porque, aunque no se puede decir que a la Agrado la vida le haya sonreído (menudos palos se ha llevado), al menos es feliz en su cuerpo y se considera 'auténtica'. Por el contrario, Lola ha llevado una vida infeliz y autodestructiva. Sospecho que no se siente mujer, las palabras de Manuela (Cecilia Roth) parecen confirmarlo '*Exceptuando el par de tetas, en lo demás el marido no había cambiado tanto*'. Y una sociedad como la de entonces no ofrecía muchas posibilidades ni mucho margen de maniobra a quienes, en ese laberinto de feria que describía antes, querían desandar el camino tomado.

Da un poco de vértigo preguntarse cuántas 'Lolas' hay. Cuántas vidas truncadas en cuántas diferentes formas. Espero que sean muchos más los que, como mi amigo Pablo, fuera por el azar, fuera por miedo o por todo lo contrario, fuera por una íntima revelación, pudieron desarrollarse como personas completas y poder llamarse 'auténticos'.

Y en cuanto a Pedro, a nuestro cineasta más premiado internacionalmente, mi agradecimiento por las decenas de personajes LGTB a los que hemos visto reír, llorar, amar, odiar, enloquecer, traicionar, perdonar, sentir, morir... en sus películas. Por esos personajes en que nos hemos mirado y reconocido, aquellos cuyos pensamientos eran un eco de los nuestros. Personajes e historias, que nos juntaron por docenas en los cines, haciéndonos visibles también en el patio de butacas. Porque en cualquier estreno de Almodóvar, cualquier heterosexual que tuviera la sensación de que aquellos personajes no eran más que un 'invento' del director, no tenía mas que esperar al final, para ver filas enteras de LGTB emocionados, divertidos e identificados.

Roberto inicia sua narrativa com uma entextualização: “Eu tive um namorado que saía com putas...”[5], um gancho para narrar o episódio de uma conversa entre ele, o marido e dois amigos — José e Pablo. Os quatro jantavam num restaurante quando Pablo fez a confissão e atraiu as atenções até dos clientes da mesa ao lado, que baixaram o volume de suas conversas para ouvi-lo. Roberto, ao comparar o tom de voz de Pablo narrando suas peripécias homoeróticas com o de um heterossexual falando de futebol, estabelece uma escala de categorias em oposição. Roberto ainda predica a cena como um dos muitos “momentos almodovarianos” que viveu, refletindo metapragmaticamente tanto sobre a prática discursiva que está narrando quanto sobre outras levadas a cabo pela ficção cinematográfica. A entextualização põe em perspectiva o ‘mundo gay’ ou ‘LGBT’ (onde homens têm namorados e maridos, colocam seios em Casablanca[6] etc.), submetendo-o a um exercício escalar: Roberto sugere que Almodóvar transpõe elementos de uma escala — a da observação de situações, gestos e atitudes — para outra — a da ficção. “É que o manchego[7] converteu em matéria cinematográfica situações, gestos e atitudes que fazem parte da realidade diversa que vivemos dia a dia na comunidade LGBT”. Outro ponto que merece destaque é o pertencimento do narrador à comunidade LGBTI+, indexicalizado desde o início pela referência ao marido, pela entextualização de uma fala que perspectiva a narrativa (um casal em que um saía com putas e o outro desejava colocar seios), pelo movimento escalar na categorização da fala de Pablo (tom similar ao de um heterossexual) e pelo uso da 1ª pessoa do plural “vivemos”.

No parágrafo seguinte, Roberto referencia alguns dos personagens de Almodóvar, “desde o inqualificável McNamara...” e, em um movimento escalar, predica-os como LGBTI+. Sua familiaridade com os persona-

---

[5] Este e os demais trechos usados na análise foram traduzidos por nós. Eles também constam em espanhol, como pode ser verificado nas impressões de tela.

[6] Cidade portuária do Marrocos e a maior cidade desse país.

[7] Refere-se a Almodóvar, proveniente da região de Castela-Mancha, na Espanha.

gens lhe permite atestar que eles "visibilizaram múltiplas formas de diversidade sexual", o que também indexicaliza o quão antenado Roberto está com as reivindicações LGBTI+. Afinal, sua declaração entextualiza dois Discursos muito recorrentes nas comunidades LGBTI+: o da diversidade e o da visibilidade (Wilchins, 2004). Roberto conclui o parágrafo posicionando Almodóvar como pedagogo, predicando e avaliando os LGBTI+ como "os primeiros beneficiários dessa pedagogia".

No terceiro parágrafo, o autor reentextualiza parte da citação que abrira sua postagem: "Um namorado que saía com putas" e, ato seguido, situa seu amigo Pablo em determinada escala espaçotemporal. Por meio da referência "quando a ditadura franquista agonizava", produz um contexto que remete à suspensão de direitos e liberdades — referência à "ditadura" — e a um país num momento sócio-histórico específico — a Espanha nos últimos anos do franquismo — em que as/os homossexuais ainda eram bastante perseguidas/os (Arnalte, 2003; Melero Salvador, 2010).

As entextualizações de Roberto na forma de citação direta (l. 1) e indireta (l. 24-25) corroboram o caráter subjetivo-relacional das 'identidades' e produzem efeitos diversos: ao entextualizar a fala do amigo pela primeira vez, ele se vale dela para ilustrar o que predica como "momento Almodóvar", posicionando-se como alguém que teria vivido momentos assim, o que supõe dizer que, por meio das projeções reiteradas de determinadas situações fílmicas, os "momentos Almodóvar" ganham materialidade e passam a pertencer à instância do vivido. Eis aí uma transposição escalar: os "momentos almodovarianos" passam da ficção para a experiência pessoal. Já a segunda entextualização da mesma fala é usada como gancho para o narrador dar mais detalhes sobre seu amigo Pablo. Ela cumpre também a função de introduzir a comparação entre duas escalas espaçotemporais (Blommaert, 2010) no que tange a referentes, modelos: "Hoje em dia[8], apesar das dificuldades que seguimos encontrando, nós, LGBT, temos muitos mais referentes nos quais podemos nos reconhecer".

Roberto, em alusão à intenção passageira de Pablo de colocar silicone nos seios, qualifica tal desejo como "confusão" (l. 28), o que pode indexicalizar tanto menosprezo às modificações corpóreas das quais

[8] Referência à Espanha democrática de 2009, época em que o texto foi publicado.

muitas transgêneras se valem (afinal, trata-se 'apenas' de uma confusão), quanto também uma forma diferenciada de dimensionar performances de homo e transerotismo. Apesar de sugerir um processo de identificação: "Os únicos LGBT com os quais se identificou alguma vez eram as travestis", Roberto não reconhece como factível um possível desejo de redesignação de gênero parcial expresso por seu amigo (colocar seios). Mesmo que seu discurso também possa ser lido como um clamor por reconhecimento, por visibilidade das sociabilidades gays, resulta paradoxal negar reconhecimento a travestis e requerê-lo para si enquanto gay, afinal, como nos recorda Butler (2004: 14), "o desejo é sempre um desejo de reconhecimento" e "os termos que nos permitem sermos reconhecidos como humanos são articulados socialmente". Desse modo, ao negar reconhecimento a performances de travestilidade/transexualidade, Roberto ajuda a subtrair a humanidade daquelas/es que as desempenham num exercício escalar que forja um ser inferiorizado ou o invisibiliza.

A invisibilidade, por certo, é o tema do qual Roberto passa a tratar (l. 28-30): "Numa época em que os homossexuais não eram vistos, a descoberta da sua própria sexualidade levava a uma série de tentativas, quase sempre às cegas". Segundo Melero Salvador (2010), realmente escasseavam referentes homoeróticos: as únicas performances de homoerotismo autorizadas pelo franquismo, que censurava as demais nos meios de comunicação de massa, eram as caricatas, alvo de ridicularização e/ou punição social. Fora das telas, muitas pessoas homossexuais foram implacavelmente perseguidas (Arnalte, 2003), tendo algumas sido submetidas a choques e a outros tratamentos "de cura". Performances de homossexualidade, porém, não eram as únicas cruelmente repreendidas.

O quarto parágrafo requer especial atenção. Roberto o inicia com um questionamento: "Mais de uma vez, eu me perguntei o que teria sido do meu amigo Pablo se, contrariando sua verdadeira identidade de gênero, tivesse colocado silicone nos seios". Tal declaração infere que, se o amigo implantasse silicone, ele estaria traindo sua identidade de gênero, projetando nova escala de oposição: haveria uma identidade de gênero verdadeira e outra falsa. Essa declaração indexicaliza os Discursos orientadores que entendem a biologia como destino (Butler, 1990; Pennycook, 2007) e não reconhecem o caráter performativo e paródico do gênero (Butler, 1990), supondo a existência de uma essência comum a todos. Em nome dessa suposta essência, legisla-se sobre os usos do prazer (Foucault, 1984/1998) e demarca-se como e por quem determinadas performances corpóreo-identitárias devem ser encenadas (Butler, 1990).

Roberto explicita que o episódio envolvendo seu amigo o remete a Lola, personagem de *Tudo sobre minha mãe*, que, depois de empreender o realinhamento parcial de gênero (implante de silicone nos seios), engravida uma freira (l. 39-40). Ele assegura, num exercício explícito de reflexividade metapragmática, que "sabe da diferença entre orientação sexual e identidade de gênero" e, de forma a demonstrar familiaridade com o tema, referencia: "Sei que existem mulheres transexuais que se sentem atraídas por outras mulheres". Porém, apesar de admiti-lo, faz nova menção a um suposto estado de confusão: "Também é possível que fosse simplesmente um homem confundido". Uma interpretação possível dos sentidos mobilizados por Roberto aponta para um dimensionamento desigual das performances desempenhadas pelas 'identidades' abarcadas pela sigla LGBTI+: além de insistir na tese da confusão (a persistência em não reconhecer como efetivo o desejo de redesignação de gênero de seu amigo traz para a escala do visível apenas os desejos homoeróticos), Roberto também inferioriza as performances não hegemônicas de travestilidade/transexualidade, como as desempenhadas por Lola. Essa inferiorização é fruto de uma construção discursiva ancorada em escalas de categorias em oposição: enquanto Agrado, que executa performances trans-heterossexuais, é "feliz em seu corpo e se considera autêntica", Lola, que encena performances translésbicas[9], é "infeliz e autodestrutiva".

Nesse mesmo parágrafo, há outro ponto que reforça essa hipótese. Foquemos a entextualização de uma fala proferida pela personagem Manuela sobre Lola: "Se não fosse pelo par de seios, diria que [meu] marido não mudou tanto". Enquanto Manuela atesta que a 'aquisição' de um par de seios, por si só, não supôs uma mudança no comportamento do marido, que continuava mulherengo, Roberto, ao entextualizá-la, sugere que Lola não "se sentia mulher", que não era uma transexual 'verdadeira', afinal, sua redesignação parcial de gênero não fez com que sexo, desejo e identidade de gênero convergissem heteronormativamente (Butler, 1990). Lola continuava sentindo-se atraída por mulheres, mes-

[9] Forma de nomear as mulheres transexuais que se relacionam sexual e afetivamente com outras mulheres.

mo tendo adquirido um corpo 'parcialmente feminino'. Essa entextualização chama a atenção para como um texto pode ser ressignificado ao se precipitar em novos contextos (Bauman; Briggs, 1990/2009) e indexicaliza discursos de senso comum ao equiparar travestilidade/transexualidade a "sentir-se mulher".

Tal idealização é tendenciosa em, pelo menos, quatro níveis porque Roberto:

- não detalha o que entende por "mulher";
- parte do preceito de que todas as travestis/transexuais compartilham um desejo comum: sentirem-se mulheres;
- entende que só há uma forma de sentir-se mulher, o que supõe uma essencialização das performances de feminilidade;
- não contempla, entre as muitas performances de feminilidade possíveis, que uma travesti/transexual possa desempenhar a de lésbica; esta é apagada pelo autor.

O quinto parágrafo é dedicado ao estabelecimento de um paralelo entre duas escalas: a da narrativa fílmica — em especial, a trajetória da personagem Lola — e a das "vidas truncadas de diferentes formas", conforme Roberto aponta. Depois de lançar uma pergunta retórica: "Quantas Lolas existem?", evidenciando a reflexividade metapragmática que pontua seu discurso, ele insinua que seu amigo, ao desistir de implantar silicone nos seios, escapou de ter o mesmo destino trágico de Lola. Como se isso tivesse bastado para livrá-lo de ter uma "vida truncada" e lhe garantido se desenvolver como uma pessoa "completa" e "autêntica". O uso da predicação 'autêntica', mesmo entre aspas simples, aponta para os Discursos que atrelam a autenticidade de gênero ao determinismo biológico, algo que as teorias queer se encarregam de desconstruir (Butler, 1990, 1999, 2004; Wilchins, 2004).

No último parágrafo, Roberto, posicionando-se como porta-voz do coletivo, depois de agradecer "pelas dezenas de personagens LGBT", conclui justificando o título de seu texto, que projeta Almodóvar como "pedagogo da realidade LGBT": os personagens do cineasta que não performam gênero e sexualidade heteronormativamente permitiram a muitas pessoas que realizam as performances que a sigla LGBTI+ engloba se sentirem representadas. Almodóvar as teria 'instruído' e lhes dado visibilidade.

No debate que se segue à postagem, basicamente se discute se Almodóvar produz uma fachada positiva para a comunidade LGBT, se a pedagogia do cineasta resulta útil às/aos participantes que analisam seus efeitos pragmáticos-metapragmáticos. Tendo isso em conta, analisaremos os comentários sobre essa questão, dando continuidade à trajetória do texto de Roberto e das narrativas fílmicas, ao serem entextualizados pelos participantes. Dos 28 comentários dessa interação, escolhemos 10 e omitimos 3 que fugiam a nosso foco de pesquisa, sinalizados com reticências entre parênteses. Tal como no excerto 1, efetuamos a análise depois de expor as impressões de tela com os comentários selecionados.

Excerto 2

(...)

Napoleón 28/04/2009 | 10:39

Bueno, básicamente estoy de acuerdo con el tono del artículo. Mi primera película de Almodovar la vi en los antiguos Alphaville, cuando aún hacía el bachillerato, junto a varios de mis compis. Fue "Laberinto de pasiones", una película que hoy sería mucho más polémica que en el momento de su estreno, cuando aún estaban vivas las imágenes del último intento de golpe de estado en nuestro país. La peli sólo me gustó a mi, a mis compis de barriada periférica les escandalizó mucho.

En fin, sin discutir el fondo del artículo, yo si reprocharía una sola cosa a Almodovar, y es su distanciamiento del movimiento asociativo LBGT. Hace muy poquito hablabamos aquí de la figura de Boris Izaguirre, creo que el además de ser un gay militante en su ámbito profesional, también puso su granito de arena en favor del ámbito reivindicativo organizativo, con gestos y con su presencia por ejemplo en el orgullo (o en la protesta ante la sede del PP hace algunos meses).

Por lo demás, desde luego, el universo recreado por Almodovar en su cinematografía es sin duda una aportación capital a la visibilización del ámbito LGBT y a su normalización social. Eso, desde luego, es indiscutible.

CNTP 28/04/2009 | 11:12

Confieso que el artículo me ha dejado parado un rato reflexionando... lo cual creo que es muy bueno. Por lo menos, por eso, gracias.

Dill 28/04/2009 | 1:17

Almodóvar representa una parte de la realidad LGTB.

Yo no me he sentido nunca representado por su cine (que tampoco puedo decir que yo sea un experto, ni mucho menos).

El problema viene de hacer estereotipos. Hay tantos gays distintos como personas, y eso no lo entienden quienes hablan despectivamente de "cine de maricones y travestis" que además merecen el mismo respeto que cualquiera en tanto que son personas.

Lan 28/04/2009 | 2:41

""sus personajes LGTB han hecho visibles las múltiples formas de la diversidad sexual.""

Sus personajes son decadentes, engullidos por la droga, la prostitución y la delincuencia... ¿Cúando Almodovar ha sacado un personaje LGTB realmente digno? Pienso que nunca lo ha hecho porque él se ha sentido así, sometido a una sociedad donde te asignaba un rol y no dejaba resquicio para escapar de él.

En mi opinión, flaco favor hace al colectivo LGTB mostrrando una y otra vez los estereotipos más extremistas de una realidad que tambien posee la heterosexualidad pero que se ha utilizado única visión injusta de la realidad LGTB.

Un ejemplo de mis referentes favoritos: Alan Turing padre de la informática, de la inteligencia artificial y de las redes neuronales... fue condenado por homosexualidad y tratado con hormonas que le destrozaron organos internos, le salieron pechos y le dejaron impotente para curar su homosex desde toda la caridad cristiana

(...)

Chelsea 28/04/2009 | 4:02

Aunque no me guste todo lo de Almodóvar y alguna vez haya sido crítico con él cuando así lo he creído, el comentario anterior me parece fuera de lugar.

Pedro Almodóvar, como director y, por tanto, autor con una visión exclusivamente suya, hace el cine que le da la gana con los personajes y situaciones que le da la gana. Sin que tenga que rendir explicaciones a nadie y, mucho menos, al colectivo LGTB. Porque, que yo sepa, no es portavoz de nadie.

Podríamos discutir hasta la saciedad las razones que le llevan a retratar estos personajes y sus circunstancias, pero independientemente de éstas, no necesita justificarse. Pero ¡ojo!, ni él ni cualquier creador/a LGTB.

Sin embargo, me resulta curioso que sólo le critiques por sus películas y personajes y dejes fuera del objetivo de la cámara su vida y su actitud con el tema LGTB. Porque, muchas veces, no hace falta hacer discurso alguno. Basta que el quiera entender, entienda.

Croissant 28/04/2009 | 4:11

Y abundando en lo que ha dicho **Chelsea** , añadiré que los personajes de Almodóvar son por lo general personajes límite que viven situaciones límite, tanto lgtb como hetero.

Querer hacer de sus películas una lectura perjudicial para la comunidad lgtb es una solemne tontería.

Nelson 28/04/2009 | 4:45

Esta mañana leía yo en otro blog que Curri Valenzuela había incluido a Pedro Almodóvar en su (ejem) libro *100 personajes que hunden España*, y en el número 2 nada menos (el número 1 es, oh sorpresa, Zapatero). La razón por la cual Almodóvar *hunde España* de modo tan eminente para la (ejem ejem) periodista es que, según parece, Valenzuela va mucho a comprar el periódico a Nueva York, y cuando realiza dicha operación no se olvida nunca de decirle al quiosquero que ella es española; entonces, oh horror de los horrores, el quiosquero, que indefectiblemente es buen conocedor de la filmografía almodovariana, la mira con cara de vicio -siempre según ella-, pues asume que todos los españoles son tan depravados como los que salen en las pelis del manchego...

No sé por qué, el comentario de**Lan**("flaco favor hace [Almodóvar] al colectivo

74 LGTB mostrando una y otra vez los estereotipos más extremistas") me ha
75 hecho pensar en el (ejem ejem ejem) argumento de la presentadora de
76 TeleEspe (al fin y al cabo, donde una dice "los españoles", el otro dice "el
77 colectivo LGTB").

Iván 28/04/2009 | 5:05

78 Pues yo estoy de acuerdo con **Lan** Y encima el autor del post califica de valentía
79 el hecho de poner a un dentista pederasta. ..¿valentía de qué? Supongo que la
80 misma que sacar un personaje violador o un asesino. ¿O es que quizá le
81 parece positivo el relacionar homosexualidad y pederastia? Quién sabe,
82 después de tanto despropósito...

Croissant 28/04/2009 | 5:19

83 Pues volvemos, una vez más, a lo de siempre.
84 En "Kika" (para mí la peor película de Almodóvar, aunque esto no viene al
85 caso), sale durante largo rato una violación. y el violador es un personaje
86 presidiario y con pocas luces.
87 Hemos de colegir entonces que Almodóvar le ha hecho un flaco favor al
88 colectivo heterosexual, ¿no?
89 **Nelson** no me negarás que la escena de Curry Valenzuela comprando el
90 periódico en Nueva York y el kiosquero poniéndole caritas lascivas tiene
91 bastante de almodovariana... 😉

Roberto 28/04/2009 | 5:32

92 **Napoleón** : Algunas películas de Almodóvar hoy serían un escándalo
93 mayúsculo, estoy contigo.
94 **CNTP** . Me alegro de que te haya hecho pensar.
95 **Dill** : La verdad es que su carrera no ha terminado, supongo que
96 aún le queda muchos personajes en la chistera. Personalmente, me 'intriga'
97 mucho el personaje interpretado por Rubén Ochandiano, Ray X (el de 2008, no
98 el de 1994), ¿retrata a 'un nuevo tipo de gay'?
99 **Lan**, tienes todo el derecho a no estar de acuerdo, al fin y al cabo esto es sólo
100 mi opinión. No obstante, te podría nombrar algún personaje LGTB
101 almodovariano bastante equilibrado. Huma Rojo, por ejemplo, la actriz
102 lesbiana de 'Todo sobre mi madre'.
103 **Iván** , a mí me parece valiente coger algo que muchos utilizan para atacarnos y
104 presentarlo con sinceridad y sin falsa moral en una película (magistral por
105 cierto)
106 **Lulu, Croissant, Chelsea, Nelson** : Gracias por vuestras aportaciones
107 Un saludete.

Em seu primeiro comentário, Napoleón opera duas transições escalares espaçotemporais. A primeira nos transporta à Espanha de 1982, quando estreou nos cinemas o filme *Labirinto de paixões*, de Almodóvar. A segunda, a 1981, quando a jovem democracia espanhola se viu ameaçada por nova tentativa de golpe[10]. O participante se vale dessas transições es-

[10] O ditador Francisco Franco faleceu no dia 20 de novembro de 1975. Findo o franquismo, tem início um novo período democrático na Espanha, ameaçado por outra tentativa de golpe em 23 de fevereiro de 1981.

calares para pôr em perspectiva o conturbado momento sócio-histórico em que Almodóvar realiza seus primeiros filmes. Logo, para mensurar o impacto dessas obras, opera com escalas de comparação: enquanto seus vizinhos se escandalizaram com o *Labirinto de paixões*, ele não. Conclui sua postagem estabelecendo prós e contras: valora positivamente o "universo recriado por Almodóvar", reconhecendo sua contribuição para "a visibilidade LGBT e sua normalização social", mas queixa-se de que o cineasta não se engaja pessoalmente na causa LGBT.

O comentário de CNTP destaca os efeitos reflexivos que a postagem de Roberto inspira: "Levou à reflexão", e os avalia positivamente: "Acho que isso é muito bom". O comentário seguinte começa com um remanejamento escalar da afirmativa de Roberto: "Almodóvar representa uma parte da realidade LGBT", modaliza Dill. Em seguida, Dill promove uma transição escalar ao tecer uma apreciação metonímica: o problema da (suposta) estereotipagem de personagens LGBT empreendida por um cineasta (Almodóvar, no caso) reside em se tomar a parte pelo todo: "Cinema de maricas e travestis", o que, segundo Dill, embaça a percepção de que "existem tantos tipos diferentes de gays quanto de pessoas".

Lan inicia o quarto comentário entextualizando um trecho da postagem de Roberto, alusão positiva aos personagens de Almodóvar, que "tornaram visíveis múltiplas formas de diversidade sexual", mas os avalia de maneira oposta, qualificando-os como "decadentes". Logo, num movimento que põe em evidência o exercício de reflexividade metapragmática levado a cabo, Lan questiona se Almodóvar já teria dado a conhecer algum personagem LGBT "digno" e responde à própria pergunta retórica: "Acho que nunca". Na sequência, Lan credita o fato de Almodóvar retratar personagens "engolidos pela droga, prostituição e delinquência" ao fato de se sentir "submetido a uma sociedade que te atribuía um papel e não deixava margem para escapar dele", estabelecendo um paralelo entre o que trafega na escala ficcional e o que sucede na escala não ficcional.

Outra leitura possível: Lan relaciona performances homoeróticas a práticas estigmatizantes (consumo de drogas, prostituição e delinquência), indexicalizando assim Discursos de senso comum que o cinema espanhol ajudou a propagar durante o franquismo. Transpostas para a tela, essas performances de homoerotismo, além de estigmatizadas — levando ao riso ou inspirando pena — eram patologizadas e/ou punidas física, psicológica e socialmente (Melero Salvador, 2010). Os poucos filmes espanhóis que abordavam o tema seriamente e tinham sua exibição autorizada pelo regime ditatorial geralmente não contavam com desenlaces felizes para as personagens que performavam o gênero e a sexualidade de forma não hegemônica (Melero Salvador, 2010). O cinema de Almodóvar, de alguma maneira, faz uma análise crítica de alguns dos possíveis efeitos performativos dessas narrativas, sem deixar de, em contrapartida, operar ressignificações ao fugir, muitas vezes, de clichês heteronormativos ou parodiá-los. Há de se ter em conta que a prostituição e a delinquência não são unicamente associadas a performances trans/bi/homoeróticas[11] em seus filmes.

Depois de Lan finalizar seu texto afirmando haver fachadas "melhores" que a de Almodóvar para endossar a imagem social (Goffman, 1967/2011; Ostermann, 2003) do coletivo LGBT e citar Alan Turing[12] como exemplo, Chelsea, autor do quinto comentário, se autopredicando como "crítico", admite não gostar de tudo do Almodóvar. Essa ressalva indica que sua avaliação será justa e, metapragmaticamente, dá instruções de como deve ser encarada: imparcialmente. Em seguida, qualifica o comentário anterior como "fora de lugar", defende que Almodóvar goza de liberdade para contemplar "personagens e situações como bem desejar" e afirma: o cineasta "não é porta-voz de ninguém", em alusão ao comentário de Lan e ao texto que inspira a interação, posicionando-se diante da questão que reganha centralidade nesse debate: julgar se a cinematografia almodovariana constrói ou não uma boa fachada para a comunidade LGBTI+. Depois de eximir Almodóvar dessa responsabilidade, desse compromisso, Chelsea referencia que "poderíamos discutir até a exaustão as razões que o levam a retratar esses personagens e suas circunstâncias", ratificando que o cineasta não precisa se justificar, "nem ele nem qualquer criador(a) LGBT". Com a alternativa na marcação de gênero (não marcado e marcado) aplicada ao item lexical "criador(a)", Chelsea evoca os Discursos inclusivos que não apagam o gênero feminino. Logo conclui, referenciando não ser "necessário fazer nenhum discurso. Basta que quem quiser entender entenda". Uma das possíveis interpretações desse fragmento remete à ambiguidade êmica

[11] Em *Átame*, por exemplo, o protagonista, que performa heterossexualidade, ao sair da cadeia sequestra uma mulher pela qual havia se apaixonado antes de ser preso e a mantém refém dentro da própria casa dela.

[12] Notável matemático, Turing criou um sistema de processamento de dados que colaborou para o desenvolvimento do computador. Submetido a tratamentos de 'cura homossexual', teria se suicidado aos 41 anos em 1954. Posteriormente, foi condecorado pelo Império Britânico.

do verbo "entender", que no ambiente LGBTI+ espanhol, assim como no brasileiro, é muitas vezes usado para indexicalizar performances homoeróticas. De forma que aquelas/es que desempenham tais performances [as/os entendidas/os] compreenderiam as semioses em jogo.

Croissant inicia o sexto comentário referenciando: "De forma geral, os personagens de Almodóvar vivem situações-limite, tanto LGBTs como héteros". Em seguida, qualifica de "solene idiotice" predicar os filmes de Almodóvar como "prejudiciais" à comunidade LGBT. O sétimo comentário, de Nelson, dispõe um link para a notícia de publicação do livro *100 personajes que hunden España* (2007) ("100 personagens que afundam a Espanha"), em que o primeiro posto é ocupado por Zapatero (ex-presidente) e o segundo, por Almodóvar. Nelson entextualiza a justificativa dada pela autora Curri Valenzuela para listar o cineasta: quando ela foi comprar o jornal em Nova York, o jornaleiro a encarou com lascívia porque projetara uma identidade, por ela predicada como "depravada", às pessoas vindas da Espanha, o que, segundo ela, deve-se aos filmes de Almodóvar. Eis aí outra transição escalar: toma-se a performance de determinados personagens como traço cultural compartilhado por todas/os aquelas/es que procedem do país retratado no filme. Nelson conclui pondo em escala de comparação o comentário de Lan e a argumentação de Valenzuela: ambos predicam as fachadas projetadas pelos filmes de Almodóvar como desfavoráveis. Lan, por julgar que o cineasta se apoia em "estereótipos extremistas" ao retratar o coletivo LGBT; Valenzuela, por compreender que Almodóvar posiciona as espanholas e os espanhóis pervertidas/os.

Iván, autor do oitavo comentário, concorda com Lan e critica Roberto por predicar Almodóvar como "valente", indagando "se há algo de positivo em relacionar homossexualidade e pedofilia", numa clara menção ao dentista pedófilo, personagem do filme *O que eu fiz para merecer isto?* (1984). Nas entrelinhas, pode-se inferir que Iván, além de entender que Almodóvar não projeta uma boa fachada para o coletivo LGBTI+, também o responsabiliza por colaborar para que certos estigmas identitários, como o da pederastia, recaiam sobre aqueles que performam a masculinidade homoerótica (Melero Salvador, 2010).

Na sequência, Croissant novamente toma a palavra e entextualiza a cena de estupro de Kika no filme homônimo (*Kika*; 1993) de Almodóvar, predicando o violador, que performa heterossexualidade, como "presidiário de pouco brilho". Logo, questiona se um personagem assim não macularia a fachada do 'coletivo' heterossexual, ao prestar-lhe um "desfavor". Ao entextualizar o termo usado por Lan, "desfavor", para argumentar que o homoerotismo das personagens de Almodóvar é nocivo para o coletivo LGBT, Croissant estabelece uma escala de comparação: sugere que, se assim fosse, isso aconteceria também com o coletivo heterossexual, que teria sua fachada 'arranhada' pelo presidiário estuprador de *Kika*. A comparação entre os efeitos de sentido produzidos pelas performances heterossexuais e homossexuais em convergência com situações e práticas socialmente questionáveis, como um estupro, leva-nos a uma triste constatação: algumas pessoas são compreendidas como mais humanas que outras (Butler, 2004), já que os estigmas não recaem de igual maneira sobre todos os sujeitos. Nem na vida cotidiana — *vide* os marcadores sociais da diferença[13] —, nem na ficção cinematográfica, o estuprador de Kika, por exemplo, escapa impune. No último parágrafo de sua postagem, Croissant dirige-se a Nelson predicando como "almodovariana" a cena da jornalista Curri Valenzuela que, ao comprar o jornal em Nova York, sente-se interpelada por olhares de desejo lançados pelo jornaleiro.

Roberto, autor do texto "Pedro Almodóvar, pedagogo da realidade LGBT", responde os comentários, projetando-se metapragmaticamente como moderador. Em concordância com Napoleón, admite que alguns filmes de Almodóvar poderiam ainda soar escandalosos décadas depois de lançados. Roberto ressalta que, ao publicar o texto que alavanca o debate, só emitiu sua opinião e que Lan "tem todo o direito a não estar de acordo", mas, ato seguido, discorda da/do participante, afirmando que sim, há personagens LGBT equilibrados nos filmes do cineasta. Em seguida, interpela Iván, que o recriminou por atribuir valentia a Almodóvar, e reafirma seu posicionamento referenciando que Almodóvar "pega algo que muitos utilizam para nos atacar e o apresenta com sinceridade e sem falsa moral". Tal movimento de Roberto encontra semelhança com a reapropriação do termo queer que, de insulto, converteu-se em palavra de afirmação e reivindicação no campo teórico-ativista (Wilchins, 2004) (cf. nota 10 à "Introdução" do volume). Roberto também responde a CNTP e a Dill, agradece as contribuições e se despede.

[13] Embora aqui enfoquemos as interseções de gênero e sexualidade, tais marcadores sociais da diferença, fruto de categorizações identitárias, também são interseccionados por performances de raça, classe etc.

Reflexividade metapragmática e transições escalares

Tanto a postagem quanto o debate online no site *Dos Manzanas* caracterizam-se por considerável engajamento argumentativo — daí a grande quantidade de respostas longas — e alta gama de entextualizações — tanto de citações prévias feitas por participantes quanto de falas proferidas por personagens de Almodóvar. Há, inclusive, exemplos de como um texto, além de ser ressignificado ao adentrar novo contexto (Bauman; Briggs, 1990/2009), pode trair seu possível 'significado anterior'. Também se verifica considerável incidência de respostas multidirecionais, se valendo de vocativos para interpelar mais de um/a destinatário/a. Isso aponta para uma peculiaridade dessa interação: o alto teor de reflexividade metapragmática que paira tanto sobre a pedagogia proposta quanto sobre os posicionamentos discursivos das/dos participantes. Tal reflexividade é típica das múltiplas semioses que perpassam nossas práticas cotidianas e globalizadas.

Outro ponto a destacar são as frequentes transições escalares que pontuam a interação: os participantes (Roberto, Napoleón, Lan, Croissant, Nelson), em uma mesma postagem, atravessam diferentes espaços-tempos. Tal constatação nos ajuda a entender a forma como as 'identidades' são negociadas ali: depois dos cerceamentos impostos por uma guerra civil e pelos anos de ditadura franquista, as 'identidades' precisavam ser reinventadas. Era necessário pensar novas formas de performar gênero e sexualidade. As personagens de Almodóvar apontaram caminhos em meio ao renascer democrático da Espanha, que se dá depois da morte de Franco em 1975, no poder desde a década de 1930. Por conta da magnitude das mudanças experimentadas, os participantes frequentemente comparam espaços-tempos (p. ex., ditadura *vs.* democracia) de forma a contrastar os Discursos orientadores em circulação e as pragmáticas que eles inspira(va)m, tão díspares quanto o impacto da 'pedagogia almodovariana'. Esta, ao ser avaliada no site *Dos Manzanas*, coloca os personagens de Almodóvar em escala metonímica, convertendo-os em referentes LGBT.

No que diz respeito à maneira como esses referentes são avaliados no excerto 1, identifica-se que, mesmo qualificando-os positivamente ao defender seu ponto de vista, Roberto os prefigura, incorrendo em simplificações defectivas (Pinto, 2013). Isso se torna claro quando ele delimita uma barreira entre performances de travestilidade e masculinidade homoerótica, essencializando ambas de forma nada estratégica:

segundo ele, as primeiras são performadas por quem se sente mulher; as outras, não. Ao mesmo tempo que se queixa da invisibilidade homossexual e da falta de referentes, especialmente em dado momento histórico (nos últimos anos do franquismo), apaga as 'identidades' travestis/transexuais ao não reconhecer como factível o desejo de seu amigo de implantar silicone nos seios, além de considerar apenas o efeito material da invisibilidade social para quem performa homoerotismo ("as carícias tinham de ser encobertas"). Seu posicionamento contradiz outros dois pontos que, somados à luta pela diversidade, destacam-se entre as reivindicações LGBTI+: a igualdade e a visibilidade para/entre todas as 'identidades' que compõem a sigla. A dissonância entre o Discurso LGBTI+ e o que jaz nas entrelinhas do discurso de Roberto ressalta as relações de poder que ali comparecem.

No excerto 2, há tanto quem avalie positivamente algumas das performances não hegemônicas de gênero e sexualidade desempenhadas nos filmes de Almodóvar (Croissant, Chelsea e Nelson), quanto quem as reduza a estereótipos (Dill e Lan). Enquanto Lan avalia que os personagens LGBT do cineasta são "decadentes, engolidos pela droga e pela prostituição" e que, por conta disso, projetam uma fachada negativa para o coletivo LGBT, colaborando para que certos estigmas identitários permaneçam, Napoleón enaltece o "aporte capital para dar visibilidade ao âmbito LGBT e sua normalização".

No entanto, as/os participantes não julgam apenas as personagens e suas performances. Há quem, como no caso de Napoleón, exija um posicionamento mais 'ativista' por parte de Almodóvar também em sua vida pessoal. Em contrapartida, Chelsea não reconhece a fachada de porta-voz da causa LGBT que Roberto e Napoleón projetam sobre o cineasta. Fato é que esse tipo de cobrança é usual no *Dos Manzanas*: muitas/os das/dos que interagem no *site* posicionam-se como ativistas em prol da causa LGBT e têm por hábito incentivar que figuras públicas igualmente o façam, sugerindo que se declarem L, G, B ou T, ou seja, que abracem uma identidade essencializada. Diferente do que Sedgwick (1990/2007) sinaliza, acreditam ser possível, ou necessário, manter-se totalmente fora do armário sempre. Por conseguinte, exigem que todas as pessoas que, supostamente, desempenham performances associadas a uma das letras da sigla posicionem-se publicamente.

O posicionar-se — que engloba o dizer-fazer, dimensionar-enquadrar, indexicalizar-interpretar, instruir-avaliar, entextualizar-ressignificar

— torna a pragmática indissociável da metapragmática. Para Rajagopalan (2014: 32-33), esse deveria ser o foco de mais pesquisas no campo da linguagem: "O que importa mesmo não é como os 'fatos' realmente são, mas como eles são percebidos e efetivamente utilizados nas práticas sociais". Indispensável recordar que são as diferentes formas de produzir sentido sobre performances/práticas — ou seja, as diferentes metapragmáticas em disputa — que podem nos levar a desconstruir as categorias estanques. Debruçamo-nos sobre a postagem de Roberto e a interação que ela suscita por conta da reflexividade metapragmática que permeia os dois excertos. Em linhas gerais, identifica-se maior preocupação com a forma como as 'identidades' são projetadas e socialmente valoradas do que com a busca, com a produção de outras performatividades de gênero e sexualidade possíveis. Há mais essencialismo que estratégia nos usos políticos da identidade observados na interação, que os tornam diferentes do "essencialismo estratégico" defendido por Spivak (1988). Isso é problemático porque os essencialismos imobilizam o sujeito sociolinguisticamente, estereotipam formas de existir/estar no mundo, colaborando para reificar os Discursos dos quais as pessoas precisam se livrar para se reinventar (Moita Lopes, 2013b). Urge "melhor situar o discurso ativista" (Biondo; Signorini, 2015: 194) e fomentar o diálogo entre uma academia, mais politizada e comprometida com a reinvenção da vida social, e vertentes do ativismo LGBTI+ apoiadas em concepções engessadas de gênero e sexualidade. Talvez, áreas de investigação mais responsivas à vida social — tal como a linguística aplicada INdisciplinar propõe ser (Moita Lopes, 2006/2016; veja também a introdução do livro) — logrem produzir novas pontes semiótico-epistemológicas que apontem um caminho possível para queerizar o ativismo LGBT.

Capítulo 9
Peles habitáveis de Almodóvar em perspectiva
projeções (meta)escalares

Clarissa Rodrigues Gonzalez e Luiz Paulo da Moita Lopes

O que há de mais profundo no humano é a pele.
Paul Valéry[1]

Por mais que seja composta de diferentes camadas (epiderme, derme e hipoderme) e tenha múltiplas funções (proteção, termorregulação, excreção, captação de estímulos dolorosos e táteis), a acepção mais usual de 'pele' é a indicada pela segunda entrada do verbete no *Dicionário Michaelis*[2]: "Camada mais externa e superficial" que reveste o corpo.

Em *A pele que habito* (2011), o cineasta Pedro Almodóvar parece contrariar essa acepção. O filme adentra nas profundezas da pele: é em torno dela que todo o enredo se estrutura. O enredo gira ao redor de três pontos:

(1) a destruição da pele — carbonização como consequência de um acidente de carro;

[1] Deleuze (1969/1975: 11) destaca a importância de olhar para os efeitos de superfície citando Valéry.
[2] Disponível em: https://bit.ly/3kaxs7l, acesso em: 23 ago. 2022.

(2) a obsessão que inspira — a criação de uma pele resistente a qualquer tipo de dano;
(3) a transformação que viabiliza — a redesignação de gênero.

No filme, a pele adquire protagonismo e chega a adquirir nome próprio. Gal é o nome que o Dr. Robert, personagem crucial do filme, dá à pele que cria. Como aponta o youtuber Gabriel Tosto na videocrítica[3] a ser analisada, o nome alude a Galatea, estátua que Pigmaleão, no mito grego, esculpe e pela qual se apaixona. Essa analogia propiciada pelo ato de nomear, performativamente, produz efeitos: a pele, ao ser nomeada Gal, além de ser humanizada, cumpre, de forma diferenciada [já que, em meio à repetição, há alteração de significado (Derrida, 1972/1991)], sua vocação mitológica.

O ato de nomear ganha extrema relevância na referida obra cinematográfica: os nomes dos personagens, por exemplo, tal como a pele chamada Gal, além de metafóricos, perspectivam as questões que enunciam. Enfoquemos brevemente três deles: Vera, Vicente e Norma. O nome Vera está relacionado com a ideia de verdade, veracidade. É dessa forma que Almodóvar, por meio do doutor Robert, batiza a criatura a qual dá forma. O médico atribui essa alcunha a Vicente depois de submetê-lo forçadamente a um processo de redesignação de gênero. Tal escolha poderia sinalizar que o cineasta, por meio de Vera, questionaria o que se entende por verdade, mostrando que ela pode ter diferentes dimensões. O filme parece indicar que a verdade, assim como Vera, é produto de uma construção, sendo portanto "desse mundo" (Foucault, 1972/1984). Já o nome Vicente, originado do latim Vincentius, deriva de *vincente*, particípio passado do verbo *vincere*, que significa "vencer"[4]. E Vicente, em grande medida, sai vencedor de uma situação improvável: logra fugir de seu algoz performando estrategicamente feminilidade. O filme, desse modo, adverte que o gênero é performado (Butler, 1990/2007). O item lexical 'norma', por sua vez, aponta para convenções, resoluções, padrões a serem seguidos. Norma, marcada pelo trauma de ter presenciado o suicídio da mãe, mostra-se débil, e sobre ela recaem vários estereótipos que, muitas vezes, pesam sobre as 'mulheres': é frágil, infantilizada, instável e histérica. Por ser considerada incapaz de assumir as rédeas da própria vida, ela vive sob a tutela de um homem. Diante

[3] É a crítica, ou seja, análise avaliativa registrada em vídeo.
[4] Disponível em: https://bit.ly/2Xt76ET, acesso em: 23 ago. 2022.

da impossibilidade de produzir diferença em meio à repetição, Norma não foge à regra: cumpre o mesmo destino trágico de sua mãe. Todas essas questões, além de referendarem a importância do ato de fala nomeador, são atravessadas por debates que envolvem performances de gênero, tema central da videocrítica a ser analisada.

Essa escolha — análise de uma videocrítica cinematográfica produzida por um usuário do YouTube — mostra-se em sintonia com os novos modos de 'prossumir' (Toffler, 1980) diferentes tipos de textos em circulação, contenham eles signos linguísticos, sonoros, verbais, imagéticos ou audiovisuais. O termo 'prossumidor' — tradução nossa do inglês *prosumer*, resultante da junção das palavras *producer*, "produtor" e *consumer*, "consumidor" — foi cunhado por Toffler (1980) para destacar como a produção e o consumo de conteúdos mesclam-se cada vez mais nas mídias sociais. As críticas produzidas pelos participantes das redes sociais sobre artefatos culturais, como o cinema, ilustram bem o fenômeno referido por Toffler. Esses participantes, além de consumirem as obras em questão, produzem conteúdos sobre elas. Um desses conteúdos é a videocrítica realizada pelo *youtuber* Gabriel Tosto sobre o filme *A pele que habito*, fruto de projeções (meta)escalares, ou seja, de um exercício duplamente reflexivo: é a reflexão sobre uma obra cinematográfica, a qual, por sua vez, resulta de um exercício reflexivo do cineasta. Esse é o objeto sobre o qual nos debruçamos neste capítulo.

De caráter qualitativo-interpretativista, nossa pesquisa não tem a pretensão de tecer generalizações ou projetar verdades, uma vez que entendemos a produção de conhecimento sempre como situada, parcial, interessada (Moita Lopes, 2006/2016, 2012, 2013) e inconclusiva[5] (Derrida, 1972/1991). Munidos de 'sensibilidade etnográfica' referente à experiência de um dos pesquisadores no YouTube, nosso propósito é o de realizar uma análise aprofundada sobre nosso objeto de estudo, com base em um instrumental teórico-analítico definido.

Publicada no canal do YouTube *Manifesto das 7*, a videocrítica a ser analisada é um exemplo de como as tecnologias da informação e comunicação (TIC), além de facilitarem a realização e veiculação de registros multimídia, também propiciam os meios para fazê-los circular mais ampla e intensamente, expondo-os a possíveis recontextualizações, a serem objeto de interações e/ou apropriações, como a efetuada por nós.

[5] Para Derrida (1972/1991), o significado nunca está pronto.

Entre as muitas plataformas de interação na web, o YouTube destaca-se por ser um híbrido de rede social com buscador. Recuero (2009: 72) define rede social como "um conjunto de atores e suas relações", que ampliaram as possibilidades de conexão e a capacidade de difusão de informações. Além de destacar o potencial dessas conexões entre as pessoas, Castells (2003) aponta: as redes sociais online constituem uma nova forma de interação.

O YouTube é um espaço onde os valores são compartilhados, onde as pessoas podem se relacionar e intercambiar informações, publicar e consumir conteúdo audiovisual, seguir ou tornarem-se youtubers, interagirem por meio de comentários etc. Gabriel (2010) ressalta que o YouTube é a segunda plataforma online mais utilizada para efetuar buscas[6]. De fato, um dos pesquisadores envolvidos na investigação, usuário frequente do YouTube, deparou-se com a videocrítica que embasa a análise ao acessar a plataforma para efetuar buscas relacionadas ao cineasta Pedro Almodóvar.

Neste capítulo, o ato de nomear ocupa papel fundamental. Ele, bem como qualquer outro ato de fala, nunca é neutro ou desinteressado. É uma forma de "fazer coisas" por meio da linguagem (Austin, 1962/1990), de agir no mundo social (Moita Lopes, 2006/2016). Também de enquadrá-lo, dimensioná-lo e perspectivá-lo. Carr e Lempert (2016), ao versarem sobre as escalas, propõem um instrumental teórico-analítico que nos ajuda a identificar como isso se dá; faremos uso dele para analisar a videocrítica mencionada, além de propor interseções entre a noção de escala e o processo de construção cinematográfica, entre os estudos da linguagem e a sétima arte. Também recorremos à indexicalidade (Silverstein, 2003) e, de modo complementar, a três construtos propostos por Irvine e Gal (2000): iconização, apagamento e recursividade fractal.

O ferramental apresentado por Irvine e Gal (2000), recentemente revisto por uma das autoras (Gal, 2016), articulado para ser empregado em análises sobre as ideologias linguísticas, será usado aqui para identificar os processos semióticos projetados por ideologias que incidem sobre o gênero e a sexualidade. Cabe, ademais, mencionar o exercício metaescalar e reflexivo de não só efetuar a análise, mas de refletir sobre ela e sobre os instrumentos empregados.

---

[6] Segundo Gabriel (2010), a primeira é o Google.

Para levar a cabo este trabalho nos termos estipulados, seguimos os seguintes passos: primeiramente, recorremos às teorizações queer dispostas na introdução do livro assim como no preâmbulo a esta parte, sobretudo quanto à redesignação de gênero. Agora, debruçamo-nos brevemente sobre o filme que inspira a referida crítica — *A pele que habito*. Logo, detalhamos o instrumental teórico-analítico, efetuamos a análise e tecemos as considerações finais.

As peles habitáveis e o cinema de Almodóvar

Transformar algumas de suas obsessões e/ou a maneira de abordá-las em marcas registradas, em um diferencial temático-estilístico, é uma das virtudes de Almodóvar. Questões envolvendo performatividades de gênero, especialmente aquelas que questionam pressupostos cis-heteronormativos, entre as quais destacam-se performances de transgeneridade, são algumas dessas obsessões, que inspiraram pesquisas sobre seus filmes, como as realizadas recentemente no campo dos estudos da linguagem no Brasil (Veloso, 2012; Queiroz, 2017, por exemplo).

Em *A pele que habito*, tais questões ganham centralidade na narrativa. O 18º longa-metragem de Almodóvar conta a história de um médico empenhado em criar uma pele ultrarresistente depois que a esposa se suicida (ela tira a própria vida ao perceber o quão desfigurada fica após sofrer um acidente de carro). Em seus experimentos, o Dr. Robert usa como cobaia o rapaz que supostamente teria estuprado sua filha, submetendo-o também a uma cirurgia de 'transgenitalização'. Logo, tal como Pigmaleão, apaixona-se por sua criatura. Outras informações sobre o filme serão apresentadas na análise da videocrítica produzida pelo youtuber Gabriel Tosto, que coloca o filme em perspectiva por meio de um exercício escalar-avaliativo. Nós, por nossa vez, perspectivamos o vídeo dele neste capítulo, configurando, um exercício metaescalar.

Processos semiótico-escalares

Esta seção comporta tanto uma abordagem reflexivo-comparativa quanto teórico-analítica da noção de escala (Carr; Lempert, 2016). Além de detalharmos como o construto será empregado na análise, estabeleceremos analogias entre o que aqui entendemos por escala no discurso e as questões que remetem à construção da semiótica cinematográfica, justificando assim o seu emprego em análises que enfocam narrativas fílmicas. Julgamos ser este um exercício útil para refletir sobre a dupla perspectivação envolvida na análise de uma crítica: colocar em perspectiva a perspectiva de outrem.

Todo filme, assim como todo discurso, envolve exercícios escalares de perspectivação, seja do nosso entorno (Carr; Lempert, 2016), seja do que é mobilizado pela narrativa fílmica. Ele é, portanto, o resultado de processos escalares, aqui entendidos como aqueles que literalmente enquadram certos temas, dimensionando-os. O ato de enquadrar, do ponto de vista cinematográfico, consiste em perspectivar o que será contemplado dentro dos limites horizontais e verticais do enquadramento e em sinalizar o modo como isso será imageticamente dimensionado: o plano pode ser mais aberto ou fechado, o ângulo pode variar etc. O ato de enquadrar, talvez a ação mais básica que dá materialidade ao processo cinematográfico, mobiliza escalas que projetam visibilidade e invisibilidade, definindo, em consequência disso, matrizes de inteligibilidade (Deleuze, 1990), o dentro/fora (Derrida, 1973), que pode estabelecer relações tanto dicotômicas como complementares.

Se ao enquadrar determinamos o que pertencerá à escala do visível (dentro do campo) e do invisível (extracampo), posicionamo-nos, valha a redundância, ao posicionar o que enquadramos (Carr; Lempert, 2016), de modo que não há neutralidade na relação entre o que está dentro e fora do quadro, nem no enquadramento resultante. Os recortes são fruto de seleções, de escolhas que resultam na composição imagética. Podem engrandecer ou diminuir, dar maior ou menor destaque a algo, favorecer aquilo que se retrata ou, pelo contrário, prestar-lhe um desfavor. Quando enquadramos, pomos em prática estratégias que orientam a percepção, assumimos um ponto de vista, privilegiamos determinada perspectiva, demarcamos pontos de vantagem (Carr; Lempert, 2016).

Pensar o enquadramento, bem como outros meandros da semiótica da construção cinematográfica, sob uma ótica escalar (Carr; Lempert, 2016) permite-nos ampliar horizontes, contemplar a noção de escalas de maneira mais elástica e versátil, fazendo-nos descobrir a manipulação de espaços-tempos — recortes espaciais e elipses temporais — e a forma como as escalas são forjadas — pontos de vista projetados — ou (des)naturalizadas.

Olhar para a maneira como a ilusão de movimento é forjada pelo cinema ajuda a ilustrar como os processos de (des)naturalização têm lugar. Para reproduzir cinematograficamente o movimento, roda-se o produto que o encadeamento sequencial de uma série de fotografias projeta, a 24 quadros por segundo[7]. Essa é a escala/proporção a que se chega para 'enganar o olho', para fazer com que o movimento, que é artificialmente construído, pareça natural. Deleuze (1985) chama esse artifício de "imagem-movimento"[8]. Porém, do mesmo modo que o movimento pode ser naturalizado, assemelhando-se à forma como é convencionalmente percebido, ele também pode ser desnaturalizado. É possível manipulá-lo na diegese[9] (Gaudreault; Jost, 2005/2009) por meio de alterações na escala padrão — câmera lenta/rápida, *jump cuts*[10], imagem congelada —, da perspectiva — câmera parada ou em movimento — ou de recortes espaciais e elipses temporais — que vão determinar, respectivamente, por onde o espectador pode 'se mover' e como a narrativa avança.

Muitos desses pontos, com destaque para o modo como o ato de enquadrar circunscreve temporalidades às imagens resultantes, serão contemplados na análise. Tanto no caso da crítica quanto no caso do filme, que é pontuado por *flashbacks* e não segue uma ordem cronológica, registram-se saltos que atravessam diferentes espaços-tempos. Como veremos mais adiante na análise, ao serem manipulados pelo cineasta e pelo youtuber, esses espaços-tempos dão-nos pistas dos discursos orientadores com os quais ambos operam. Por isso, fazemos uso da noção de escalas (Carr; Lempert, 2016) em interseção com a de indexicalidade (Silverstein, 2003), que nos faz atentar para o laço indexical entre o signo evocado em um dado ato comunicativo e os discursos orientadores para os quais esse signo aponta (ver a introdução deste livro e Schultz, 2020).

---

[7] Essa proporção remete ao padrão mais usual quando se rodava com película 35mm, distando dos padrões estabelecidos por outras tecnologias (digital) e suportes (vídeo/magnético).

[8] Deleuze (1985) nos aponta como a escala da ficção no cinema clássico narrativo é construída para criar a sensação de que os planos são naturalmente encadeados, forjando a sensação de movimento contínuo. Dessa maneira, dissimula-se a forma como o filme é produzido para criar a aparência de naturalidade.

[9] Segundo Gaudreault e Jost (2005/2009), a diegese é a relação de coerência que faz com que determinadas situações tenham sentido dentro de um universo ficcional, fazendo com que certos eventos, ainda que implausíveis em escalas não ficcionais, adquiram verossimilhança dentro de dada narrativa.

[10] É a eliminação de quadros/fotogramas de um plano e tem por efeito produzir saltos na imagem, rompendo com a continuidade linear do movimento. Esse recurso foi muito usado por cineastas como Jean-Luc Godard durante a Nouvelle Vague, movimento cinematográfico francês. Para maiores informações: https://bit.ly/39cJIOp; acesso em: 31 ago. 2022.

Os processos escalares, em suma, englobam indexicalidade, movimentação espaçotemporal, as analogias e distinções, os dimensionamentos, as avaliações. Inspiram/delatam (auto)posicionamentos e podem levar a hierarquizações, que, como tais, envolvem jogos de poder (Carr; Lempert, 2016). Eles também são mobilizados para ordenar, agrupar, categorizar coisas, pessoas, ideias e situações; para estabelecer pontos de vista e para ajudar os atores sociais a orientarem, interpretarem e agirem em seus mundos (Carr; Lempert, 2016). Logo, esse será o principal ferramental a nortear a análise, a ser complementada por três construtos teórico-analíticos propostos por Irvine e Gal (2000): iconização, apagamento e recursividade fractal.

É possível, através de um exercício escalar baseado em analogias, estender e redimensionar os usos desses construtos para além do emprego inicialmente previsto (analisar a linguagem em uso). Buscamos fazer isso, já que eles nos auxiliam na análise proposta, explicitando os mecanismos que projetam hegemonias, criam e dão materialidade a diferenças, assimetrias e hierarquizações linguístico-semióticas. Do mesmo modo que as ferramentas idealizadas por Irvine e Gal (2000) nos dão pistas sobre como se forjam as hegemonias que se afiançam no terreno linguístico, caso da norma culta e de seus falantes, essas ferramentas igualmente podem ajudar a chamar a atenção para aspectos semiótico-discursivos mais amplos que alicerçam a hegemonia cis-heteronormativa.

A **iconização** pode ser definida como o processo que estabelece uma correlação entre determinadas características linguísticas e a imagem social à qual elas estão associadas (Irvine; Gal, 2000), o que envolve, muitas vezes, o estabelecimento de "conexões aparentemente diretas, automáticas e naturais" (Briggs, 2007) supostamente capazes de captar "a natureza ou a essência inerente a um grupo social" (Irvine; Gal, 2000: 37). Essa noção também poderia ser empregada para apontar o modo como o gênero é hegemonicamente perspectivado ou os mecanismos semióticos que fazem com que ele adquira a "aparência de uma substância" (Butler, 1990/2007: 98). Da mesma maneira que as características e as práticas linguísticas, interpretadas como típicas e definidoras das 'identidades' sobre as quais operam, a reiteração das performances de gênero também produz efeitos subjetivantes. Tal mecanismo, segundo Foucault (1976/1998), é o que faz com que certas práticas, como a 'sodomia', por exemplo, deixem de ser contempladas como o que são (realização de uma ação) e passem a enclausurar aquele que a pratica em uma 'espécie' (no caso, a homossexual). Logo, a iconização, seja ela sustentada por ideologias linguísticas ou por ideologias que permeiam nosso entendimento de gênero, ao atar o sujeito a determinada 'identidade social', poderia conduzir tanto à imobilidade sociolinguística (Pinto, 2013) quanto à imobilidade no que tange ao modo de performar o gênero e a sexualidade [ver a crítica que muitas feministas fizeram à posição teórica de Butler (1990), discutida na introdução deste livro].

O **apagamento**, por sua vez, é o processo pelo qual as conexões entre as características projetadas e a imagem social são criadas e mantidas graças a elipses (Irvine; Gal, 2000). O apagamento consiste na eliminação de traços ou matizes capazes de constituir uma ameaça à ideologia que se pretende instaurar ou preservar.

Já a **recursividade fractal** se caracteriza por projetar "uma oposição, saliente em algum nível da relação para algum outro nível" (Irvine; Gal, 2000: 38). Trata-se, como sinaliza Moita Lopes (2013), de um processo escalar, baseado em projeções dicotômicas, em opor uns a outros, beneficiando uma das partes. Esse construto, assim designado pelas autoras por remeter a processos que abrangem repetições (recursividade) e conservam algo da estrutura que espelham (fractal), mostra-se efetivo quando se trata de identificar "fenômenos que envolvam segmentação ou cismogênese, como ideologias nacionalistas e rituais de gênero" (Irvine; Gal, 2000: 38). Logo, torna-se pertinente seu emprego no caso do qual nos ocupamos.

Projeções (meta)escalares

Será objeto de análise um excerto da videocrítica cinematográfica intitulada *A Pele que habito e a ideologia de gênero*[11]. Elaborada pelo youtuber Gabriel Tosto, a videocrítica foi publicada no dia 1º de novembro de 2017 no canal *Manifesto das 7*, criado "para falar e discutir arte em todas as suas vertentes".

Em consulta efetuada no dia 19 de junho de 2018, às 10h28min da manhã, horário de Brasília, dos 22 vídeos disponibilizados para visualização (desconhecemos se os administradores mantêm publicações com algum tipo de restrição), esse era o terceiro vídeo mais comentado e o quarto mais visto. Com duração de 12min52s, no dia 5 de outubro de

[11] Disponível em: https://bit.ly/2YQ3jlq; acesso em: 23 ago. 2022.

2021, o vídeo ultrapassava 90 mil visualizações e rendera 170 comentários, além de réplicas e tréplicas. Convém destacar esse fato porque o filme, que estreou no Brasil no dia 4 de novembro de 2011, continua, dez anos depois, cumprindo ampla trajetória textual (Blommaert, 2005) por meio de processos de recontextualização, assim como a videocrítica de Gabriel.

Feitas essas considerações iniciais para contextualizar a análise, efetuamos agora a transcrição do excerto, tomando como referência o método proposto por Rose (2002: 350) para cobrir o aspecto visual. Na sequência, dedicamo-nos à análise. As convenções de transcrições estão no anexo ao fim do livro.

Transcrição

Sequência[12]	Dimensão visual	Dimensão verbal	Dimensão sonora
1	0:02:49:11 Gabriel, enquadrado à altura da cabeça e acima do abdômen, fala para a câmera. Com as duas mãos, sinaliza movimento de um ponto a outro. Move a cabeça e gesticula com a mão direita. Mão direita se move ao longo do quadro. Plano mais fechado, no limite da cabeça e dos ombros. Plano mais aberto, acima da cabeça e do abdômen. Move a cabeça alternando os perfis direito e esquerdo. Plano mais fechado. Gabriel torce a cara. Plano mais aberto. Gabriel gesticula com as mãos. Franze a testa, fechando parcialmente o olho esquerdo. Afasta os braços com as palmas da mão para cima. Plano mais fechado. Gabriel estende o braço direito em direção à câmera. Plano mais aberto. Gabriel gesticula com as mãos próximas. De perfil, aproxima-se da câmera gesticulando com o braço direito.	? Ok.. Vamos começar então pela construção dos personagens. (.) Todos os persona:gens possuem um perfil moral dúbio (.) Estando sempre <entre a inocência e a malícia> (.) ? Saca aquele este- estereótipo do doutor e do monstro? Pode parecer uma: referência direta ao Doutor Robert, mas isso acontece com qua:se todos os personagens no filme. Por exemplo (.) a governanta da casa. (.) <a Marília. (.) é uma mãe sofrida, dedicada e amorosa>, mas ela se culpa por ter gerado dois filhos psicopa:tas e age: com egoísmo e indiferença à maldade deles. E, é claro (.) o próprio Robert, que é o exemplo mais evidente no filme (.) O cara é um médico respeitado, um marido apaixonado e pai atencioso. <Rico, galã e gênio>. E ainda com ótimas intenções de desenvolver tratamento efetivo para vítimas de queimaduras (.) Mas que fa:z isso de forma criminosa e inescrupulosa (.) sequestrando e torturando uma pessoa (.) O pior (.) é que a história do cara (.) é de foder (.) Se liga (.)	Som direto

[12] Sequência é o conjunto de planos que, ao serem encadeados, adquirem unidade dramática (Gaudreault; Jost, 2005/2009). Dividimos o excerto a ser analisado em sequências da videocrítica protagonizadas pelo youtuber e fragmentos do filme nela inseridos.

		O doutor não tem família. Sua verdadeira mãe é a governanta da casa e ele nem sabe disso (.) Sua mulher o traiu com: o seu próprio irmão, mesmo sem ele saber que era seu irmão (.) E, na fuga, ela acabou: >sendo totalmente queimada<. E ele ficou cuidando dela por vários: meses (.) até que ela percebeu o estado que ela tava e: <se matou>, se jogando da janela (.) Sua filha (.) foi violentada e acreditava que ele (.) seu próprio pai (.) tinha sido o estuprador e por isso ela também se suicidou (.) <da mesma forma trágica que a sua mãe> (.) Sacou? >A vida do cara é tão sofrida< que você até fica confuso se ele (.) se isso deveria, de alguma forma, justificar as maldades dele, sabe?! Bom, para você ver (.) até naquela cena da pegação entre a Norma e o Vicente, a linha de moralidade é tenue (.) ? Por um lado (.) Vicente é inocente das acusações de ter estuprado a menina (.) Pois, até então, os dois estavam se curtin:do e devido à condição psicológica de Norma (.) ela acabou tendo um surto psicótico (.) <Por outro lado> (.) ele: estava chapado, entrou em pânico e é culpado de ter agredido a menina e ter fugido deixando ela desacordada (.) Para mostrar como essa definição pode ficar ainda mais complicada (.) Quando Vicente passa a ser Vera (.) é ele quem é estuprado e <a fronteira entre o medo, o desejo e a impotência> são cada vez mais indistinguíveis nessas cenas (.)	
2	Cena do filme em que o rosto de Vicente gradualmente desaparece e dá lugar ao de Vera.		Trilha sonora
3	0:05:31:16 Gabriel gesticula com os braços. De perfil, em plano mais fechado, Gabriel encara a câmera. Em plano mais aberto, Gabriel aproxima as mãos do corpo. Gesticula com o braço esquerdo, que quase sai de quadro. Em plano frontal mais fechado, encara a câmera. Em plano frontal mais aberto, encara a câmera. Gesticula com as duas mãos bem próximas. Fecha parcialmente o olho esquerdo. Pisca e faz sinal de ok. Em plano mais fechado, encara a câmera.	Essa coisa ambígua da moralidade é também parte da construção que Almodóvar faz para te fazer pensar sobre a questão de gênero, invertendo os papéis nessa discussão. No filme, é mais ou menos assim que a coisa funciona. (.) Imagine que você tenha nascido <homem e hetero>, mas, por uma situação forçada, você acorda de um dia para o outro, com o corpo de uma mulher (.) E hoje em dia i:sso é possível, parceiro. Não é: ficção, não. ! >Pois bem<, acontece que: apesar de você: agora possuir um corpo de mulher, ser até batizado com um nome de uma mulher, ser obrigado a usar roupa de mulher	Som direto

		e todo mundo te enxergar apenas como uma mulher (.) você continua sendo homem ! porque essa é a sua: essência. Entende? O gênero masculino(.) está na sua constituição psicológica (.) apesar de todo o resto sugerir o contrário. Ou: você mudaria (.) o seu gênero? Você: aceitaria (.) a sua condição forçada? Você: se sujeitaria ao destino que lhe impôs um: corpo de mulher? (.) ? Essa (.) é a forma do Almodóvar tentar te fazer <entender> o que seria a dissociação entre o corpo >que você possui< e <o ego, a identidade, a alma>, a essência imaterial que define quem é você. É por isso que: a fala final do filme (.) define bem essa questão (.) pois quando: os olhos veem Vera (.) ela afirma (.) <"Sou Vicente"> (.) E se você é menina e hetero (.) é só inverter os papéis no exemplo que funciona também. (.) E perceba que aqui nós estamos falando de gênero e não de opção sexual (.) que são coisas be:m diferentes.	

Nesse excerto, Gabriel, após tecer considerações introdutórias, propõe começar a crítica, que envolve um processo de recontextualização do filme "pela construção dos personagens". O youtuber projeta sobre eles uma escala de "moral dúbia". Movendo a mão direita, emprega um tom didático ao ilustrar seu ponto de vista com uma citação: "Saca aquele este- estereótipo do doutor e do monstro? Pode parecer uma: referência direta ao Dr. Robert, mas isso acontece com qua:se todos os personagens no filme".

Enquanto a entonação ascendente poderia ser interpretada como uma tentativa de projetar, reivindicar uma escala de autoridade, a menção ao "estereótipo do doutor e do monstro" aponta tanto para um exercício escalar reducionista e monolítico (Tsing, 2015), posto que se calca em um estereótipo — em uma iconização (Irvine; Gal, 2000) —, quanto para dinâmicas de recursividade fractal (Irvine; Gal, 2000), já que se baseia na oposição médico *vs.* monstro, que inspira novas oposições: controle *vs.* descontrole, correção *vs.* aberração. Um novo exercício escalar estende essas projeções estereotípicas e dicotômicas, que inicialmente recairiam apenas sobre o médico, a "qua:se todos os personagens do filme", o que Gabriel enfatiza por meio do alongamento da vogal.

Esse fragmento, além de apontar para o caráter referencial que permeia essa prática discursiva, chama a atenção para a crítica como um exercício escalar por excelência, baseado na avaliação daquilo que tomamos por objeto de análise (Carr; Lempert, 2016), bem como em seu dimensionamento e interpretação. Soma-se a isso o fato de que nós, ao mesmo tempo que posicionamos tal objeto, também nos posicionamos e o fazemos dentro de uma escala espaçotemporal. Gabriel, por exemplo, ao sinalizar que a moral dos personagens é dúbia e projetar uma escala comparativa citando a obra de Robert Louis Stevenson, *O médico e o monstro*, publicada em 1886 e também conhecida como 'Dr. Jekyll e Mr. Hyde', transita entre diferentes espaços e temporalidades:

- o Brasil contemporâneo — lugar de onde ele nos fala e, portanto, onde ancora seu ponto de vista;
- a Londres do fim do século XIX — contexto em que a obra de Stevenson foi publicada;
- a Espanha dos anos recentes — a história é localizada no tempo 'presente', que nos remete ao ano de 2011, quando o filme foi lançado, mas é pontuada por diversos *flashbacks*, alternando diferentes espaços-tempos.

O youtuber, entretanto, não projeta analogias entre o protagonista do filme e o autor do livro referido, apesar de ambos terem o mesmo nome (Robert).

Depois de citar "o estereótipo do doutor e do monstro", que lhe serve de gancho para abordar a moral dúbia dos personagens, em especial a do doutor Robert, Gabriel nos conta um pouco da história do cirurgião numa tentativa de identificar o que teria levado "um médico respeitado, marido apaixonado e pai atencioso" a agir de forma inescrupulosa. Perspectivando eventos da trajetória de Robert, como, por exemplo, os suicídios da filha e da esposa, ele avalia, gesticulando e franzindo a testa: ">A vida do cara é tão sofrida< que você até fica confuso se ele (.) se isso deveria, de alguma forma, justificar as maldades dele, sabe?!". Com esse posicionamento, o youtuber — que abre os braços deixando as palmas da mão para cima, o que poderia indicar que ele se rende ante as circunstâncias, apesar de titubear (a pausa, a aceleração da fala e a mudança de entonação sugerem isso) — isenta, perdoa Robert, redimensionando, atenuando a gravidade das atrocidades por ele cometidas.

Gabriel estende o braço direito em direção à câmera, convidando o/a espectador/a a seguir seu raciocínio, e identifica signos de "moralidade dúbia" na "cena da pegação entre a Norma e o Vicente". Julga que "os dois estavam se curtin:do", o que é evidenciado pelo alongamento da vogal nasal, e absolve Vicente ("é inocente das acusações de ter estuprado a menina"). Gabriel indexicaliza discursos que evocam a autoridade médica, mais especificamente do âmbito da psicologia, para reforçar a forma como perspectiva a situação: "Devido à condição psicológica de Norma, ela acabou tendo um surto psicótico". O modo como Gabriel posiciona os personagens nesse trecho (Vicente: inocente, Norma: surtada) acaba por posicioná-lo como alguém que, orientado por discursos de senso comum, ante uma situação que envolve vulnerabilidade, culpabiliza a pessoa que sofre violência pela violência padecida. Em seguida, porém, o youtuber volta a mencionar que, no filme, "a linha da moralidade é tênue" e redimensiona a questão: "<Por outro lado> (.) ele: [Vicente] estava chapado, entrou em pânico e é culpado de ter agredido a menina e ter fugido deixando ela desacordada". Curiosamente, Gabriel, cujo gestual (mãos próximas uma da outra) indica uma postura mais introspectiva e reflexiva, em meio a mudanças de ritmo e alongamentos vocálicos, que deixariam transparecer uma certa insegurança, não usa como 'atenuante jurídico' o fato de Vicente estar "chapado" para abrandar outras acusações contra o rapaz ("ter fugido deixando ela desacordada"). Uma projeção escalar comumente usada em juízos, esse tipo de projeção baseia-se na suposição de que alguém fora de suas plenas faculdades torna-se incapaz de responder por seus atos, logo suas ações não teriam dolo. O fato de Vicente ter fugido sem prestar auxílio é justificado por Gabriel ("entrou em pânico"), mas não é atenuado ("é culpado de ter agredido a menina").

No que tange à ordem de discurso médico-psicológica (Foucault, 1963/1980), o que se observa é que Gabriel a indexicaliza para investir de autoridade a avaliação que faz da cena em questão. A simbiose entre conhecimento-autoridade/saber-poder (Foucault, 1982/1995) estabelece 'pontos de vantagem' e possibilita a uma perspectiva escalar se sobrepor a outras (Carr; Lempert, 2016). Como consequência, essa perspectiva pode se tornar hegemônica e os discursos que a sustentam passam a gozar de ampla aceitação, sendo, muitas vezes, naturalizados. Carr e Lempert (2016) nos alertam para o perigo de naturalizar as escalas, de não questionar os discursos "intensivamente institucionalizados", como os de ordem médica (Foucault, 1963/1980). Além da ampla escalabilidade que os caracteriza, esses discursos projetariam 'verdades' de forma monolítica (Tsing, 2015), supostamente imunes a questionamentos. É o que se observa, por exemplo, na atribuição de histeria às 'mulheres'[13] (Alonso; Fuks, 2004), de uma presumida condição psicológica mais frágil ou emocionalmente instável. Tais discursos são evocados quando Gabriel fala de Norma e têm se mostrado historicamente efetivos na desqualificação do sujeito socialmente designado como 'mulher', o qual, para o seu 'próprio bem' e da sociedade como um todo, deve estar sob resguardo de uma autoridade masculina, geralmente do pai ou do marido (Badinter, 1980/1991). Não surpreende a personagem, como apontado acima, ser assim nomeada.

O youtuber, ao referenciar, qualificar como "surto psicótico" a reação de Norma sem explicar nem mencionar os acontecimentos prévios que a levam a tal estado, ao mesmo tempo que usa isso para justificar a reação agressiva de Vicente, parece corroborar discursos de senso comum que estabelecem correlações entre histerias e performances de feminilidade (Alonso; Fuks, 2004), além de 'autorizarem' respostas violentas. Em contrapartida, Gabriel opera uma série de saltos escalares ao elencar eventos narrativos que pertencem a outros espaços-tempos (a traição da esposa, o suicídio dela e o da filha), a fim de justificar por que Robert teria cometido determinadas 'maldades', redimensionando-as (">A vida do cara é tão sofrida< que você até fica confuso se ele (.) se isso deveria, de alguma forma, justificar as maldades dele, sabe? !"). Esse tratamento diferenciado leva-nos a concluir que os parâmetros escalares utilizados por Gabriel para avaliar, dimensionar, referendar e justificar as (re)ações dos personagens masculinos divergem dos que ele utiliza para julgar as (re)ações de Norma. O *youtuber*, ademais, parece ecoar discursos de senso comum, deixando entrever traços de misoginia e de machismo.

Na sequência, Gabriel, que passa a encarar a câmera de perfil, continua versando sobre a (linha de) moralidade dos personagens, qualificada como "tênue" e "complicada". Em seguida, o youtuber utiliza eventos da escala/dimensão da narrativa para embasar seu posicionamento: "Essa definição pode ficar ainda mais complicada (.) Quando Vicente passa a ser Vera (.)". Ele ressalta que o cineasta te faz "pensar sobre a cons-

[13] Colocamos mulher/mulheres entre aspas ao longo do capítulo, exceto nas citações diretas, porque coadunamos com Butler (1990/2007: 52) e acreditamos que tal categoria precisa ser problematizada: não deve projetar "um sujeito coerente e estável".

trução de gênero, invertendo os papéis nessa discussão". Essa inversão, uma projeção escalar que promove um deslocamento de sentidos, também se reflete nas performances de feminilidade e de masculinidade, de algoz e de vítima, que acabam se alternando e, até mesmo, se fundindo no filme.

Gabriel, em continuação, mobiliza três escalas ao propor que o espectador se coloque na pele do personagem: a escala das possibilidades (hipótese), a escala ficcional (filme) e a escala não ficcional (acontecimentos possíveis fora da narrativa cinematográfica). Desse modo, perspectiva a questão central nesta investigação: a performatividade de gênero. Centremo-nos na fala de Gabriel, que passa a encarar a câmera e, por conseguinte, o/a espectador/a de forma mais incisiva: "No filme, é mais ou menos assim que a coisa funciona (.) Imagine que você tenha nascido <homem e hétero>, mas, por uma situação forçada, você acorda de um dia para o outro, com o corpo de uma mulher. E hoje em dia i:sso é possível, parceiro. Não é: ficção, não!". Mobilizar essas três escalas (hipotética, ficcional e não ficcional) resulta útil para o youtuber efetuar analogias e dimensionar eventos da narrativa. Esses, quando extrapolam a escala ficcional ("hoje em dia i:sso é possível, parceiro. Não é ficção"), ganham novo matiz, passando a transitar entre a escala das possibilidades e a não ficcional, percepção enfatizada pelo alongamento vocálico. Esse exercício, além de explicitar o caráter relacional-comparativo que operar com escalas envolve (Carr; Lempert, 2016), ao colocar o gênero em perspectiva, ajuda-nos a identificar como ele é atravessado por diferentes ideologias: há aquelas que apontam para uma compreensão de gênero como ficção, paródia (performatividade) e as que apontam para uma compreensão que nega esse viés ficcional (determinismo biológico). Esse exercício escalar também auxilia na sinalização de processos semióticos de iconização (a convergência entre sexo-gênero-desejo aponta para correlações que se naturalizam), apagamento (a cis-heteronormatividade se sobrepõe, apagando outras escalas de possibilidades) e recursividade fractal (oposições escalares — 'mulher'/'homem', cis/trans, homo/heterossexual — encarceram, imobilizam o sujeito em um sistema dicotômico).

Esse fragmento igualmente chama a atenção para a concepção do youtuber sobre gênero: se, por um lado, a metalinguagem empregada ("construção de gênero") pode ser associada a uma visão performativa (Butler, 1990/2007), por outro, mobiliza sentidos essencializantes.

Gabriel, projetando tais sentidos em uma escala hipotética ("imagine que...") e atrelando-os às circunstâncias da narrativa fílmica ("situação forçada"), faz menção a "[nascer] homem e hétero", como se ecoasse uma sentença, similar à proferida pelo enunciado "é menina"/"é menino" quando uma criança nasce (Butler, 1990/2007). Tais escolhas lexicais apontam para discursos que associam o gênero a uma escala biologicamente determinística (Butler, 1990/2007). Logo, mesmo reconhecendo enfaticamente (*vide* o alongamento de vogais) as redesignações de gênero como possíveis não só na ficção ("hoje em dia i:sso é possível, parceiro. Não é: ficção"), o youtuber parece vincular tais possibilidades apenas aos avanços da medicina, desconsiderando que a 'adaptação corpórea' por meio de cirurgia é apenas uma das dimensões que o processo de redesignação de gênero abarcaria. Tendo tal processo em tela, podemos identificar como certos discursos orientadores com alta escalabilidade (determinismo biológico, matriz cis-heteronormativa, autoridade médico-científica), que se propagam de forma ampla e precisa (Tsing, 2015), naturalizando escalas e referendando uma perspectiva essencializante, comparecem na fala de Gabriel.

O youtuber, ato seguido, sugere, dessa vez literalmente, existir uma essência que não poderia ser modificada: "Acontece que: apesar de você: agora possuir um corpo de mulher, ser até batizado com um nome de uma mulher, ser obrigado a usar roupa de mulher e todo mundo te enxergar apenas como uma mulher (.) você continua sendo homem? porque essa é a sua: essência. Entende? '. O filme, entretanto, parece expor o contrário: Vicente aprende a performar o gênero que lhe foi cirurgicamente imposto. Gabriel, porém, novamente ecoa discursos essencializantes e projeta oposições naturalizadas (feminino *vs.* masculino), destacando e ratificando, por meio de entonação ascendente e alongamentos vocálicos, que o destino prescrito pela biologia é inalterável. O youtuber chega a se exaltar ligeiramente nesse trecho, passando a gesticular de forma mais aberta (o braço esquerdo quase sai de quadro). Gabriel, ademais, usa o processo de 'transgenitalização' forçado ao qual Vicente é submetido para insinuar que a cirurgia produziria efeitos apenas em escala superficial, no nível da aparência ("possuir um corpo de mulher"). Haveria uma dimensão mais profunda imune a mudanças ("você continua sendo homem? porque essa é a sua: essência. Entende?"). Fazem-se notar aí dinâmicas de recursividade fractal: a oposição aparência *vs.* essência inspira outras oposições binárias: sexo *vs.* gênero, mutabilidade *vs.* imutabilidade. Butler

(1990/2007) as desconstrói ao afirmar que o sexo sempre foi o gênero, como já mencionado anteriormente.

Gabriel, na sequência, mobiliza outros discursos ao voltar a defender uma perspectiva essencializante: "O gênero masculino está na sua [de Vicente] constituição psicológica (.) apesar de todo o resto sugerir o contrário. Ou: você [espectador(a)] mudaria (.) o seu gênero?". O youtuber, dessa vez mais próximo da câmera, o que projeta uma escala de interpelação somática, ancora-se indexicalmente em discursos de ordem médico-psicológica e flerta, ainda que com certa ironia acentuada pelo alongamento vocálico, com uma perspectiva voluntarista. Perspectiva essa que a definição de gênero de Butler (1990/2007: 98) desmantela ao explicitar que as performances de gênero são constrangidas por um "quadro regulatório altamente rígido".

Na mesma sequência de questionamentos, marcada por pausas e mais alongamentos vocálicos, Gabriel, menos expansivo, gesticula com as mãos mais próximas do corpo, projetando para si aquilo sobre o que versa quando se detém a falar de destino: "Você: aceitaria (.) a sua condição forçada? Você: se sujeitaria ao destino que lhe impôs um: corpo de mulher? (.)". Curiosamente, o destino, tal como perspectivado pelo youtuber nessa sentença, não é marcado pelo determinismo biológico, mas por uma vingança de base médico-científica. De qualquer modo, os efeitos projetados por essas escalas convergem: o efeito impositivo médico-científico (no caso do filme, uma 'transgenitalização' forçada), assim como o impositivo biológico (a associação de caracteres sexuais exteriores ao desempenho de determinadas performances), seria capaz de influenciar o destino das pessoas, de produzir efeitos igualmente indesejáveis.

Em seguida, Gabriel torna a se valer da credibilidade do Discurso médico-piscológico (Foucault, 1963/1980) para referendar seu ponto de vista, perspectivando o que o cineasta teria proposto com o filme: "Essa (.) é a forma do Almodóvar tentar te fazer <entender> o que seria a dissociação entre o corpo >que você possui< e <o ego, a identidade, a alma>, a essência imaterial que define quem é você". Depois de reivindicar atenção ao elevar o tom, nesse trecho o youtuber adota um gestual mais contido e se vale tanto da prosódia (fala mais pausadamente em certo momento, em um ritmo quase didático) quanto de itens lexicais característicos do jargão psicológico ("ego") e religioso ("alma").

São muitas as escalas e ordens do discurso que Gabriel mobiliza para sustentar sua percepção de cunho essencialista, a qual nos ocupamos em desconstruir por acreditar que, entre os perigos que ela abarca, jaz o apagamento do modo como certos regimes de verdade se impõem, assim como a naturalização de discursos de alta escalabilidade (Tsing, 2015). Esses discursos não apenas eliminam matizes dos processos semióticos que os envolvem, como também projetam "conexões aparentemente diretas, automáticas e naturais" (Briggs, 2007: 323) e dicotomizações, o que Irvine e Gal (2000) chamam, respectivamente, de iconização e de recursividade fractal.

Gabriel, numa projeção escalar que considera outra parte do público (até então dirigia-se ao seu interlocutor no masculino), propõe com uma piscadela de olho: "Se você é menina e hétero (.) é só inverter os papéis no exemplo que funciona também (.)"; ato seguido, ele encara a câmera de forma direta e faz um alerta: "Perceba que aqui nós estamos falando de gênero e não de opção sexual (.) que são coisas be:m diferentes". Tal esclarecimento o projeta como alguém que teria conhecimento para versar sobre o tema. No entanto, apesar de enfatizar, por meio do alongamento vocálico, que o gênero e a opção sexual são coisas "be:m distintas", o youtuber não aprofunda a questão e, em seguida, muda de assunto, passando a enfocar as referências, sobretudo às artes plásticas, do filme, mas elas não são o foco deste capítulo.

Escalabilidade

O cinema projeta, forja mundos possíveis, edificados com base em recortes inventados pelo olho de quem enquadra, escala, dimensiona, perspectiva. Buscamos mostrar isso ao aproximar a noção de escalas com a qual operamos (Carr; Lempert, 2016) de certos fundamentos sobre a construção da semiótica cinematográfica. Esse percurso nos foi útil para empreender o exercício escalar aqui proposto: colocar em perspectiva a perspectiva de outrem sobre um filme, que é, por sua vez, a perspectiva de um cineasta sobre determinados temas, o que envolve diferentes recontextualizações. Esse exercício, que mobiliza o encontro de múltiplas perspectivas, permitiu-nos levar a cabo nossa proposta metaescalar e reflexiva, que contempla tanto o objeto de análise quanto as ferramentas a serem empregadas para analisá-lo. Em termos analíticos, essa proposta se traduziu em reflexões sobre como o gênero é enquadrado, dimensionado, perspectivado por Almodóvar no filme *A pele que habito*, por Gabriel em sua videocrítica e finalmente por nós mesmos nessa pesquisa. E se o cinema se baseia em recortes, selecionando o que vai ser mostrado tomando como referência um ponto de vista específico, a videocrítica, bem como esta análise, também o fazem.

Tendo em tela os recortes submetidos a escrutínio em nossa análise, aqui projetada como uma leitura entre outras possíveis, há pontos que merecem destaque. Entre eles, merecem menção as projeções escalares conflitantes: Gabriel fala em "construção de gênero", mas utiliza pistas indexicais como "destino" e "essência", que apontam para discursos essencializantes, ao perspectivar o comportamento de Vicente/Vera. Por mais que ele diga: o filme nos faz pensar sobre a construção de gênero, projetando que esse seria o propósito de Almodóvar, o youtuber, seja de forma explícita ou nas entrelinhas de seu discurso, mobiliza sentidos que remetem ao determinismo biológico e a uma perspectiva voluntarista, distando do modo como as teorias queer, por meio de conceitos como 'performatividade' (Butler, 1990/2007), concebem o gênero como efeito de práticas reiteradas e inovadoras.

Em contrapartida, nós, pesquisadores, interpretamos que os sentidos mobilizados por Vicente/Vera na narrativa fílmica sugeririam que o gênero é sempre performado (Butler, 1990/2007). Não por acaso a/o protagonista desempenha tanto performances de masculinidade quanto de feminilidade. Não só a feminilidade foi estrategicamente performada na narrativa com vistas à obtenção de determinados ganhos[14] (sobrevivência, arquitetura de uma possível fuga). A masculinidade também. Ela é manejada para levar a determinados fins (sexo, por exemplo). Isso nos induz a concluir que, em *A pele que habito*, as performances de gênero rompem com a ideia de convergência cis-heteronormativa entre sexo-gênero-desejo (Butler, 1990/2007), que dá sustentação ao determinismo biológico. Põem em xeque, ademais, uma perspectiva voluntarista: toda e qualquer performance de gênero é balizada por um "marco regulatório altamente rígido" (Butler, 1990/2007: 98). As performances de gênero são socialmente incitadas, não dependem unicamente da vontade do sujeito. A incitação se dá pela via social, não pela biológica.

O filme, diferentemente de Gabriel, inclina-se mais ao questionamento do que à afirmação da existência de uma suposta essência, de um im-

[14] A feminilidade, a masculinidade e a transgeneridade são sempre estrategicamente performadas.

positivo biológico-binário generificante. Não é apenas a ambiguidade moral dos personagens, destacada por Gabriel, que o filme explicita. Há performances de gênero e sexualidade igualmente ambíguas: caberia considerar, além das performances de Vicente/Vera, as do próprio médico (envolto em uma escala de desejo transerótico-afetiva) e, entre outras, as de Norma (envolta por uma aura infantil, sua sexualidade aponta para uma escala temporal diferente da que corresponderia a uma mulher de sua idade). Gabriel, entretanto, não se detém na análise de quão ambíguas chegam a ser tais performances, apenas comenta que a performance de masculinidade hegemônica de Vicente é posta em dúvida na narrativa fílmica[15] por ele não ser visto como 'machão'. Eis aí outro exemplo, além dos já mencionados na análise, do perigo de naturalizar escalas, de submeter performances de gênero a um "marco regulatório altamente rígido" (Butler, 1990/2007: 98).

Esperamos, por fim, que este capítulo possa ter indicado o quão importante é romper com projeções que se espraiam de forma precisa e delimitada (Tsing, 2015), que acabam por iconizar sujeitos e as performances que desempenham, apagando matizes, levando a operar em meio a constrangimentos dicotômicos, ou seja, em meio a dinâmicas de recursividade fractal (Irvine; Gal, 2000). Esperamos ter conseguido sinalizar a relevância de dirigir nossa atenção para a produção de diferença em meio à repetição, conseguindo ir além da superficialidade ao 'perspectivar perspectivas' sobre a forma como outras peles podem ser habitadas.

[15] Nesse momento da videocrítica, fora do excerto analisado, Gabriel diz que Cristina, a atendente da loja da mãe de Vicente, desconfia da masculinidade dele porque "ele não é lá um cara machão".

Referências

ADICHIE, C. (2009). *The Danger of a Single Story*. Disponível em: https://bit.ly/37GYHCx. Acesso em: 21 mar. 2022.

AGAMBEM, G. (2002). *Homo sacer*. O poder soberano e a vida nua. Trad.: H. Burigo. Belo Horizonte: Editora UFMG.

AGHA, A. (2005). Semiosis Across Encounters. *Journal of Linguistic Anthropology*, n. 15, p. 1-5.

AGHA, A. (2007). *Language and Social Relations*. Cambridge: CUP.

AHMED, S. (2006). *Queer Phenomenology*. Orientations, Objects, Others. Durham: Duke University Press.

AHMED, S. (2010). *The Promise of Happiness*. Durham: Duke University Press.

ALONSO, S. L.; FUKS, M. P. (2004). *Histeria*. São Paulo: Casa do Psicólogo.

ANDERSON, B. (1983). *Imagined Communities*. Londres: Verso.

ANZALDÚA, G. (1999). *Borderlands. La Frontera*. San Francisco: Aunt Lute Books.

APPADURAI, A. (1996). *Modernity at Large*: Cultural Dimensions of Globalization. Minneapolis: University of Minnesota Press. 1992.

ARNALTE, A. (2003). *Redada de violetas*: La represión a homosexuales durante el franquismo. Madrid: La Esfera de los Libros.

AUMONT, J.; BERGALA, A.; MARIE, M.; VERNET, M. *et alii* (1995). *A estética do filme*. Trad.: M. Appenzeller. Campinas: Papirus.

AUSTIN, J. L. (1962). *How To Do Things With Words*. Oxford: Clarendon Press, 1962.

AUSTIN, J. L. (1990). *Quando dizer é fazer*. Palavras e ação. Trad.: D. Marcondes. Porto Alegre: Artes Médicas.

BADINTER, E. (1991). *¿Existe el instinto maternal?* Historia del amor maternal. Siglos XVII al XX. Barcelona: Ediciones Paidós.

BAKHTIN, M. (2003). *Estética da criação verbal*. São Paulo: Martins Fontes.

BAKHTIN, M. (2003). Os gêneros do discurso. *In*: BAKHTIN, M. *Estética da criação verbal*. São Paulo: Martins Fontes, p. 261-306.

BAMBERG, M. (2011). Who Am I? Narration and Its Contribution to Self and Identity. *Theory and Psychology*, n. 1, p. 3-24.

BAMBERG, M.; ANDREWS, M. (orgs.) (2004). *Considering Counter-Narratives. Narrating, Resisting, Making Sense.* Amsterdam: John Benjamins.

BAMBERG, M.; GEORGAKOPOULOU, A. (2008). Small Stories as a New Perspective in Narrative and Identity Analysis. *Text & Talk*, 28 (3), p.377-396, 2008.

BARNARD, I. (2004). *Queer Race*: Cultural Interventions in the Racial Politics of Queer Theory. Nova York: Peter Lang.

BAUMAN, R. (1986). *Story, Perfomance and Event*: Contextual Studies of Oral Narrative. Cambridge: CUP.

BAUMAN, R. (2004). *A World of Others's Words*: Cross-Cultural Perspectives on Intertextuality. Oxford: Blackwell.

BAUMAN, R.; BRIGGS, C. (1990). Poetics and Performance as Critical Perspectives on Language and Social Life. *American Review of Anthropology*, v. 19, p. 59-88.

BAUMAN, R.; BRIGGS, C. (1990). Poetics and Performance as Critical Perspectives on Language and Social Life. *In*: COUPLAND, N.; JAWORSKI (orgs.). *The New Sociolinguistics Reader*. Nova York: Palgrave Macmillan, 2009, p. 607-614.

BAUMAN, R.; BRIGGS, C. (2003). *Voices of Modernity: Language Ideologies and the Politics of Inequality*. Cambridge: CUP.

BAUMAN, Z. (1992). *Intimations of Postmodernity*. Londres: Routledge.

BAUMAN, Z. (2001). *Modernidade líquida*. Trad.: P. Dentzien. Rio de Janeiro: Jorge Zahar.

BAUMAN, Z. (2008). *Vida para consumo*. Trad.: C. A. Medeiros. Rio de Janeiro: Jorge Zahar.

BAYNHAM, M. (2015). *Towards Performative Sociolinguistics?* On Coming Out and Staying Out in Narrative and Interaction. Trabalho apresentado ao Congresso Sociolinguistics of Globalization, University of Hong-Kong, mimeo.

BEAUVOIR, S. (1997). *The Second Sex*. Nova York: Penguin.

BERGMAN, J. R. (1998). Introduction: Morality in Discourse. *Research on Language and Social Interaction*, 31: 3-4, p. 279-294.

BERNINI, L. (2013). *Apocalipsis Queer*. Elementos de teoría antisocial. Barcelona: Egales Editorial.

BHABHA, H. (2007). *O local da cultura*. Trad.: M. Ávila, E. Lourenço, R. Gláucia. Belo Horizonte: EdUFMG.

BIONDO, F. P.; SIGNORINI, I. (2015). (Re)definições e (des)construções identitárias em comunidades ativistas do Facebook: contribuições das epistemologias pós-feminista e queer. *D.E.L.T.A.*, v. 31, p. 6-s/n.

BLOMMAERT, J. (2005). *Discourse*: A Critical Introduction. Cambridge: CUP.

BLOMMAERT, J. (2006). Social Linguistics Scales. *Working Papers Urban Language & Literacies*. Londres: King's College.

BLOMMAERT, J. (2010). *The Sociolinguistics of Globalization*. Cambridge: CUP.

BLOMMAERT, J. (2012). Chronicles of Complexity: Ethnography, Superdiversity and Linguistic Landscapes. *Tilburg Papers in Culture Studies*, artigo 29.

BLOMMAERT, J. (2014). From Mobility to Complexity in Sociolinguistic Theory and Method. *Tilburg Papers in Culture Studies*, artigo 103, p. 1-25.

BLOMMAERT, J. (2015). Chronotopes, Scales and Complexity in the Study of Language in Society. *Annual Review of Anthropology*, Tilburg University, mimeo.

BLOMMAERT, J. (2017). Durkheim and the Internet: On Sociolinguistics and the Sociological Imagination. *Working Papers in Urban Language & Literacies*, artigo 204.

BLOMMAERT, J.; DE FINA, A. (2015). Chronotopic Identities: On the Timespace Organization of Who We Are. *Tilburg Papers in Cultures Studies*, artigo 153.

BLOMMAERT, J.; DONG, J. (2006). *Etnographic Fieldwork: A Beginner's Guide*. Bristol: Short Run Press.

BLOMMAERT, J.; DONG, J. (2008). Language and Movement in Space. *In*: AURER, P. *Handbook of Language and Space*. Berlin: Mouton de Gruyter.

BLOMMAERT, J.; MALY, I. (2014). Ethnographic Linguistic Landscape Analysis and Social Change: A Case Study. *Tilburg Papers in Culture Studies*, artigo 100, 1-28.

BLOMMAERT, J.; RAMPTON, B. (2011). Language and Superdiversity: A Position Paper. *Working Papers in Urban Language & Literacies*, 70(14): 1-22.

BLOMMAERT, J.; WESTINEN, E.; LEPPANEN, S. (2014). Further Notes on Sociolinguistic Scales. *Tilburg Papers in Culture Studies*, n. 89, p. 1-11.

BORBA, R. (2011). Travestis, (trans)masculinidade e narrativas orais: reconstruções da travestividade. *Bagoas: Revista de Estudos Gays*, v. 6, p. 181-210.

BORBA, R. (2014). *(Des)aprendendo a "ser"*: Trajetórias de socialização e performances narrativas no processo transexualizador. Doutorado. Rio de Janeiro: UFRJ.

BORBA, R. (2015). Linguística *queer*: uma perspectiva pós-identitária para os estudos da linguagem. *Revista Entrelinhas*, v. 9, n. 1 (jan./jun.), p. 91-107.

BORBA, R. (2016). *O (des)aprendizado de si*: transexualidades, interação e cuidado em saúde. Rio de Janeiro: Editora Fiocruz, 2016.

BORBA, R. (org.). (2020). *Discursos transviados*: por uma linguística queer. São Paulo: Cortez.

BORBA, R.; OSTERMANN, A. C. (2007). Do Bodies Matter? Travestis Embodiment of (Trans)Gender Identity Through the Manipulation of the Brazilian Portuguese Grammatical Gender System. *Gender and Language*, v. 1, p. 131-147.

BOURCIER, M.-H.; PRECIADO, P. B. (2001). Le Queer Savoir. *In:* BOURCIER, M.-H. *Queer zones:* politiques des identités sexuelles, des représentations et des savoirs. Paris: Balland.

BOURRIAUD, N. (2006). *Estética relacional*. Trad.: C. Beceyro, S. Delgado. Buenos Aires: Adriana Hidalgo Editora.

BRICE HEATH, S. (1972). *Telling Tongues*: Language Policy in Mexico, Colony and Nation. Nova York: Nova York Teachers' College Press.

BROCKMEIER, J.; OLSON, D. R. (2009). The Literacy Episteme: From Innis to Derrida. In: OLSON, D. R.; TORRANCE, N. (orgs.). *The Cambridge Handbook of Literacy*. Cambridge: CUP.

BRONCKART, J.-P. (2007). *Atividade de linguagem, textos e discursos*: por um interacionismo sociodiscursivo. Trad.: A. R. Machado, P. Cunha. 2. ed. São Paulo: EDUC.

BROWN, G.; YULE, G. (1983). *Discourse Analysis*. Cambridge: CUP.

BROWNING, F. (1996). *A Queer Geography*. Journey Toward a Sexual Self. Nova York: The Noonday Press.

BRUCE, B. C.; BISHOP, A. P. (2008). New Digital and Community Inquiry. *In*: COIRO, J. *et alii*. *Handbook of Research on New Literacies*. Londres: Lawrence Erlbaum Associates, p. 699-742.

BUCHOLTZ, M. (2000). The Politics of Transcription. *Journal of Pragmatics*, 32, 1439-1465.

BUCHOLTZ, M.; HALL, K. (2004). Theorizing Identity in Language and Sexuality Research. *Language in Society*, 33: p. 469-515.

BURKE, P. (2021). Especialistas em mais de uma área correm o risco de extinção, alerta historiador Peter Burke. Entrevista a R. Petrônio. *Estado de S. Paulo*, 13 de fevereiro.

BUTLER, J. (1990). *Gender Trouble: Feminism and the Subversion of Identity*. Londres: Routledge.

BUTLER, J. (1993). *Bodies that Matter*: On the Discursive Limits of 'Sex'. Nova York-Londres: Routledge.

BUTLER, J. (1994). Gender as Performance: An Interview with Judith Butler. Entrevista a P. Osborne e L. Segal. *Radical Philosophy*, 67.

BUTLER, J. (1997). *Bodies That Matter*. On the Discursive Limits of "Sex". Nova York: Routledge.

BUTLER, J. (1997). *Excitable Speech: A Politics of the Performative*. Nova York: Routledge.

BUTLER, J. (1999). Corpos que pesam: sobre os limites discursivos do "sexo". In: LOURO, G. L. (org.). *O corpo educado: pedagogias da sexualidade*. Belo Horizonte: Autêntica, p. 151-172.

BUTLER, J. (2002). Como os corpos se tornam matéria: entrevista com Judith Butler. Entrevista dirigida por B. Prins e I. C. Meijer. Trad.: S. B. Funck. *Revista Estudos Feministas*, v. 10, n. 1, versão online.

BUTLER, J. (2002). Fundamentos contingentes: o feminismo e a questão do pós-modernismo. *Cadernos Pagu*, v. 11, p. 11-42.

BUTLER, J. (2003). *Problemas de gênero*: feminismo e subversão da identidade. Trad.: R. Aguiar. Rio de Janeiro: Civilização Brasileira.

BUTLER, J. (2003). Critically Queer. *In*: STRIFF, E. (org.). *Performance Studies*. Nova York: Palgrave.

BUTLER, J. (2004). Performative Acts and Gender Constitution: An Essay in Phenomenology and Feminist Theory. *In*: BIAL, H. (org). *The Performance Studies Reader*. Nova York: Routledge.

BUTLER, J. (2004). *Performative Acts and Gender*. Nova York: Routledge.

BUTLER, J. (2004). *Undoing Gender*. Nova York-Londres: Routledge.

BUTLER, J. (2005). *Quadros de guerra*. Quando a vida é passível de luto. Rio de Janeiro: Civilização Brasileira.

BUTLER, J. (2007). *El género en disputa: el feminismo y la subversión de la identidad*. Barcelona: Paidós.

BUTLER, J. (2015). *What is Wrong With "All Lives Matter"?* Entrevista dada a George Yancy. *New York Times* (12 de janeiro).

BUTLER, J. (2015). *Relatar a si mesmo*: crítica da violência ética. Trad.: R. Bettoni. Belo Horizonte: Autêntica Editora.

CAMARGO, M. (2019). *"Acuenda esse bajubá!"*: indexicalidades e interseccionalidades nas performances narrativas de uma travesti quilombola. Doutorado. Programa Interdisciplinar de Linguística Aplicada. Rio de Janeiro: UFRJ.

CAMERON, D.; KULICK, D. (2003). *Language and Sexuality*. Cambridge: CUP.

CAÑIZAL, E. P. (org.). (1996). *Urdidura de sigilos*: ensaios sobre o cinema de Almodóvar. São Paulo: Annablume.

CARNEIRO, S. (2003). Mulheres em movimento. *Estudos Avançados*, v. 17, p. 7-372.

CARR, E. S.; LEMPERT, M. (orgs.) (2016). *Scale*. Discourse and Dimensions of Social Life. Oakland: University of California Press.

CASTELLS, M. (2000). *A sociedade em rede*. São Paulo: Paz e Terra.

CASTELLS, M. (2003). *A galáxia da internet*: reflexões sobre a internet, os negócios e a sociedade. Rio de Janeiro: Jorge Zahar, 2003.

CERCAS, J. (2007). *A velocidade da luz*. Trad.: A. F. Borges. Rio de Janeiro: Relume-Dumará.
CHOULIARAKI, L.; FAIRCLOUGH, N. (1999). *Discourse in Late Modernity*. Edinburgh: Edinburgh University Press.
COLLING, L. (2015). *Que os outros sejam o normal*. Tensões entre o movimento LGBT e o ativismo queer. Salvador: EDUFBA.
COLLINS, J. (2011). Indexicalities of Language Contact in an Era of Globalization: Engaging with John Gumperz's Legacy. *Text & Talk*, 31(4), 407-428.
COLLINS, J. (2020). Indexicalidades de línguas em contato em tempos de globalização: diálogos com o legado de John Gumperz. *In*: FABRÍCIO, B. F. *Sociolinguística interacional*. Perspectivas inspiradoras e desdobramentos contemporâneos. Rio de Janeiro: Mórula Editorial.
CONNELL, R. W; MESSERSCHMIDT, J. W. (2005). Hegemonic Masculinity: Rethinking the Concept. *Gender & Society*, n. 19, p. 829-859.
COSTA DE PAULA, R. (2003). Construindo consciência das masculinidades negras em contexto de letramento escolar: uma pesquisa-ação. *In* MOITA LOPES, L. P. (org.). *Discursos de identidades*. Campinas: Mercado de Letras, p. 181-208.
COSTA DE PAULA, R. (2010). *"Não quero ser branca não. Só quero um cabelo bom, cabelo bonito"*: Performances de corpos/cabelos de adolescentes negras em práticas informais. Doutorado. Campinas: IEL-UNICAMP, 2010.
COUPLAND, N. (2007). *Style*. Language Variation and Identity. Cambridge: CUP.
COUPLAND, N.; GARRETT, P.; WILLIAMS, A. (2005). Narrative Demands, Cultural Performance and Evaluation: Teenage Boys' Stories for Their Age-peers. In: THORNBORROW, J.; COATES, J. (Eds.). *The Sociolinguistics of Narrative*. Filadélfia: John Benjamins, p. 67-88.
DAVIES, B.; HARRÉ, R. (1999). Positioning and Personhood. *In*: HARRÉ, R.; VAN LANGENHOVE, L. (Eds.). *Positioning Theory*. Oxford: Blackwell, p. 32-52.
DE LAURETIS, T. Queer Theory: Lesbian and Gay Sexualities. *Differences*, 3(2), iii-xvii, 1991.
DELEUZE, G. (1975). *Lógica do sentido*. São Paulo: Perspectiva.
DELEUZE, G. (1985). *Cinema 1: a imagem-movimento*. São Paulo: Brasiliense.
DELEUZE, G. (1990). *Michel Foucault, filósofo*. Barcelona: Gedisa.
DERRIDA, J. (1973). *Gramatologia*. São Paulo: Perspectiva.
DERRIDA, J. (1988). *Signature Event Context. Limited Inc*. Trad. S. Webber. Evanston: Northwestern University Press, p. 1-23.
DERRIDA, J. (1991). *Margens da filosofia*. Trad.: J. T. Costa, A. M. Magalhães. Campinas: Papirus.
DIAS, B. (2010). *Fronteiras em fluxo: as malas de Almodóvar*. Fazendo Gênero 9 - Diásporas, Diversidades, Deslocamentos, Florianópolis.
DOBSON, T.; WILLINSKY, J. (2008). Digital Literacy. In: OLSON, D. R.; TORRANCE, N. (orgs.). *The Cambridge Handbook of Literacy*. Cambridge: CUP.
ECO, U. (2018). *Fascismo eterno*. Trad.: E. Aguiar. Rio de Janeiro: Editora Record.
EDELMAN, L. (2004). *No Future*: Queer Theory and the Death Drive. Durham: Duke University Press.
FABRÍCIO, B. F. (2012). Trajectories of Socialization in School Transcontexts: Discourse Journeys on Gender and Sexuality. *Working Papers on Urban Languages and Literacies*, n. 94, p. 1-24.
FABRÍCIO, B. F. (2013). A "outridade lusófona" em tempos de globalização: identidade cultural como potencial semiótico. *In*: MOITA LOPES, L. P. (org.). *O português no século XXI*: cenário geopolítico e sociolinguístico. São Paulo: Parábola Editorial, p. 144-168.
FABRÍCIO, B. F. (2014). Transcontextos educacionais: gêneros e sexualidades em trajetórias de socialização na escola. In: SILVA, D.; FERREIRA, D.; ALENCAR, C. (orgs.). *Nova pragmática: Modos de fazer*. São Paulo: Cortez, p. 145-189.
FABRÍCIO, B. F. (2015). Policing the Borderland in a Digital Lusophone Territory: The Pragmatics of Entextualization. In: MOITA LOPES, L. P. (org). *Global Portuguese*: Linguistic Ideologies in Late Modernity. Nova York: Routledge, p. 1-27.
FABRÍCIO, B. F. (2020). A Scalar Approach to the Circulation of Virulent Affects on the Web. *Social Semiotics*, 1-15.
FABRÍCIO, B. F. (org.) (2020). *Sociolinguística interacional*: perspectivas inspiradoras e desdobramentos contemporâneos. Rio de Janeiro: Morula, 2020.
FABRÍCIO, B. F.; MOITA LOPES, L. P. (2019). Creating Queer Moments at a Brazilian School by Forging Innovative Sociolinguistic Scalar Perspectives in Classrooms. *In*: SAUNTSON, H.; KJARAN, J. (orgs.). *Queer Transformative Spaces*: Global Narratives on Gender and Sexualities in Schools. Nova York: Routledge.

FABRÍCIO, B. F.; MOITA LOPES, L. P. (2020a), Historicity, Interdiscursivity and Intertextuality. *In*: DE FINA, A.; GEORGAKOPOLOU, A. (orgs.). *The Cambridge Handbook of Discourse Studies*. Cambridge: CUP, p. 70-90.

FABRÍCIO, B. F.; MOITA LOPES, L. P. (2020b). Perspectivizing and Imagining Queer Pedagogies Through Collaborative Interventionist Research in Education. *In*: PÉREZ, M.; TRUJILLO-BARBADILLO, G. (orgs.). *Queer Epistemologies in Education*: Luso-Hispanic Dialogues and Shared Horizons. Nova York: Palgrave MacMillan, p. 29-50.

FABRÍCIO, B. F.; MOITA LOPES, L. P. (2021). Queering Timespace in Educational Literacy Practices in Socially Fascist Brazil. *In*: PAKUŁA, Ł. (org.). *Linguistic Perspectives on Sexuality in Education*: Representation, Constructions and Negotiations. Londres: Palgrave Macmillan, p. 249-274.

FAICLOUGH, N. (2001). *Discurso e mudança social*. Trad.: M. I. Magalhães *et alii*. Brasília: Editora da UNB.

FAIRCLOUGH, N. (1995). *Media Discourse*. Londres: Edward Arnold.

FAIRCLOUGH, N. (2006). *Language and Globalization*. Londres: Routledge.

FELLIPE, R. F. (2004). Silêncio e (meta)linguagem em "Fale com ela". *Cadernos Pagu*, (23), p. 399-411.

FERNANDES, E. R. (2019). *Existe índio gay?* A colonização das sexualidades indígenas no Brasil. Curitiba: Brazil Publishing, 2019.

FERNANDES, E. R.; ARISI, B. M. (2017). *Gay Indians in Brazil*. Untold Stories of the Colonization of Indigenous Sexualities. Nova York: Springer.

FERRAZ, Mª C. (2002). *Nove variações sobre temas nietzschianos*. Rio de Janeiro: Relume-Dumará.

FERREIRA, A J. (2006). *Formação de professores raça/etnia*: reflexões e sugestões de materiais de ensino. Cascavel: Coluna do Saber.

FERREIRA, A. J. (2009). Formação de professores de línguas: histórias de professoras negras e brancas de inglês e suas experiências com o racismo. *In*: FERREIRA, A. J. *Formação de professores de línguas*: investigações e intervenções. Cascavel: Edunioeste, p. 67-84.

FERREIRA, A. J. (2014). Teoria racial crítica e letramento racial crítico: narrativas e contranarrativas de identidade racial de professores de línguas. *Revista da Associação Brasileira de Pesquisadores(as) Negros(as)*, v. 6, p. 236-263.

FERREIRA, A. J. (2019). Social Identities of Black Females in English Language Textbooks Used in Brazil and Cameroon: Intersectionalities of Race, Gender, Social Class and Critical Racial Literacy. *REVISTA X*, v. 4, p. 20-40.

FOUCAULT, M. (1979). *Microfísica do poder*. Trad.: R. Machado. Rio de Janeiro: Graal.

FOUCAULT, M. (1980). *O nascimento da clínica*. Rio de Janeiro, Forense-Universitária.

FOUCAULT, M. (1984) *Microfísica do poder*. Rio de Janeiro: Graal.

FOUCAULT, M. (1988). *História da sexualidade*: a vontade de saber. Trad.: M. T. Albuquerque e J. A. G. Albuquerque. Rio de Janeiro: Graal.

FOUCAULT, M. (1995). O sujeito e o poder. In: DREYFUS, H.; RABINOW, P. *Michel Foucault, uma trajetória filosófica*. Rio de Janeiro: Forense.

FOUCAULT, M. (1998). *História da sexualidade*: os usos do prazer, v. II. Rio de Janeiro: Graal.

FOUCAULT, M. (1998). *La historia de la sexualidad I. La voluntad de saber*. Trad.: Ulises Guiñazú. México DF: Siglo XXI.

FOUCAULT, M. (1999). *História da sexualidade*: a vontade de saber, v. I. Rio de Janeiro: Graal.

FOUCAULT, M. (2002). *Em defesa da sociedade*. Rio de Janeiro: Martins Fontes.

FOUCAULT, M. (2008). *A arqueologia do saber*. Rio de Janeiro: Forense Universitária.

FOUCAULT, M. (2008). *The Birth of Biopolitics*: Lectures at the Collège de France, 1978-1979. Trad.: G. Burchell. Nova York: Palgrave MacMillan.

FOUCAULT, M. (2009). *A ordem do discurso*. Trad.: L. F. A. Sampaio. São Paulo: Edições Loyola.

FOUCAULT, M. (2010). O sujeito e o poder. In: DREYFUS, H. & RABINOW, P. (Eds.), *Michel Foucault: uma trajetória filosófica*. Rio de Janeiro: Forense Universitária.

FOUCAULT, M. (2010). *Os Anormais*. São Paulo: Martins Fontes.

FREYRE, G. (2005). *Casa-grande & senzala*. São Paulo: Global.

GABRIEL, M. (2010). *Marketing na era digital*. São Paulo: Novatec.

GAL, S. Scale-Making: Comparison and Perspective Ideological Projects. *In*: CARR, E. S.; LEMPERT, M. *Scale: Discourse and Dimensions of Social Life*. Oakland: University of California Press, 2016.

GALLINA, J. F. (2008). Instigando o olhar: as identificações queers nos filmes de Pedro Almodóvar (1999-2004). Mestrado. Florianópolis: UFSC.

GALLINA, J. F. (2010). Micropolíticas almodovarianas: performatividade de gênero no cinema espanhol. *Revista Ártemis*, v. 11, dez., p. 87-101.

GAUDREAULT, A.; JOST, F. (2009). *A narrativa cinematográfica*. Brasília: Editora da UNB.
GEE, J. P. (1990). *Social Linguistics and Literacies. Ideology in Discourses*. Londres: Falmer Press.
GEE, J. P. (1999). *An Introduction to Discourse Analysis*: Theory and Method. Londres: Routledge.
GEE, J. P. (2004). *Situated Language Learning: A Critique of Traditional Schooling*. Nova York: Routledge.
GIACOMINI, S. M. (2013). *Mulher e escrava*: uma introdução ao estudo da mulher negra no Brasil. 2. ed. Curitiba: Appris.
GIDDENS, A. (1991). *As consequências da modernidade*. São Paulo: Editora Unesp.
GIDDENS, A.; BECK, U.; LASH, S. (1997). *Modernização reflexiva: política, tradição e estética na ordem social moderna*. São Paulo: Unesp.
GOFFMAN, E. (1974). *Frame Analysis*: An Essay on the Organization of Experience. Nova York: Harper & Row.
GOFFMAN, E. (1981). *Forms of Talk*. Filadélfia: University of Pennsylvania Press.
GOFFMAN, E. (2002). Footing. In: RIBEIRO, B. T.; GARCEZ, P. M. (orgs.). *Sociolinguística interacional*. São Paulo: Edições Loyola, p. 107-148.
GOFFMAN, E. (2004). Performances: Belief in the Part One is Playing (From The Presentation of *Self in Everyday Life*, pp. 17-24, 1959. Doubleday). In BIAL, H. (org). *The Performance Studies Reader*. Nova York: Routledge.
GOFFMAN, E. (2011). *Ritual de interação: Ensaios sobre o comportamento face a face*. Petrópolis: Editora Vozes.
GOMES, N. (2010). Intelectuais negros e produção do conhecimento: algumas reflexões sobre a realidade brasileira. *In*: SANTOS, B. S.; MENESES, M. P. (orgs). *Epistemologias do sul*. São Paulo: Cortez, p. 492-516.
GUIMARÃES Jr., M. J. L. (2005). Doing Anthropology in Cyberspace: Fieldwork Boundaries and Social Environment. *In*: HINE, C. *Virtual Methods*: Issues in Social Research on the Internet. Oxford: Berg Publishers, p.157-170.
GUIMARÃES, A. S. (2003). Como trabalhar com "raça" em sociologia. *Educação e Pesquisa*, 29(1), 93-107.
GUIMARÃES, T. F. (2009). *A construção performativa do gênero e da sexualidade nas práticas discursivas de uma lan house*. Mestrado. Rio de Janeiro: UFRJ.
GUIMARAES, T. F. (2014). *Embates entre performances corpóreo-discursivas em trajetórias textuais*: uma etnografia multissituada. Doutorado. Rio de Janeiro: UFRJ.
GUIMARÃES, T. F.; MOITA-LOPES, L. P. (2016). Entextualizações estratégicas: performances sensualizadas de raça em práticas discursivas na web 2.0. *Linguagem em (Dis)curso*, 16(2): 289-307.
GUMPERZ, J. (1992). Contextualization and Understanding. In: DURANTI, A.; GOODWIN, C. (orgs.). *Rethinking Context*: Language as an Interactive Phenomenon. Cambridge: CUP, p. 229-252.
GUMPERZ, J. (2002). Convenções de contextualização. *In*: RIBEIRO, B. T.; GARCEZ, P. M. (orgs.). *Sociolinguística interacional*: Antropologia, linguística e sociologia em análise do discurso. São Paulo: Edições Loyola, pp. 98-119.
GUTIÉRREZ-ALBILLA, J. D. (2012). Becoming a Queer (M)other in/and/through Film — Transsexuality, Trans-Subjectivity, and Maternal Relationality in Almodóvar's *Todo sobre mi madre*. *In*: LABANYI, J.; PAVLOVIC, T. (orgs.). *A Companion to Spanish Cinema*. Atenas: Blackwell Publishing, p. 563-580.
HALBERSTAM, J. (2011). *The Queer Art of Failure*. Durham: Duke University Press.
HALL, D. E. (2003). *Queer Theories*. Londres: Palgrave.
HALL, K. (2013). "It's a Hijra!": Queer Linguistics Revisited. *Discourse & Society*, 24 (5), p. 634-642.
HALL, S. (2006). *A identidade cultural na pós-modernidade*. Trad.: T. T. da Silva e G. L. Louro. 11ed. Rio de Janeiro: DP&A.
HANKS, W. (1999). Indexicality. *Journal of Linguistic Anthropology* 9: 124-126.
HEBERLE, V. M; OSTERMANN, A; FIGUEIREDO, D. de C. (2006). *Linguagem e gênero: no trabalho, na mídia e em outros contextos*. Florianópolis: Editora da UFSC.
HEILBORN, M. L. (2006). Entre as tramas da sexualidade brasileira. *Estudos Feministas*, v. 14, n. 1, p. 43-59.
HELLER, M. (2010). Language as a Resource in the Globalized New Economy. In: COUPLAND, N. (org.). *The Handbook of Language and Globalization*. Nova York: Wiley-Blackwell.
HENRIQUE, C. (2007). Reconstrução: uma abordagem sócio-histórica sobre o racismo à brasileira. *Revista Urutágua, Maringá*. Disponível em: https://bit.ly/3irTXCU. Acesso em: 21 mar. 2022.

HINE, C. (2000). *Virtual Ethnography*. Londres: Sage Publications.

HINE, C. (2020). *Ethnography for the Internet*: Embedded, Embodied and Everyday. Nova York: Routledge.

HOLBRAAD, M.; PEDERSEN, M. A. (2017). *The Ontological Turn*. An Anthropological Exposition. Cambridge: CUP.

HOOKS, B. (1994). *Teaching to Transgress*: Education as the Practice of Freedom. Nova York: Routledge.

HOPPER, P. (1998). Emergent Gramar. *In:* TOMASELLO, M. (org.). *The New Psychology of Language*. Mahwah: Lawrence Erlbaum, p. 155-175.

IRVINE, J. T.; GAL, S. (2000). Language Ideology and Linguistic Differentiation. In: KROSKRITY, P. (org.). *Regimes of Language*. Ideologies, Politics and Identities. Santa Fe: School of American Research Press, p. 35-83.

JACQUEMET, M. (2005). Transidiomatic Practices: Language and Power in the Age of Globalization. *Language & Communication*, 25, p. 257-277.

JAGOSE, A. (1996). *Queer Theory*. An Introduction. Nova York: Nova York University Press.

JAMES, M. (2021). Colocar negros no castelo não resolve nada. Entrevista conduzida por R. S. Gabriel. *O Globo*, 29 de janeiro, p. 2, 2021.

JENKINS, H. (2008). *Cultura da convergência*. São Paulo: Aleph.

KERBRAT-ORECCHIONI, C. (1996). *La conversation*. Paris: Seuil, 1996.

KOZINETS, R. V. (2010) *Netnography*. Doing Ethnography Research Online. Nova York: Sage.

KRESS, G., VAN LEEUWEN, T. (1996). *Reading Images*: The Grammar of Visual Design. Londres: Routledge.

KRESS, G.; VAN LEEUWEN, T. (2001). *Multimodal Discourse*. The Modes and Media of Contemporary Communication. Oxford: OUP.

KRISTEVA, J. (1969). *Introdução à semanálise*. São Paulo: Debates.

KUHN, T. (1970). *The Structure of Scientific Revolutions*. Chicago: The University of Chicago Press.

LABOV, W. (1972). *Language in the Inner City*. Philadelphia: University of Pennylvania Press.

LANGELLIER, K. M. (2001). 'You're Marked'. Breast Cancer, Tattoo, and the Narrative Performance of Identity. *In*: BROCKMEIER, J.; CARBAUGH, D. (orgs.). *Narrative and Identity: Studies in Autobiography, Self and Culture*. Amsterdam: John Benjamins Publishing Co, p. 145-184.

LANKSHEAR, C.; KNOBEL, M. (orgs.) (2008). *Digital Literacies*: Concepts, Policies and Practices. Nova York: Peter Lang.

LÉVY, P. *Cibercultura*. (1999).Trad.: C. I. da Costa. São Paulo: Editora 34.

LIMA, F. (2002). *Ni todas las chicas son chicas*: alteridade e gênero no cinema de Pedro Almodóvar. Mestrado. Recife: UFPE, 2002.

LOPES, D. (2006). Cinema e gênero. In: MASCARELLO, F. (org.). *História do cinema mundial*. Campinas: Papirus Editora.

LOURO, G. (2000). *Corpo educado: pedagogias da sexualidade*. Belo Horizonte: Autêntica.

LOURO, G. (2004). *Um corpo estranho:* ensaios sobre sexualidade e teoria queer. Belo Horizonte: Autêntica.

LOXLEY, J. (2007). *Performativity*. Londres: Routledge.

MACHADO, A. R. *et al.* Relações entre linguagem e trabalho educacional: novas perspectivas e métodos no quadro do interacionismo sociodiscursivo. *In*: MACHADO, A. R.; CRISTOVÃO, V. L. L.; ABREU-TARDELLI, L. S. (orgs.). *Linguagem e educação*: o trabalho do professor em uma nova perspectiva. Campinas: Mercado de Letras, 2009, p.15-29.

MACIEL, M. E. S. (1999). A eugenia no Brasil. *Anos 90*, n. 11.

MAKONI, S.; MEINHOF, U. Linguística aplicada na África: desconstruindo a noção de "língua". *In:* MOITA LOPES, L. P. (org.) (2006). *Por uma linguística aplicada INdisciplinar*. São Paulo: Parábola Editorial.

MAKONI, S.; PENNYCOOK, A. (orgs.) (2007). *Disinventing and Reconstituting Languages*. Toronto: Multilingual Matters.

MALUF, S. W. (2002). Corporalidade e desejo: *Tudo sobre minha mãe* e o gênero na margem. *Revista Estudos Feministas*, v. 10, n.1, p. 143-153.

MANZANO, C. (2010). 'Todo sobre mi madre'. *In*: CASTRO, A. (org.). *Las películas de Almodóvar*. Madrid: Ediciones JC, 2010.

MARCUS, G. E. (1995). Ethnography in/of the World System. The Emergence of Multisited Ethnography. *Annual Review of Anthropology*, 24, 95-117.

MÁRQUEZ, N.; LAJE, A. (2014). *El libro negro de la nueva izquierda: ideología de género o subversión cultural*. Madrid: Unión Cultural.
MARTIN, A. (2008). Digital Literacy and the "Digital Society". *In*: LANKSHEAR, C.; KNOBEL, M. (orgs). *Digital Literacies*: Concepts, Policies and Practices. Nova York: Peter Lang, p.151-176.
MARTINS, E. E. B. (2020). *Prazeres plásticos*: dispositivos do saber-poder na atual economia de plataforma. Doutorado. Rio de Janeiro: UFRJ, 2020.
MARYNS. K; BLOMMAERT, J. (2013). *Conducting Dissonance*: Code Switching and Differential Access to Context in the Belgian Asylum Process. Disponível em: https://bit.ly/3NaLySI. Acesso em: 21 mar. 2022.
MBEMBE, A. (2014). *Crítica da razão negra*. Trad.: M. Lança. Lisboa: Antígona.
MBEMBE, A. (2016). A necropolítica: biopoder, soberania e estado de exceção. Disponível em: https://bit.ly/3qkK0Me. Acesso em: 20 mar. 2022.
MBMBE, A. (2017). *Políticas da inimizade*. Trad.: M. Lança. Lisboa: Antígona.
MELERO SALVADOR, A. (2010). *Placeres ocultos*: gays y lesbianas en el cine español de la transición. Madrid: Notorious.
MELO, G. C. V.; MOITA LOPES, L. P. (2014). Ordens de indexicalidade mobilizadas nas *performances* discursivas de um garoto de programa: ser negro e homoerótico. *Linguagem em (dis)curso*, v. 14, n. 3, p. 653-685.
MIGNOLO, W. (2000). *Local Histories/Global Designs*. Coloniality, Subaltern Knowledges and Border Thinking. Princeton: Princeton uNiversity Press.
MIGNOLO, W. (2020). Conversa com Walter Mignolo. Associação de Linguística Aplicada do Brasil (ALAB), transmitido em 5 de agosto de 2020. Disponível em: https://youtu.be/hpgGk3HBx5E. Acesso em: 20 mar. 2022.
MILANI, T. (2019). Queer Performativity. *In*: HALL, K.; BARRET, R. (orgs.). *The Oxford Handbook of Language and Sexuality*. Oxford: Oxford University Press.
MISHLER, E. G. (2002). Narrativa e identidade: a mão dupla do tempo. *In*: MOITA LOPES, L. P.; BASTOS, L. C. (orgs.). *Identidades*: recortes multi e interdisciplinares. Campinas: Mercado de Letras, 2002.
MISKOLCI, R. (2011). Não somos, queremos — Reflexões queer sobre a política sexual brasileira contemporânea. In: COLLING, L. (org.). *Stonewall 40 + o que no Brasil*. Salvador: EDUFBA.
MISKOLCI, R. (2017). *Desejos digitais*. Uma análise sociopolítica da busca por parceiros online. Belo Horizonte: Autêntica.
MISKOLCI, R. (2020). *Teoria queer*: um aprendizado pelas diferenças. Belo Horizonte: Autêntica Editora.
MOITA LOPES, L. P. (1998). Discursos de identidade em sala de aula de leitura de L1: a construção da diferença. *In*: SIGNORINI, I. (org.) *Língua(gem) e identidade: elementos para uma discussão no campo aplicado*. Campinas: Mercado de Letras, p. 303-330.
MOITA LOPES, L. P. (2002). *Identidades fragmentadas* A construção discursiva de raça, gênero e sexualidade em sala de aula. Campinas: Mercado de Letras.
MOITA LOPES, L. P. (2003). *Discursos de identidades*: discurso como espaço de construção de gênero, sexualidade, raça, idade e profissão na escola e na família. Campinas: Mercado das Letras.
MOITA LOPES, L. P. (2003). Socioconstrucionismo: discurso e identidades sociais. *In*: MOITA LOPES, L. P. (org.). *Discursos de identidades*: discurso como espaço de construção de gênero, sexualidade, raça, idade e profissão na escola e na família. São Paulo: Mercado de Letras.
MOITA LOPES, L. P. (2005). A construção do gênero e do letramento na escola: como um tipo de conhecimento gera outro. *Investigações*, v. 17, n. 2, p. 47-68.
MOITA LOPES, L. P. (2006a). *Por uma linguística aplicada INdisciplinar*. São Paulo: Parábola Editorial.
MOITA LOPES, L. P. (2006b). On Being White, Heterosexual And Male In A Brazilian School: Multiple Positionings In Oral Narratives. *In*: DE FINNA, A.; SCHIFFRIN, D.; BAMBERG, M. (org.). *Discourse and Identity*. Cambridge: CUP, p. 288-313.
MOITA LOPES, L. P. (2008). Inglês e globalização em uma epistemologia de fronteira: ideologia linguística para tempos híbridos. *D.E.L.T.A. Documentação de Estudos em Linguística Teórica e Aplicada*, v. 24, p. 309-340.
MOITA LOPES, L. P. (2009). A performance narrativa do jogador Ronaldo como um fenômeno sexual em um jornal carioca: multimodalidade posicionamento e iconicidade. *Revista da ANPOLL*. 27: 129-160.

MOITA LOPES, L. P. (2010). Os espaços da narrativa como construto teórico-metodológico na investigação em linguística aplicada, Programa Interdisciplinar de Linguística Aplicada, UFRJ, mimeo.

MOITA LOPES, L. P. (2010). Os novos letramentos digitais como lugares de construção de ativismo político sobre sexualidade e gênero. *Trabalhos de Linguística Aplicada*, 49(2): 393-417..

MOITA LOPES, L. P. (2012). Ideology in Research Methodology. *In*: CHAPELLE, C. A. (org.). *The Encyclopedia of Applied Linguistics*. Nova York: Wiley Blackwell, p. 223-224.

MOITA LOPES, L. P. (2012). O novo ethos dos letramentos digitais: modo de construir sentido, revolução das relações e performances identitárias fluidas. *In*: FIAD, R. S.; SIGNORINI, I. (orgs.). *Ensino de língua*: das reformas, das inquietações e dos desafios. Belo Horizonte: Editora UFMG

MOITA LOPES, L. P. (2013). Como e por que teorizar o português: recursos comunicativos em sociedades porosas e em tempos híbridos de globalização cultural. *In*: MOITA LOPES, L. P. (org.). *O português no século XXI*: cenário geopolítico e sociolinguístico. São Paulo: Parábola Editorial, p. 101-119.

MOITA LOPES, L. P. (2013). Gênero, sexualidade, raça em contextos de letramentos escolares. *In*: MOITA LOPES, L. P. (org.). *Linguística aplicada na modernidade recente*. São Paulo: Parábola Editorial, p. 227-247.

MOITA LOPES, L. P. (2013). *O português no século XXI*: cenário geopolítico e sociolinguístico. São Paulo: Parábola Editorial.

MOITA LOPES, L. P. (2013b). *Linguística aplicada na modernidade recente. Festschrift* para Antonieta Celani. São Paulo: Parábola Editorial.

MOITA LOPES, L. P. (2015). *Global Portuguese. Linguistic ideologies in Late Modernity.* Nova York: Routledge.

MOITA LOPES, L. P. (2015). Introduction: Linguistic Ideology: How Portuguese Is Being Discursively Constructed in Late Modernity. *In*: MOITA LOPES, L. P. (org). *Global Portuguese*: Linguistic Ideologies in Late Modernity. Nova York: Routledge, 1-27.

MOITA LOPES, L. P. (2017a). Queering Applied Linguistics: Framing Race and Sexuality Performativities Outside Modernity's Persistent Delirium. Congresso Mundial de Linguística Aplicada (AILA2017).

MOITA LOPES, L. P. (2017b). Guarani/Portuguese/Castellano Rap on the Borderland: Transidiomaticity, Indexicalities and Text Spetacularity. *In*: CAVALCANTI, M.; MAHER, T. (orgs.). *Multilingual Brazil*: Language Resources, Identities, and Ideologies in a Globalized World. Nova York: Routledge, p. 178-190.

MOITA LOPES, L. P. (org.) (2018). *Global Portuguese. Linguistic Ideologies in Late Modernity*. Nova York: Routledge, 2018.

MOITA LOPES, L. P. (2020). Desejo na biopolítica do agora: performatividades escalares em um aplicativo de encontros homoafetivos. *D.E.L.T.A. Documentação de Estudos em Linguística Teórica e Aplicada*, v. 36, p. 2-37.

MOITA LOPES, L. P. (2021). Presidente ou Presidenta? Ideologia linguística e embates metapragmáticos. *In*: SILVA, W. R. *Contribuições sociais da linguística aplicada: uma homenagem a Inês Signorini*. Campinas: Pontes Editores, p. 231-261.

MOITA LOPES, L. P. (2021). Os espaçotempos da narrativa como construto teórico-metodológico na investigação em Linguística Aplicada. *Revista Cadernos de Letras* (UFPel), v. 40, pp. 11-33, 2021.

MOITA LOPES, L. P.; BASTOS, L. (orgs.) (2010). *Para além da identidade*: fluxos, movimentos e trânsitos. Belo Horizonte: Editora UFMG, 9-14.

MOITA LOPES, L. P.; BAYNHAM, M. (2017). Introduction. *In*: MOITA LOPES, L. P.; BAYNHAM, M. (orgs.), Meaning-Making in the Periphery. *AILA REVIEW* 30, pp. v-xii.

MOITA LOPES, L. P.; FABRÍCIO, B. F. (2018a). 'Does the Picture Below Show a Heterosexual Couple or Not?': Reflexivity, Entextualization, Scales and Intersectionalities in a Gay Man's Blog. *In*: COOKE, M.; GRAY, J. (orgs). *Gender and Language*: Intersectionality, Language and Queer Lives. Special Issue, v. 12(4): 457-478.

MOITA LOPES, L. P.; PINTO, J. P. (2020). Colocando em perspectiva as práticas discursivas de resistência em nossas democracias contemporâneas: uma introdução. *In*: MOITA LOPES, L. P.; PINTO, J. P. (orgs.). Dossiê Resistências em práticas discursivas de contestação em democracias frágeis. *Trabalhos de Linguística Aplicada*, Campinas, 59: 3: 1590-1612, set./dez.

MOITA LOPES, L. P; FABRÍCIO, B. F. (2018b). Viagem textual pelo sul global: ideologias linguísticas queer e metapragmáticas translocais. *Linguagem em (Dis)curso*, Tubarão, v. 18, n. 3, p. 759-784, set./dez.

MOITA LOPES, L. P; FABRÍCIO, B. F. (2019). Queering School Literacy Practices: Interventionist Approaches. *In*: HALL, K.; BARRET, R. (orgs.). *The Oxford Handbook of Language and Sexuality*. Oxford: Oxford University Press, p. 127-140.

MOITA LOPES, L. P; FABRÍCIO, B. F.; GUIMARÃES, T. F. (2019). Scaling Queer Performativities of Genders and Sexualities in the Periphery of Rio de Janeiro in Digital and Face-to-face Semiotic Encounters. *In*: KROON, S.; SWANENBERG, J. (orgs.). *Language and Culture on the Margins. Local/Global Interactions*. Londres: Routledge, p. 127-147.

MOUFFE, C. (2018). *For a Left Populism*. Londres: Verso.

MUNANGA, K. (1986). *Negritude: usos e sentidos*. São Paulo: Ática.

MUNANGA, K. (2004). A difícil tarefa de definir quem é negro no Brasil. *Estudos Avançados*, v. 18, n.50.

MUNANGA, K. (2010). Mestiçagem como símbolo da identidade brasileira. *In*: SANTOS, B. S.; MENESES, M. P. (orgs.). *Epistemologias do sul*. São Paulo: Cortez, p. 443-492.

MUNIZ, K. (2016). Ainda sobre a possibilidade de uma linguística 'crítica': performatividade, política e identificação racial no Brasil. *D.E.L T.A. Documentação de Estudos em Linguística Teórica e Aplicada*, v. 32, p. 767-786.

MUÑOZ, J. E. (1999). *Disidentifications*. Queers of Color and the Performance of Politics. Minneapolis: University of Minnesota Press.

MUÑOZ, J. E. (2009). *Cruising Utopia. The Then and There of Queer Futurity*. Nova York: Nova York University Press.

MUSSKOPF, A. (2012). *Viagens teológicas*. Itinerários para uma teologia queer no Brasil. São Paulo: Fonte Editorial.

NAGEL, T. (1986). *The View From Nowhere*. Nova York: Oxford University Press.

NASCIMENTO, G. (2019). *Racismo linguístico*: Os subterrâneos da linguagem e do racismo. Belo Horizonte: Letramento.

NELSON, C. (2006). A teoria queer em linguística aplicada: enigmas sobre "sair do armário" em salas de aula globalizadas. *In*: MOITA LOPES, L. P. (org.). *Por uma linguística aplicada INdisciplinar*. São Paulo: Parábola Editorial, p. 215-232.

NIETZSCHE, F. (2003). *A gaia ciência*. Trad.: P. C. Souza. São Paulo: Companhia das Letras.

O'REILLY, T. (2005). What's the Web 2.0? Disponível em: https://bit.ly/3N5b4J3. Acesso em: 22 mar. 2022.

OCHS, E. (1992). Indexing Gender. *In*: DURANTI, A.; GOODWIN, C. (orgs.). *Rethinking Context*: Language as an Interactive Phenomenon. Cambridge: CUP, p. 335-358.

OLIVEIRA, R. S. (2014). *Performances discursivas de artríticos/as reumatoides nos domínios online*: a (re-)definição das sociabilidades ditas doentes. Doutorado. Rio de Janeiro: UFRJ.

OSTERMANN, A. C. (2003). Communities of Practice at Work: Gender, Facework and the Power of Habitus at an All-Female Police Station and a Feminist Crisis Intervention Center in Brazil. *Discourse & Society*, 14 (4), p. 474-505.

PAKULA, L.; CHOJNICKA, J. (2020). When the Obligation to Be Neutral Becomes the Right to Discriminate: Discursive Struggles Over LGBT+ Rights at Polish Universities. *In*: MOITA LOPES, L. P.; PINTO, J. P. Dossiê Resistências em práticas discursivas de contestação em democracias frágeis. *Trabalhos de Linguística Aplicada*, Campinas, 59: 3: 1758-1789.

PEIRCE, C. S. (1995). Logic as Semiotic: The Theory of Signs. *In*: BUCHELER, J. (org.). *Philosophical Writings of Peirce*. Nova York: Dover Publications, p. 98-119.

PELÚCIO, L. (2014). Possible Appropriations and Necessary Provocations for a Teoria Cu. *In*: LEWIS, E. S.; BORBA, R.; FABRÍCIO, B.; PINTO, D. S. (orgs.). *Queering Paradigms IV: South-North Dialogues on Queer Epistemologies, Embodiments and Activisms*. Oxford: Peter Lang, pp. 31-51.

PENNYCOOK, A. (2006). Uma linguística aplicada transgressiva. *In*: MOITA LOPES, L. P. (org.). *Por uma linguística aplicada INdisciplinar*. São Paulo: Parábola Editorial, p. 67-84.

PENNYCOOK, A. (2007). Performance and Performativity. In: PENNYCOOK, A. *Global Englishes and Transcultural Flows*. Nova York: Routledge.

PENNYCOOK, A. (2007). *Global Englishes and Transcultural Flows*. Nova York: Routledge.

PENNYCOOK, A. (2010). *Language As a Local Practice*. Londres: Routledge.

PENNYCOOK, A. (2012). *Language and Mobility: Unexpected Places*. Toronto: Multilingual Matters.

PEREZ, M.; TRUJILLO-BARBADILLO. G. (2020). *Queer Epistemologies in Education*. Luso-Hispanic Dialogues and Shared Horizons. Cham: Palgrave MacMillan.

PINHEIRO, L. G. *(Re)construindo performances discursivas de maternidade e não-maternidade em espaços virtuais*. Doutorado. Programa Interdisciplinar de Linguística Aplicada. Rio de Janeiro: UFRJ, 2014.

PINHEIRO, L. G. (2011). *Falando sobre maternidade em redes sociais*: letramentos digitais como espaços de redescrição identitária. XI Congresso Luso-Afro-Brasileiro de Ciências Sociais. Salvador: UFBA.

PINTO, J. P. (2007). Conexões teóricas entre performatividade, corpo e identidade. *D.E.L.T.A. Documentação de Estudos em Linguística Teórica e Aplicada*, v. 27, n. 1, p. 1-16.

PINTO, J. P. (2013). Prefigurações identitárias e hierarquias linguísticas na invenção do português. In: MOITA LOPES, L. P. (org.). *Português no século XXI: ideologias linguísticas*. São Paulo: Parábola Editorial, p. 120-143.

PINTO, J. P.; FABRÍCIO, B. F. (2013). Inclusão e exclusão sociais em práticas discursivo-identitárias: microrresistências e possibilidades de agenciamento. In: PINTO, J. P.; FABRÍCIO, B. F. (orgs.). *Exclusão social e microrresistências*: a centralidade das práticas discursivo-identitárias. Goiânia: Cânone Editorial, 2013, p. 11-31.

PINTO, J. P. (2013). Estranhar o conhecimento familiar, resistir às identidades normativas. In: PINTO, J. P.; FABRÍCIO, B. F. (orgs.). *Exclusão social e microrresistências*: a centralidade das práticas discursivo-identitárias. Goiânia: Cânone Editorial, p. 57-68.

PINTO, J. P. (2018). Corpo como contexto-de-ocorrência de metapragmáticas sobre o *português* em socializações de estudantes migrantes para o Brasil. *Linguagem em (Dis)curso*, v. 18:3, pp. 751-768.

PIZA, E. S. P. (1995). *O caminho das águas*: estereótipos de personagens femininas negras na obra para jovens, de escritoras brancas. Mestrado. São Paulo: PUC.

PRATT, M. L. (1987). Linguistic Utopias. *In*: FABB, N. *et al.* (orgs.). *The Linguistics of Writing.* Manchester: Manchester University Press, p. 48-6.

PRECIADO, P. (2003). Multidões queer: nota para uma política dos 'anormais'. *Estudos Feministas*, Florianópolis, 19(1), 2011/janeiro-abril, p. 11-20.

PRECIADO, P. B. (2003). Multitudes queer. *Multitudes* (nº 12), p. 17-25. Disponível em: https://bit.ly/3Iqj17R. Acesso em: 21 mar. 2022.

PRECIADO, P. B. (2008). *Testo Yonqui*. Madrid: Editorial Espasa-Calpe.

PRECIADO, B. (2010). Entrevista com Beatriz Preciado. *Revista Poiésis*, 15, 47-71.

PRECIADO, P. B. (2015). Catalunya trans. *El estado mental*. Disponível em: https://bit.ly/3j3jmCP. Acesso em: 20 mar. 2022.

PRECIADO, P. B. (2020). *Yo soy el monstruo que os habla*. Informe para una academia de psicoanalistas. Barcelona: Editorial Anagrama.

PRINS, B.; MEIJER, I. (2002). Como os corpos se tornam matéria: entrevista com Judith Butler. *Estudos Feministas*, v. 1, p. 155-167.

PROPP, V. I. (2006). *Morfologia do conto maravilhoso*. Rio de Janeiro: Forense-Universitária.

PUAR, J. K. (2007). *Terrorist Assemblages*. Homonationalism in Queer Times. Durham: Duke University Press.

QUEIROZ, P. (2017). O corpo trans e o cinema: uma análise das obras de Almodóvar. *Anais do XI Seminário de Pesquisa e Prática Pedagógica*. Vila Velha: Praia Editora.

RAJAGOPALAN, K. (2014). Da arrogância cartesiana à "nova pragmática" (Prefácio). In: SILVA, D.; FERREIRA, D.; ALENCAR, C. (orgs.), *Nova pragmática*: modos de fazer. São Paulo: Cortez, 2014.

RAMPTON, B. (2006). Late Modern Language, Interaction and Schooling. In: RAMPTON, B. *Language in Late Modernity*: Interaction in an Urban School. Cambridge: Cambridge Press.

RAMPTON, B. (2006). *Language in Late Modernity*: Interaction in an Urban School. Cambridge: CUP.

RECUERO, R. (2009). *Redes sociais na internet*. Porto Alegre.

RIBEIRO, B. T.; GARCEZ, P. (orgs.) (1998). *Sociolinguística interacional*: antropologia, linguística e sociologia em análise do discurso. Porto Alegre: AGE Editora.

RIBEIRO, M. (2009). Relações raciais nas pesquisas e processos sociais: em busca de visibilidade para as mulheres negras. In: VENTURINI, G.; RECAMÁN, M. A. (orgs). *Mulher brasileira nos espaços públicos e privados*. São Paulo: Editora Fundação Perseu Abramo, p. 87-106.

RICH, A. (1996). Heterosexualidad obligatoria y existencia lesbiana. *Duoda: Revista d'estudis feministes*, nº 10, p. 15-45.
ROCHA, L. L. (2013). *Teoria queer e a sala de aula de inglês na escola pública*: performatividade, indexicalidade e estilização. Doutorado. Rio de Janeiro: UFRJ.
RODRIGUES JÚNIOR, A. S. (2005). Metodologia sociointeracionista em pesquisa com professores de línguas: revisitando Goffman. *Linguagem & Ensino*, v. 8, n. 1: 123-148.
RODRIGUES, N. M.; PINAR, W. F. (orgs.) (2007). *Queering Straight Teachers*. Discourses and Identity in Education. New York: Peter Lang.
ROSA, H. (2019). *Aceleração*: a transformação das estruturas temporais na modernidade. Trad.: R. H. Silveira. São Paulo: Editora Unesp.
ROSE, D. (2002). Análise de imagens em movimento. In: BAUER, M. W.; GASKELL, G. (orgs.). *Pesquisa qualitativa com texto, imagem e som*: manual prático. Petrópolis: Vozes, p. 343-364.
RUTI, M. (2017). *The Ethics of Opting Out. Queer Theory's Defiant Subjects*. Nova York: Columbia University Press.
RUTTER, J.; SMITH, G. (2005). Ethnografic Presence in Nebulous Settings: A Case Study. In: HINE, C. *Virtual Methods*: Issues in Social Research on the Internet. Oxford: Berg Publishers, p. 81-92.
SADOUL, G. (1972). *Historia del cine mundial*. México: Siglo XXI.
SAFATLE, V. (2015). Posfácio. Dos problemas de gênero a uma teoria da despossessão necessária: ética, política e reconhecimento em Judith Butler. *In*: BUTLER, J. *Relatar a si mesmo*: crítica da violência ética. Trad.: R. Bettoni. Belo Horizonte: Autêntica Editora.
SÁNCHEZ-ALARCÓN, M. (2008). El color del deseo que todo lo transforma: claves cinematográficas y matrices culturales en el cine de Pedro Almodóvar. *Palabra Clave*, v. 11, n. 2.
SANQUE, D. K. (2020). *"Pela família"*: múltiplas indexicalidades do signo "família" na comunicação do *impeachment* de Dilma Rousseff. Doutorado. Programa Interdisciplinar de Linguística Aplicada. Rio de Janeiro: UFRJ, 2020.
SANTOS FILHO, I. I. (2020). O corpo em cenas de (re)construção da sexualidade: uma perspectiva queer de leitura. In: BORBA, R. (org.). *Discursos transviados*. Por uma linguística queer. São Paulo: Cortez.
SANTOS, B. (2008). Do pós-moderno ao pós-colonial. E para além de um e de outro. *Travessias*, 7(6), 15-36.
SANTOS, B. S. (2001). *Pela mão de Alice*. O social e o político na pós-modernidade. São Paulo: Cortez.
SANTOS, B. S. (org.) (2003). *Reconhecer para libertar*. Os caminhos para o cosmopolitismo multicultural. Rio de Janeiro: Civilização Brasileira.
SANTOS, B. S. (2004). *Do pós-moderno ao pós-colonial e para além de um e outro*. Coimbra: Conferência de abertura ao VIII Congresso Luso-Afro-Brasileiro de Ciências Sociais.
SANTOS, B. S. (2016). A difícil reinvenção da democracia frente ao fascismo social. Entrevista com R. Machado. Disponível em: https://bit.ly/3N7pqbN. Acesso em: 21 mar. 2022.
SANTOS, F. C. (2012). *Olhares em movimento*: cidade e autoria no cinema de Pedro Almodóvar. Doutorado em Letras. Rio de Janeiro: UFRJ.
SANTOS, M. (2000). *Por uma outra globalização*. Rio de Janeiro: Hucitec.
SCHULTZ, V. B. (2020). *'Aqui o menino usa saia mesmo?'*: fricções escalares em trajetórias textuais de um documento escolar. Doutorado em Linguística Aplicada. Rio de Janeiro: UFRJ.
SCOTT, D. (1999). *Refashioning Futures*. Criticism after Postcoloniality. Princeton: Princeton University Press.
SEDGWICK, E. K. (1990). *The Epistemology of the Closet*. Berkeley: University of California Press.
SEDGWICK, E. (1990). A epistemologia do armário. *Cadernos Pagu*, 28, 2007, p. 19-54.
SEDGWICK, E. K. (2008). *Epistemology of the Closet*. Londres: Penguin.
SEDGWICK, M. (org.) (2019). *Key Thinkers of the Radical Right*. Behind the New Threat to Liberal Democracy. Oxford: Oxford University Press.
SEIDMAN, S. (org.) (1996). *Queer Theory/Sociology*. Oxford: Blackwell.
SENA, J. (2020). *Corpos dissidentes e biopolítica na Amazônia Atlântica*: disputas metapragmáticas de cuidados em saúde. Doutorado em Linguística Aplicada. Rio de Janeiro: UFRJ.
SIGNORINI, I. (2006). A questão da língua legítima na sociedade democrática: um desafio para a linguística aplicada contemporânea. *In*: MOITA LOPES, L. P. (org.). *Por uma linguística aplicada INdisciplinar*. Parábola Editorial: São Paulo.

SILVA, D. N. (2014). O texto entre a entextualização e a etnografia: um programa jornalístico sobre belezas subalternas e suas múltiplas recontextualizações. *Linguagem em (Dis)curso*, n. 14, p. 67-84.

SILVA, D. N.; ALENCAR, C. N. (2014). Violência e significação: uma perspectiva pragmática. *In*: SILVA, D. N.; FERREIRA, D. M. M.; ALENCAR, C. N. (orgs). *Nova Pragmática*: modos de fazer. São Paulo: Cortez.

SILVA, D. (2012). *Pragmática da violência*: o Nordeste na mídia brasileira. Rio de Janeiro: Faperj/7 Letras.

SILVA, Daniel N.; FERREIRA, Dinah; ALENCAR, Claudiana. (2014). *Nova Pragmática*: modos de fazer. São Paulo: Parábola Editorial..

SILVA, L. C. A. P. (2011). *A representação do ethos do espanhol peninsular em filmes de Almodóvar*: imagens da mulher através de pedidos. Mestrado: Rio de Janeiro: UFRJ.

SILVERSTEIN, M.; URBAN, G. (1996). *Natural Histories of Discourse*. Chicago: The University of Chicago Press.

SILVERSTEIN, M. (2003). Indexical Order and the Dialectics of Sociolinguistic Life. *Language & Communication*, v. 23, p. 193-229.

SILVERSTEIN, M. (2006). Pragmatic Indexing. *In*: MEY, J. L. *Concise Encyclopedia of Pragmatics*. Londres: Elsevier, 2006/2009, pp. 756-759.

SMITH, P. J. (1992). *Laws of Desire*: Questions of Homosexuality in Spanish Writing and Film, 1960-1990. Oxford: Clarendon Press.

SMITH, P. J. (2000). *Desire Unlimited*: The Cinema of Pedro Almodovar. Nova York: Verso.

SNYDER, T. (2017). *Sobre a tirania*. Vinte lições do século XX para o presente. Trad: D. M. Garschagen. São Paulo: Companhia das Letras.

SNYDER, T. (2018). *The Road to Unfreedom*. Russia, Europe, America. Nova York: The Duggan Books.

SODRÉ, M. (1999). *Claros e escuros*. Rio de Janeiro: Vozes.

SOMMERVILLE, S. B. (2000). *Queering the Color Line*. Race and the Inventions of Homosexuality in American Culture. Durham: Duke University.

SPIVAK, G. C. (1988). Subaltern Studies: Deconstructing Historiography. *In*: GUHA, R.; SPIVAK, G. C. (orgs.). *Selected Subaltern Studies*. Oxford: OUP.

SPIVAK, G. C. (1989). In a Word: An Interview. *Differences* 1: 124-56.

STANLEY, J. (2018). *Como funciona o fascismo*: a política do "nós" e "eles". Trad.: B. Alexander. Porto Alegre: L&PM.

STRAUSS, F. (2000). *Conversation avec Pedro Almodóvar*. Paris: Cahiers du cinema.

SULLIVAN, N. (2003). *A Critical Introduction to Queer Theory*. Nova York: Nova York University Press.

TALBURT, S.; STEINBERG, S. R. (orgs.) (2000). *Thinking Queer*. Sexuality, Culture, and Education. Nova York: Peter Lang.

TANNEN, D. (2006). Intertextuality in Interaction: Reframing Family Arguments in Public and Private. *Text & Talk*, v. 6, n. 4-5, p. 597-617.

TANNEN, D.; WALLAT, C. (2002). Enquadres interativos e esquemas de conhecimento em interação: exemplos de um exame/consulta médica. *In*: RIBEIRO, B. T.; GARCEZ, P. (orgs.). *Sociolinguística interacional*. São Paulo: Edições Loyola, 2002, p. 183-214.

TELLES, E. (2003). *Racismo à brasileira*: uma nova perspectiva sociológica. Rio de Janeiro: Relume-Dumará.

THORNBORROW, J.; COATES, J. (2005). The Sociolinguistics of Narrative: Identity, Performance, Culture. In: *In*: THORNBORROW, J.; COATES, J. *The Sociolinguistics of Narrative*. Amsterdam: John Benjamins, p. 1-16.

THREADGOLD, T. (2005). Performing Theories of Narrative: Theorizing Narrative Performance. *In*: THORNBORROW, J.; COATES, J. *The Sociolinguistics of Narrative*. Amsterdam: John Benjamins, p. 261-278.

TOFFLER, A. (1980). *A terceira onda*. Rio de Janeiro, Record.

TORRES-MALDONADO, N. (2007). On the Coloniality of Being. *Cultural Studies*, 21: 2-3, 240-270.

TRUJILLO, G.; PÈREZ, M. (2020). Feminismos excluyentes: avance internacional y algunas respuestas posibles, *Píkara* Online Magazine. Disponível em: https://bit.ly/3JvKy9h. Acesso em: 21 mar. 2022.

TSING, A. (2015). *The Mushroom at the End of the World: On the Possibility of Life in the Capitalist Ruins*. Princeton/Oxford: Princeton University Press.

TURNLOW, C. (2016). Queering Critical Discourse Studies or/and Performing "Post-Class Ideologies". *Critical Discourse Studies*, 13:5, pp. 485-514, 2016.

VARIS, P.; BLOMMAERT, J. (2018). Conviviality and Collectives on Social Media: Virality, Memes, and New Social Structures. *Tilburg Papers in Culture Studies*, n. 108, p. 1-21.
VELOSO, M. T. (2010). *Entre a privação e o silenciamento* o sujeito do desejo na trama discursiva de *Todo sobre mi madre*. Doutorado em Linguística Aplicada. Pelotas: Universidade Católica de Pelotas.
VELOSO, M. T. (2012). *O sujeito do desejo na trama do discurso*. Frederico Westphalen: URI FredericoWestph.
VENN, C. (2000). *Occidentalism, Modernity and Subjectivity*. Londres: Sage Publications.
VENTURINI, G.; RECAMÁN, M. A. (2009). Introdução: As mulheres brasileiras no início do século XXI. *In*: VENTURINI, G.; RECAMÁN, M. A. (orgs.). *Mulher brasileira nos espaços públicos e privados*. São Paulo: Editora Fundação Perseu Abramo, p. 15-30.
VERTOVEC, S. (2007). Superdiversity and Its Implications. *Ethnic and Racial Studies*, v. 30, n. 6, p. 1024-1054.
VERTOVEC, S. (2010). Towards Post-Multiculturalism? Changing Communities, Contexts and Conditions of Diversity. *International Social Science Journal*, n. 199, p. 83-95.
VIDAL, N. (1988). *The Films of Pedro Almodóvar*. Madrid: Ediciones del Instituto de la Cinematografía y de las artes audiovisuales.
VOLÓCHINOV, V. (1929/2017). *Marxismo e filosofia da linguagem*. Trad.: Sheila Grillo e Ekaterina Vólkova Américo . São Paulo: Editora 34.
WARNER, M. (2002). Publics and Counterpublics. *Public Culture*, 14 (1), p. 49-90.
WEEKS, J. (1998). *Sexualidad*. México: Paidós & Programa Universitario de Estudios de Género de la Universidad Nacional Autónoma de México.
WENGER, E. (1998). *Communities of Practice*: Learning, Meaning and Identity. Cambridge: CUP.
WILCHINS, R. (2004). *Queer Theory, Gender Theory*: An Instant Primer. Los Angeles: Alyson Books.
WILDERSON, F. B. (2020). *Afropessimism*. Nova York: Liveright Publishing Co.
WITTEL, A. (2000). Ethnography on the Move: From Field to Net to Internet. *Forum:Qualitative Social Research*, 1(1): 21-41.
WORTHAM, S. (2001). *Narratives in Action*. Nova York: Teacher College Press.
WORTHAM, S. (2005). Socialization Beyond the Speech Event. *Journal of Linguistic Anthropology*, v. 15, nº 1, p. 95-112.
WORTHAM, S. (2006). *Learning Identity*: The Joint Emergence of Social Identification and Academic Learning. Cambridge: CUP.
WOYDACK, J; RAMPTON, B. (2015). Text Trajectories in a Multilingual Call Centre: The Linguistic Ethnography of a Calling Script. *Working Papers in Urban Language & Literacies*, n. 147, p. 1-24.

Anexo
Convenções das transcrições utilizadas

Adaptadas de Bucholtz (2000)

[ ]
sobreposição de turnos (mais de um interlocutor falando ao mesmo tempo)
MAIÚSCULAS
volume mais alto
> texto<
fala mais acelerada
<texto> fala mais lenta
((texto))
marcações da cena, comentários do transcritor
texto
ênfase no som
:
alongamento de vogal
,
subida leve na entonação (entonação contínua)
?
Fim da unidade de entonação; Entonação crescente.
!
Fim da unidade de entonação; Ênfase na entonação decrescente.
.
Entonação decrescente
° fala °
volume baixo
fala =
turno de fala contíguos (sem lapso de tempo interveniente)
@@@
risada
(.)
pausa menos de um segundo
_ interrupção de fala
.

Índice de assuntos

O

P

Q

R

S

T

U

V

Sobre o autor e as autoras

Luiz Paulo da Moita Lopes é professor titular da Universidade Federal do Rio de Janeiro e pesquisador do CNPq. Seu último livro publicado é *Global Portuguese. Linguistic Ideologies in Late Modernity.* Routledge, 2018; e o último volume de revista científica editado (em conjunto com Joana Plaza Pinto) é o *Dossiê Resistência em práticas discursivas de contestação em democracias frágeis*, em comemoração aos trinta anos da Associação de Linguística Aplicada do Brasil (*Trabalhos de Linguística Aplicada*, 59: 3, 2020). O capítulo de livro publicado mais recente (em colaboração com Branca F. Fabrício) é "Historicity, Interdiscursivity and Intertextuality". In: DE FINA, A.; GEORGAKOPOLOU, A. (eds.). *The Cambridge Handbook of Discourse Studies.* Cambridge University Press, 2020, p. 70-90.

Clarissa Rodrigues Gonzalez fez estágio de pós-doutorado na Universidade Federal do Rio de Janeiro. É doutora pela Universidad Complutense de Madrid, membro do corpo editorial do blog Contxt, vinculado ao Programa Interdisciplinar de Pós-Graduação em Linguística Aplicada da UFRJ e faz parte do grupo de pesquisa NUDES (Núcleo de Estudos em Discursos e Sociedade), também vinculado ao mesmo programa. Sua pesquisa atual versa sobre a circulação de textos e violência semiótica no cenário político-midiático em contextos onlineoffline. Sua tese de doutorado e sua dissertação de mestrado foram publicadas: *La recreación del andrógino y sus representaciones en el arte y los mass media: un estudio etnográfico sobre los roles de género.* Saarbrücken: GmbH & Co, 2012 e *Foto-grafia: a monstrualização de performances de gênero não binárias.* Düsseldorf: Novas Edições Acadêmicas, 2017. Suas publicações recentes incluem: "O ato imagético-performativo: como fazer coisas com imagens". *RILA - Revista Indisciplina em Linguística Aplicada*, v. 1, p. 1-21, 2020; e "Dimensões da violência na linguagem: articulando cenários e perspectivas". *Revista de Estudos da Linguagem*, v. 1, p. 1-41, 2021, em parceria com Daniel Silva, Anabella Rocha e Alvaro Arcanjo

Glenda Cristina Valim de Melo é professora adjunta da Universidade Federal do Estado do Rio de Janeiro (UNIRIO) e atua no Programa de Pós-Graduação em Memória Social. Tem doutorado em Linguística Aplicada e Estudos da Linguagem pela PUC-SP. É pesquisadora do CNPq e tem a bolsa Jovem Cientista da Faperj atualmente. Fez estágio de pós-doutoramento em Linguística Aplicada na Universidade Federal do Rio de Janeiro (UFRJ). Sua pesquisa recente está focada na performatividade de raça e interseccionalidades em contexto onlineoffline. Ela coordena o Research Network 'Race, Gender, Sexuality and Language", grupo de pesquisa da International Applied Linguistics Association (AILA). Suas publicações recentes incluem *Inovações e desafios epistemológicos em linguística aplicada: perspectivas sul-americanas*, 2019, organizado em conjunto com Paula Szundy e Rogério Tílio, e os artigos "Slave Trade Ads in the 19th Century: Textual Trajectory, Entextualization and Indexical Orders Mobilized on Contemporary Ads". *Revista Brasileira de Linguística Aplica-*

da, v. 19, p. 871-900, 2019; "Quando a raça e o gênero estão em questão: embates discursivos em rede social". *Revista Estudos Feministas*, v. 27, p. 1-13, 2019, em parceria com Roberto Borges; e "Discursos sobre raça: quando as teorias queer nos ajudam a interrogar a norma", *Cadernos de Linguagem e Sociedade*, v. 24, p. 410-434, 2020, em parceria com Paulo Melgaço Jr. e Anderson Marques.

Thayse Figueira Guimarães é professora adjunta da Universidade Federal da Grande Dourados (UFGD), MS. Atua no Programa de Pós-Graduação em Letras, na linha de pesquisa sobre linguística aplicada e estudos da fronteira. É doutora em Linguística Aplicada pela Universidade Federal do Rio de Janeiro (UFRJ), onde também realizou seu estágio de pós-doutorado. Atualmente é editora-chefe da *Revista Raído* (área Linguística e Linguística Aplicada) e líder do Grupo de Estudos em Linguagem e Transculturalidade (GELT/CNPq). Suas publicações mais recentes incluem artigos em revistas nacionais e internacionais sobre trajetórias textuais, trajetória de socialização, performatividade de gênero/sexualidade e raça, etnografia multissituada e abordagens multilíngues dos letramentos. Recentemente, em parceria com Paula Tatianne Carréra Szundy (UFRJ), organizou, pela *Revista Raído*, v. 14, n. 36, 2020, um dossiê especial que celebra os trinta anos da Associação de Linguística Aplicada do Brasil (ALAB). Publicou o texto "Performances identitárias em trajetórias textuais na escola e nas redes sociais virtuais: uma observação multissituada" na edição de lançamento da *Revista Indisciplina em Linguística Aplicada - RILA*, v.1, n.1, 2020. Em parceria com Fernando Zolin-Vesz (UFMT), organizou, também pela *Revista Raído*, v.13, n.33, 2019, o dossiê "Práticas linguísticas e construção de (des)colonialidades na contemporaneidade". Promove ações de extensão, em parceria com a Cátedra Sergio Vieira de Mello (UFGD), para a integração local de refugiados no Brasil, trabalhando principalmente na formação de professores para o acolhimento linguístico.

Coleção Lingua[gem]

1. *Português ou brasileiro? Um convite à pesquisa*, Marcos Bagno
2. *Linguagem & comunicação social*, Manoel Luiz Gonçalves Corrêa
3. *Por uma linguística crítica*, Kanavillil Rajagopalan
4. *Educação em língua materna: a sociolinguística na sala de aula*, Stella Maris Bortoni-Ricardo
5. *Sistema, mudança e linguagem*, Dante Lucchesi
6. *"O português são dois"*, Rosa Virgínia Mattos e Silva
7. *Ensaios para uma sócio-história do português brasileiro*, Rosa Virgínia Mattos e Silva
8. *A linguística que nos faz falhar*, Kanavillil Rajagopalan & Fábio Lopes da Silva [orgs.]
9. *Do signo ao discurso*, Inês Lacerda Araújo
10. *Ensaios de filosofia da linguística*, José Borges Neto
11. *Nós* cheguemu *na escola, e agora?*, Stella Maris Bortoni-Ricardo
12. *Doa-se lindos filhotes de* poodle, Maria Marta Pereira Scherre
13. *A geopolítica do inglês*, Yves Lacoste [org.]
14. *Gêneros*, José Luiz Meurer, Adair Bonini & Désirée Motta-Roth [orgs.]
15. *O tempo nos verbos do português*, Mª Luiza M. S. Corôa
16. *Considerações sobre a fala e a escrita*, Darcilia Simões
17. *Princípios de linguística descritiva*, Mário A. Perini
18. *Fundamentos empíricos para uma teoria da mudança linguística*, U. Weinreich, W. Labov & M. I. Herzog
19. *Por uma linguística aplicada indisciplinar*, Luiz Paulo da Moita Lopes
20. *Origens do português brasileiro*, Anthony Julius Naro & Maria Marta Pereira Scherre
21. *Introdução à gramaticalização*, Sebastião Carlos Leite Gonçalves, Mª Célia Lima-Hernandes & Vânia Cristina Casseb-Galvão [orgs.]
22. *O acento em português*, Gabriel Antunes de Araújo [org.]
23. *Sociolinguística quantitativa*, Gregory R. Guy & Ana Maria Stahl Zilles
24. *Metáfora*, Tony Berber Sardinha
25. *Norma culta brasileira*, Carlos Alberto Faraco
26. *Padrões sociolinguísticos*, William Labov
27. *Gênese dos discursos*, Dominique Maingueneau
28. *Cenas da enunciação*, Dominique Maingueneau
29. *Estudos de gramática descritiva*, Mário A. Perini
30. *Caminhos da linguística histórica*, Rosa Virgínia Mattos e Silva
31. *Limites do discurso*, Sírio Possenti
32. *Questões para analistas do discurso*, Sírio Possenti
33. *Linguagem & diálogo*, Carlos Alberto Faraco
34. *Nomenclatura Gramatical Brasileira*, Claudio Cezar Henriques
35. *Língua na mídia*, Sírio Possenti
36. *Malcomportadas línguas*, Sírio Possenti
37. *Linguagem. Gênero. Sexualidade*, Ana Cristina Ostermann & Beatriz Fontana [orgs.]
38. *Em busca de Ferdinand de Saussure*, Michel Arrivé
39. *A noção de "fórmula" em análise do discurso*, Alice Krieg-Planque
40. *Geolinguística*, Suzana Alice Marcelino Cardoso
41. *Doze conceitos em análise do discurso*, Dominique Maingueneau
42. *O discurso pornográfico*, Dominique Maingueneau
43. *Falando ao pé da letra*, Roxane Rojo
44. *Nova pragmática*, Kanavillil Rajagopalan
45. *Bakhtin desmascarado*, Jean-Paul Bronckart & Cristian Bota
46. *Gênero textual, agência e tecnologia*, Carolyn R. Miller
47. *Linguística de texto: o que é e como se faz?*, Luiz Antônio Marcuschi
48. *A gramática passada a limpo*, Maria Helena de Moura Neves
49. *O sujeito em peças de teatro (1833-1992)*, Maria Eugênia Lammoglia Duarte [org.]
50. *Português no século XXI*, Luiz Paulo da Moita Lopes [org.]
51. *Da linguística formal à linguística social*, Roberto G. Camacho
52. *Estudos do discurso*, Luciano Amaral Oliveira [org.]
53. *Gênero – história, teoria, pesquisa, ensino*, Anis B. Bawarshi & Mary Jo Reiff
54. *Introdução à teoria enunciativa de Benveniste*, Valdir do Nascimento Flores
55. *Linguística aplicada na modernidade recente*, Luiz Paulo da Moita Lopes [org.]
56. *Gramáticas contemporâneas do português*, Maria Helena de Moura Neves & Vânia Cristina Casseb-Galvão
57. *Letramentos sociais, na etnografia e na educação*, Brian V. Street
58. *A ordem das palavras no português*, Erotilde Goreti Pezatti
59. *Frases sem texto*, Dominique Maingueneau
60. *Espanhol e português brasileiro*, Adrián Pablo Fanjul & Neide Maia González [orgs.]
61. *Sujeitos em ambientes virtuais*, Maria Cecilia Mollica, Cynthia Patusco & Hadinei Ribeiro Batista [orgs.]
62. *Volóšinov e a filosofia da linguagem*, Patrick Sériot
63. *A história das línguas*, Tore Janson
64. *Discurso e análise do discurso*, Dominique Maingueneau
65. *Sobre a fala dialogal*, Lev Jakubinskij
66. *Retórica da ação letrada*, Charles Bazerman
67. *Teoria da ação letrada*, Charles Bazerman
68. *Unidade e variação na língua portuguesa*, André C. Valente
69. *Linguística funcional*, Maria Angélica Furtado da Cunha, Mariangela R. de Oliveira & Mário Eduardo Martelotta [orgs.]
70. *O texto e seus conceitos*, Ronaldo de Oliveira Batista [org.]
71. *Gramáticas brasileiras*, Carlos Alberto Faraco & Francisco Eduardo Vieira [orgs.]
72. *Saussure, o texto e o discurso*, Marcio Alexandre Cruz, Carlos Piovezani & Pierre-Yves Testenoire [orgs.]
73. *O efeito Saussure*, Carlos Alberto Faraco [org.]
74. *Dinâmicas funcionais da mudança linguística*, Marcos Bagno, Vânia Casseb-Galvão & Tânia F. Rezende [orgs.]
75. *Gêneros no contexto brasileiro*, Benedito Gomes Bezerra
76. *A pessoa no discurso*, Adrián Pablo Fanjul
77. *O todo da língua*, Vânia Casseb-Galvão & Maria Helena de Moura Neves [orgs.]
78. *Saussure e Benveniste no Brasil*, Valdir do Nascimento Flores
79. *Mikhail Bakhtin*, Alastair Renfrew
80. *A gramática tradicional – História crítica*, Francisco Eduardo Vieira
81. *Filologia, história e língua – Olhares sobre o português medieval*, Leonardo Lennertz Marcotulio; Célia Regina dos Santos Lopes; Mário Jorge da Motta Bastos & Thiago Laurentino de Oliveira
82. *Qual política linguística? Desafios glotopolíticos contemporâneos*, Xoán Carlos Lagares
83. *Análise de discurso crítica – para linguistas e não linguistas*, José Ribamar Lopes Batista Jr.; Denise Tamaê Borges Sato & Iran Ferreira de Melo [orgs.]
84. *A linguística, o texto e o ensino da língua*, José Carlos Azeredo
85. *Língua portuguesa – Tradições e modernidade*, Tania Maria N. de L. Camara; Denise S. Santos; Flávio de A. Barbosa & Alexandre do A. Ribeiro [orgs.]
86. *Objeto Língua – Inéditos e revisitados*, Marcos Bagno
87. *NURC – 50 anos*, Miguel Oliveira Jr. [org.]
88. *O dialeto caipira*, Amadeu Amaral
89. *Variações sobre o ethos*, Dominique Maingueneau
90. *O sujeito gramatical no português brasileiro – expressão, concordância, ergatividade e afetamento*, Vânia Cristina Casseb-Galvão; Gian Luigi De Rosa; Kleber Aparecido Silva & Lennie Aryete Pereira Bertoque [org.].
91. *História das línguas, história da linguística – homenagem a Carlos Alberto Faraco*, Marcos Bagno e Francisco E. Vieira [org.]
92. *O português daqui, dali e de lá – por uma língua que nos una*, Denise Salim dos Santos & Flávio de Aguiar Barbosa [org.]
93. *Constelação de gêneros – a construção de um conceito*, Júlio Araújo
94. *Discurso e (pós)verdade*, Luzmara Curcino, Vanice Sargentini & Carlos Piovezani [org.]
95. *Linguagem "neutra": língua e gênero em debate*, Fábio Ramos B. Filho & Gabriel de Ávila Othero [org.]
96. *O que sabemos sobre a linguagem*, Gabriel de Ávila Othero, Valdir do Nascimento Flores [org.]
97. *O gênero como ele é (e como não é): conceitos e aplicações*, Benedito Gomes Bezerra
98. *Estudos queer em linguística aplicada INdisciplinar: gênero, sexualidade, raça e classe*, Luiz Paulo da Moita Lopes, Clarissa Rodrigues Gonzalez, Glenda Cristina Valim de Melo, Thayse Figueira Guimarães [orgs.]

Esta obra foi composta em Eskorte Latin 10/14 e Aleo 9,5/12
e impressa em papel Avena 70g
para a **Parábola Editorial** em outubro de 2022.

Impressão e acabamento:
Gráfica Paym